古典文獻研究輯刊

四　編

潘美月・杜潔祥　主編

第 6 冊

陳振孫之子學及其《直齋書錄解題》子錄考證（中）

何　廣　棪　著

國家圖書館出版品預行編目資料

陳振孫之子學及其《直齋書錄解題》子錄考證（中）／何廣棪
著 — 初版 — 台北縣永和市：花木蘭文化出版社，2007〔民
96〕
目 24+226 面；19×26 公分（古典文獻研究輯刊 四編：第 6 冊）
ISBN：978-986-6831-23-2（全套精裝）
ISBN：978-986-7128-99-7（精裝）
1.（宋）陳振孫－學術思想－哲學　2. 藏書目錄－中國－（南宋）
（1127-1279）3. 哲學－目錄－研究與考訂
018.8524　　　　　　　　　　　　　　　　　　96004421

ISBN - 9867128997

9 789867 128997

古典文獻研究輯刊
四 編 第 六 冊　　　　　ISBN：978-986-7128-99-7

陳振孫之子學及其《直齋書錄解題》子錄考證（中）

作　　者	何廣棪
主　　編	潘美月　杜潔祥
企劃出版	北京大學文化資源研究中心
出　　版	花木蘭文化出版社
發 行 所	花木蘭文化出版社
發 行 人	高小娟
聯絡地址	台北縣永和市中正路五九五號七樓之三
	電話：02-2923-1455／傳真：02-2923-1452
電子信箱	sut81518@ms59.hinet.net
初　　版	2007 年 3 月
定　　價	四編 30 冊（精裝）新台幣 46,500 元

版權所有‧請勿翻印

陳振孫之子學及其《直齋書錄解題》子錄考證(中)

何廣棪　著

目錄

中　冊

九、小說家類

十一、釋氏類

十三、曆象類

十四、陰陽家類

小說家類

神異經一卷

《神異經》一卷，稱東方朔撰。張茂先傳。

　　廣棪案：《新唐書》卷五十九〈志〉第四十九〈藝文〉三〈道家類‧神仙家〉著
錄：「東方朔《神異經》二卷，張華注。」茂先，張華字，傳與注同。《玉海》
卷第六十二〈藝文‧經〉「漢《神異經》」條載：「〈唐志‧道家〉：『東方朔三卷，
張華注。』《書目》‧『漢東方朔記，晉張華傳。朔周游天下，所見神異，《山海
經》所不載者列之。』」足資參證。《宋史》卷二百六〈志〉第一百五十九〈藝
文〉五〈子類‧小說類〉著錄：「東方朔《神異經》二卷，晉張華傳。」是《解
題》作「一卷」者，乃「二卷」之訛也。朔，《史記》卷一百二十六〈滑稽列傳〉
第六十六、《漢書》卷六十五〈東方朔傳〉第三十五均有傳。按《漢書‧藝文志》
未著錄朔《神異經》，疑此書乃後人僞託。張華，《晉書》卷三十六〈列傳〉第
六有傳，稱華「學業優博，辭藻溫麗，朗贍多通，圖緯方伎之書莫不詳覽」；又
謂：「華著《博物志》十篇及文章並行于世。」然未載注《神異經》。

十洲記一卷

《十洲記》一卷，亦稱東方朔撰。二書詭誕不經，皆假託也。

　　廣棪案：《隋書》卷三十三〈志〉第二十八〈經籍〉二〈史‧地理〉著錄：「《十
洲記》一卷，東方朔撰。」與此同。胡應麟《四部正譌》卷下載：「《神異經》、
《十洲記》，俱題東方朔撰，悉假託也。其事實詭誕亡論，即西漢人文章有此類
乎？〈漢志〉有〈東方朔〉二十篇，列〈雜家〉，今不傳，而二書傳。甚矣，世
好奇者眾也。」是應麟亦以二書爲假託。

《漢書》本傳敘朔之辭，末言：「劉向所錄朔書具是矣，世所傳他事皆非也。」

　　案：《漢書》卷六十五〈東方朔傳〉第三十五載：「朔之文辭，此二篇最善。廣
棪案：指〈答客難〉及〈非有先生論〉。其餘有〈封泰山〉，〈責和氏璧〉及〈皇太
子生祿〉，〈屏風〉，〈殿上柏桂〉，〈平樂觀賦獵〉，八言、七言上下，〈從公孫弘

借車〉，凡劉向所錄朔書具是矣。世所傳他事皆非也。」《解題》據此。

〈贊〉又言：「朔之談諧，_{廣棪案：盧校本作『詼諧』。}其事浮淺，行於眾庶，而後世好事者，因取奇言怪語附著之朔，故詳錄焉。」史家欲祛妄惑，可謂明矣。

> 案：《漢書》朔本傳：「〈贊〉曰：……朔之詼諧，逢占射覆，其事浮淺，行於眾庶，童兒牧豎莫不眩燿。而後世好事者因取奇言怪語附著之朔，故詳錄焉。」《解題》據此。《郡齋讀書志》卷第九〈傳記類〉著錄：「《十洲記》一卷。右漢東方朔撰。班固〈贊〉言：『朔之詼諧，逢占射覆，其事浮淺，童兒牧豎莫不眩燿。而後世好事者因取奇言怪語附著之朔。』豈謂此書之類乎？」是晁氏亦引《漢書》朔本傳〈贊〉語，以證《十洲記》爲僞託。

洞冥記四卷、拾遺一卷

《洞冥記》四卷、〈拾遺〉一卷，東漢光祿大夫郭憲子橫撰。題《漢武別國洞冥記》，其〈別錄〉又於《御覽》中鈔出，然則四卷亦非全書也。

> 廣棪案：《隋書》卷三十三〈志〉第二十八〈經籍〉二〈史·雜傳〉著錄：「《漢武洞冥記》一卷，郭氏撰。」《舊唐書》卷四十六〈志〉第二十六〈經籍〉上《史錄·雜傳錄》著錄：「《漢別國洞冥記》四卷，_{郭憲撰。}」《新唐書》卷五十九〈志〉第四十九〈藝文〉三〈子錄·道家類·神仙〉著錄：「郭憲《漢武帝別國洞冥記》四卷。」是〈隋志〉及兩〈唐志〉著錄此書，其書名與卷數均有所不同。《郡齋讀書志》卷第九〈傳記類〉著錄：「《漢武洞冥記》五卷。右後漢郭憲子橫撰。其〈序〉言：『漢武明雋特異之主，東方朔因滑稽浮誕以匡諫。洞心於道教，使冥跡之奧，昭然顯著，故曰「洞冥」』。」《玉海》卷第五十八〈藝文·傳〉「《漢武帝傳》」條載：「〈唐志〉神仙三十五家。……郭憲《漢武帝別國洞冥記》四卷。字子橫。《書目》：『《洞冥記》四卷，後漢光祿大夫郭憲載武帝神怪事。』」可參證。

凡若是者，藏書之家備名數而已，無之不足爲損，有之不足爲益，況於詳略，尤非所計也。

> 案：此處所述，足見直齋對收藏僞託小說類書籍之見地。惟此書有疑非郭憲所撰者。孫猛《郡齋讀書志校證》曰：「按〈隋志〉云『郭氏撰』，至兩〈唐志〉始謂郭憲撰，晁載之跋《洞冥記》則云：『其（張束之）父乃言後梁尚書蔡天寶

（天當作大）〈與岳陽王啓〉稱湘東昔造《洞冥記》一卷，則《洞冥記》梁元帝所作。』《隋書經籍志考證》卷二十云：『案〈本志〉一卷，但云郭氏，後世神仙家必欲附託漢人，何不直云與漢武、東方朔同時之郭舍人乎爾？乃託之東漢郭憲，殊爲不倫。又《南史・顧野王傳》：野王撰《續洞冥記》一卷，今本四卷中，容或有顧氏所續者。』」是此書固未可坐實爲憲撰。

〈唐志〉入〈神仙家〉。

　　案：〈唐志〉指《新唐書・藝文志》。此書收入〈道家類・神仙〉，見前引。

拾遺記十卷

《拾遺記》十卷，晉隴西王嘉子年撰。蕭綺序錄。

　　廣棪案：《郡齋讀書志》卷第九〈傳記類〉著錄：「《王子年拾遺記》十卷。右梁蕭綺敘錄。晉王嘉，字子年，嘗著書百二十篇，載伏羲以來異事，前世奇詭之說。書逸不完，綺拾綴殘闕，輯而敘之。」《玉海》卷第五十七〈藝文・記〉「晉《拾遺記》」條載：「《書目・別史類》：『晉王嘉撰著《拾遺記》十卷。事多詭怪，今行於世。梁蕭綺〈序〉云：「本十九卷，書後殘缺，綺因刪集爲十卷。」』」可參證。同書卷第五十八〈藝文・錄〉「晉《拾遺錄》」條載：「〈王嘉傳〉：『字子年，著《拾遺錄》十卷，記事多詭怪。』〈唐志〉：『三卷。又《拾遺記》十卷，蕭綺錄。』嘉所撰凡十九卷，三百二十篇。綺合為十卷。」是此書又名《拾遺錄》。嘉，《晉書》卷九十五〈列傳〉第六十五〈藝術〉有傳。謂嘉「字子年，隴西安陽人」。蕭綺，生平無可考，然此書有疑爲綺撰而僞託王嘉者。《四部正譌》卷下載：「《拾遺記》稱王嘉子年，蕭綺傳錄；蓋即綺撰而託之王嘉。中所記無一事實者。皇娥等歌，浮豔淺薄：然詞人往往用之，以境界相近故。」何綽批《郡齋讀書志》亦曰：「其文章不似晉人，疑即綺所託。」

名山記一卷

《名山記》一卷，亦稱王子年，即前之第十卷。_{館臣案：此句原本誤脫，今據《文獻通攷》增入。}大抵皆詭誕。

　　廣棪案：《四部正譌》卷下載：「《拾遺記》稱王嘉子年，蕭綺傳錄，蓋即綺撰而託之王嘉。……又《名山記》亦贗作，今不傳。」是此書亦僞託。

嘉，符秦^{廣校案}：《文獻通考》作「苻秦」，盧校本同。**時人，見《晉書·藝術傳》。**

案：《晉書》卷九十五〈列傳〉第六十五〈藝術〉載：「王嘉字子年，隴西安陽人也。輕舉止，醜形貌，外若不足，而聰睿內明。滑稽好語笑，不食五穀，不衣美麗，清虛服氣，不與世人交游。隱於東陽谷，鑿崖穴居，弟子受業者數百人，亦皆穴處。石季龍之末，棄其徒眾，至長安，潛隱於終南山，結菴廬而止。門人聞而復隨之，乃遷於倒獸山。苻堅累徵不起，公侯已下咸躬往參詣，好尚之士無不師宗之。問其當事者，皆隨問而對。好爲譬喻，狀如戲調；言未然之事，辭如讖記，當時莫能曉之，事過皆驗。堅將南征，遣使者問之。嘉曰：『金剛火強。』乃乘使者馬，正衣冠，徐徐東行數百步，而策馬馳反，脫衣服，棄冠履而歸，下馬踞床，一無所言。使者還告，堅不悟，復遣問之曰：『吾世祚云何？』嘉曰：『未央。』咸以爲吉。明年癸未，敗於淮南，所謂未年而有殃也。」是嘉乃苻秦時人。

殷芸小說十卷

《殷芸小說》十卷，宋殷芸撰。《邯鄲書目》云：「或題劉餗，非也。」今此書首題秦、漢、魏、晉、宋諸帝，注云齊殷芸撰，非劉餗明矣。故其序事止宋初，蓋於諸史傳記中鈔集。

廣校案：《郡齋讀書志》卷第十三〈小說類〉著錄：「《殷芸小說》十卷。右宋殷芸撰。述秦、漢以來雜事。予家本題曰『劉餗』，李淑以爲非。」足資參證。孫猛《郡齋讀書志校證》曰：「『宋殷芸撰』，按『宋』當作『梁』，〈隋志〉卷三注云：『梁武帝敕安右長史殷芸撰。梁《目》，三十卷。』余嘉錫〈殷芸小說輯證序〉云：『是書當成於梁武帝天監十三、四年間。』〈殷芸傳〉見《梁書》卷四十一、《南史》附卷二十七〈殷鈞傳〉，芸生於宋季，仕齊，入梁且三十歲，至大通三年乃卒。今《續談助》卷四所收題梁殷芸。」是殷芸乃梁朝人。

或稱商芸者，宣祖廟未祧時避諱也。

案：《宋史》卷一〈本紀〉第一〈太祖〉一載：「太祖啟運立極英武睿文神德聖功至明大孝皇帝，諱匡胤，姓趙氏，涿郡人也。高祖朓，是爲僖祖，仕唐歷永清、文安、幽都令。朓生珽，是爲順祖，歷藩鎮從事，累官兼御史中丞。珽生敬，是爲翼祖，歷營、薊、涿三州刺史。敬生弘殷，是爲宣祖。」是作「商芸」者，避宣祖弘殷諱。

世說新語三卷、敘錄二卷

《世說新語》三卷、《敘錄》二卷，宋臨川王劉義慶撰，梁劉峻孝標注。《敘錄》者，近世學士新安汪藻彥章所為也，首為〈考異〉，繼列人物世譜、姓氏異同，末記所引書目。按〈唐志〉作八卷，劉孝標續十卷，自餘諸家所藏卷第多不同，《敘錄》詳之。

廣栞案：《隋書》卷三十四〈志〉第三十九〈經籍〉三〈子·小說〉著錄：「《世說》八卷，宋臨川王劉義慶撰。」又：「《世說》十卷，劉孝標注。」《舊唐書》卷四十七〈志〉第二十七〈經籍〉下〈子錄·小說家〉著錄：「《世說》八卷，劉義慶撰。」又：「《續世說》十卷，劉孝標撰。」《新唐書·藝文志》同。是正史著錄二劉之書，〈隋志〉已啓其端。《郡齋讀書志》卷第十三〈小說類〉著錄：「《世說新語》十卷、《重編世說》十卷。右宋劉義慶撰，梁劉孝標注。記東漢以後事，分三十八門。〈唐·藝文志〉云：『劉義慶《世說》八卷，劉孝標《續》十卷。」而《崇文總目》止載十卷，當是孝標續義慶元本八卷，通成十卷耳。家本有二：一極詳，一殊略。略有稱改正，未知誰氏所定，然其目則同。劉知幾頗言此書非實錄，予亦云。」《郡齋讀書志》亦僅述及〈新唐志〉與《崇文總目》，均不免數典忘祖之誚。至汪藻所撰《敘錄》二卷，《宋史》卷三百六〈志〉第一百五十九〈藝文〉五則著錄：「汪藻《世說敘錄》三卷。」余嘉錫《世說新語箋疏·凡例》曰：「《日本尊經閣叢刊》中所影印的宋高宗紹興八年董弅刻本，書分為三卷，書後有汪藻所撰《敘錄》兩卷，包括〈考異〉和〈人名譜〉各一卷。」是汪藻《敘錄》應作三卷，〈宋志〉誤。而《解題》著錄此書，所據正董氏刻本也。

此本董令升刻之嚴州，以為晏元獻公手自校定刪去重複者。館臣案：「敘錄者」以下原本脫去，今據《文獻通考》補入。

案：董刻此書有〈題識〉，曰：「右《世說》三十六篇，世所傳釐為十卷。或作四十五篇，而末卷但重出前九卷中所載。余家舊藏，蓋得之王原叔家。後得晏元獻公手自校本，盡去重復，其注亦小加翦截，最為善本。晉人雅尚清談，唐初史臣修書，率意竄定，多非舊語，尚賴此書以傳後世。然字有訛舛，語有難解，以它書證之，間有可是正處，而《注》亦比晏本時為增損。至於所疑，則不敢妄下雌黃，姑亦傳疑，以俟通博。紹興八年夏四月癸亥，廣州董弅題。」是弅於晏元獻校本有所是正與增損也。董弅名或作莽，字令升，逌子，《宋史翼》卷二十七〈列傳〉第二十七〈文苑〉二附〈董逌〉。

續齊諧記一卷

《續齊諧記》一卷，梁奉朝請吳均撰。

> 廣棪案：《隋書》卷三十三〈志〉第二十八〈經籍〉二〈史・雜傳〉著錄：「《續齊諧記》一卷，吳均撰。」《舊唐書・經籍志》著錄同。《新唐書》卷五十九〈志〉第四十九〈藝文〉三則著錄於〈子錄・小說類〉，曰：「吳均《續齊諧記》一卷。」與《解題》同。均，《梁書》卷四十九〈列傳〉第四十三〈文學〉上、《南史》卷七十二〈列傳〉第六十二〈文學〉有傳。均任奉朝請，在梁武時。

齊諧志怪，本《莊子》語也。

> 案：《莊子・逍遙遊》云：「《齊諧》者，志怪者也。」《解題》本此。

〈唐志〉又有東陽無疑《齊諧志》，今不傳。此書殆續之者歟？

> 案：《新唐書》卷五十九〈志〉第四十九〈藝文〉三〈子錄・小說類〉著錄：「東陽无疑《齊諧記》七卷。」《解題》據此。《四庫全書總目》卷一百四十二〈子部〉五十二〈小說家類〉三著錄：「《續齊諧記》一卷，江蘇巡撫採進本。梁吳均撰。……吳琯刊本有元陸友〈跋〉，曰：『齊諧志怪，蓋莊生寓言。今均所續，特取義云爾，前無其書也。』案《隋書・經籍志・雜傳類》，均書之前有宋散騎侍郎東陽無疑《齊諧記》七卷，〈唐志・小說家〉亦並載之。然則均書實續無疑，友謂前無其書，亦爲失考。」《四庫全書總目》駁陸〈跋〉之非，或據《解題》也。

北齊還冤志二卷

《北齊還冤志》二卷，顏之推撰。

> 廣棪案：《隋書》卷三十三〈志〉第二十八〈經籍〉二〈史・雜傳〉著錄：「《冤魂志》三卷，顏之推撰。」兩〈唐志〉、《崇文總目》著錄同。是此書又名《冤魂志》，作三卷。惟《宋史》卷二百六〈志〉第一百五十九〈藝文〉五〈子錄・小說類〉則著錄：「顏之推《還冤志》三卷。」是此書應作三卷爲是。《四庫全書總目》卷一百四十二〈子部〉五十二〈小說家類〉三著錄：「《還冤志》三卷，內府藏本。隋顏之推撰。之推有《家訓》，已著錄。此書〈隋志〉不載。《唐書・藝文志》作《冤魂志》三卷。《文獻通考》作《北齊還冤志》二卷。《宋史・藝文志》作顏之推《還冤志》，《太平廣記》所引亦皆稱《還冤志》，與今本合。則〈唐志〉爲傳寫之訛。至書中所記，上始周宣王杜伯之事，不得目以北齊。即

之推亦始本梁人，後終隋代，觀陸法言〈切韻序〉，則開皇之初尚與劉臻等八人同時定韻，更不得目以北齊。殆因舊本之首題北齊黃門侍郎顏之推撰，遂誤以冠於書名之上歟？觀《宋史》又載釋庭藻《續北齊還冤志》一卷，則誤稱北齊，亦已久矣。自梁武以後，佛教彌昌，士大夫率皈禮能仁，盛談因果。之推《家訓》有〈歸心篇〉，於罪福尤為篤信。故此書所述，皆釋家報應之說。然齊有彭生，晉有申生，鄭有伯有，衛有渾良夫，其事並載《春秋傳》。趙氏之大厲，趙王如意之蒼犬，以及魏其、武安之事，亦未嘗不載於正史。強魂毅魄，憑厲氣而為變，理固有之，尚非天堂地獄，幻杳不可稽者比也。其文詞亦頗古雅，殊異小說之冗濫。存為鑑戒，固亦無害於義矣。」足資參考。至《四庫全書總目》言「此書〈隋志〉不載」，則失檢矣；又謂〈新唐志〉作《冤魂志》為「傳寫之訛」，恐亦不然。

古今同姓名錄一卷

《古今同姓名錄》一卷，梁元帝撰。有陸善經者，續之至五代時。

廣棪案：《梁書》卷五〈本紀〉第五〈元帝〉載元帝所著書有《古今同姓名錄》一卷。與此同。惟《宋史》卷二百四〈志〉第一百五十七〈藝文〉三〈史類‧譜牒類〉著錄：「梁元帝《古今同姓名錄》二卷。」則卷數不同。《郡齋讀書志》卷第十四〈類書類〉著錄：「《同姓名錄》三卷。右梁元帝撰。纂類歷代同姓名人，成書一卷。唐陸善經續增廣之。齊梁間士大夫之俗，喜徵事以為其學淺深之候，梁武帝與沈約徵栗事是也。類書之起，當在是時，故以此《錄》為首。」即所著錄書名與卷數均不同。疑一卷者，元帝所撰；其餘則善經所續也。《四庫全書總目》卷一百三十五〈子部〉四十五〈類書類〉一著錄：「《古今同姓名錄》二卷，《永樂大典》本。梁孝元皇帝撰，是書見於《梁書‧本紀》及《隋書‧經籍志》者皆作一卷。唐陸善經續而廣之，故《讀書志》、《書錄解題》皆作三卷。其本皆不傳。此本為《永樂大典》所載，又元人葉森所增補者也。雖輾轉附益，已非其舊。然幸其體例分明，不相淆雜。凡善經及森所綴入者，皆一一標註，尚可考見元帝之原本。則類事之書，莫古於是編矣。《史記‧淮陰侯列傳‧贊》稱兩韓信，此辨同姓名之始。然劉知幾《史通》猶譏司馬遷全然不別，班固曾無更張。至遷不知有兩子我，故以宰予為預田恆之亂；不知有兩公孫龍，故以堅白同異之論傅合於孔門之弟子。其人相混，其事俱淆，更至於語皆失實。則辨析異同，殊別時代，亦未嘗非讀書之要務。非但綴瑣聞，供談資也。』可供

參考。然《解題》實著錄此書作一卷,《四庫全書總目》謂三卷,仍不免於誤也。陸善經,兩《唐書》無傳,近人向宗魯曾撰〈書陸善經事〉一文,見屈守原《昭明文選雜述及選講》;今人虞萬里撰〈唐陸善經行歷索隱〉,載 2000 年 12 月《中華文史論叢》第 64 輯,可參考。虞文後又收入《榆枋齋學術論集》中。

朝野僉載一卷

《朝野僉載》一卷,唐司門郎中饒陽張鷟文成撰。其書本三十卷。_{館臣案:《宋史・藝文志》:「《朝野僉載》二十卷,又《僉載補遺》三卷。」《文獻通攷》止載《補遺》三卷,蓋亦未見全書。此云本三十卷,疑誤。}**此特其節略爾,別求之未獲。鷟,自號「浮休子」。**_{廣校案:《文獻通考》闕此句。}

廣校案:《新唐書》卷五十八〈志〉第四十八〈藝文〉二〈史錄・雜傳記類〉著錄:「張鷟《朝野僉載》二十卷,自號浮休子。」《宋史》卷二百三〈志〉第一百五十八〈藝文〉二〈史類・傳記類〉著錄:「張鷟《朝野僉載》二十卷,又《僉載補遺》三卷。」是直齋所得者乃一不全之本,而《解題》謂「其書本三十卷」,恐亦「二十卷」之筆誤。《郡齋讀書志》卷第十三〈小說類〉著錄:「《朝野僉載補遺》三卷。右唐張鷟文成撰。分三十五門,載唐朝雜事。鷟自號浮休子,蓋取《莊子》『其生也浮,其死也休』之義。」《玉海》卷第五十五〈藝文・著書雜著〉「唐《朝野僉載》」條戰:「《書目》:『張鷟。二十卷。載周、隋以來雜事,時為問答以評目之。《補遺》三卷。」均足供參證。《四庫全書總目》卷一百四十〈子部〉五十〈小說家類〉一著錄:「《朝野僉載》六卷,_{內府藏本。}舊本題唐張鷟撰。鷟有《龍筋鳳髓判》,已著錄。此書《新唐書・藝文志》作三十卷。《宋史・藝文志》作《僉載》二十卷,又《僉載補遺》三卷。《文獻通考》則但有《僉載補遺》三卷。此本六卷,參考諸書皆不合。晁公武《讀書志》又謂其分三十五門,而今本乃逐條聯綴,不分門目,亦與晁氏所紀不同。考莫休符《桂林風土記》載鷟在開元中,姚崇誣其奉使江南,受遺賜死,其子上表請代,減死流嶺南。數年,起為長史而卒。計其時尚在天寶之前,而書中有寶歷元年資陽石走事。寶歷乃敬宗年號。又有孟宏微對宣宗事,時代皆不相及。案尤袤《遂初堂書目》亦分《朝野僉載》及《僉載補遺》為二書。疑《僉載》乃鷟所作。《補遺》則為後人附益。凡闌入中唐後事者,皆應為《補遺》之文。而陳振振所謂書本三十卷,此其節略者。當即此本。蓋嘗經宋人摘錄,合《僉載》、《補遺》為一。刪併門類,已非原書,又不知何時析三卷為六卷也。其書皆紀唐代故事,

而於諧謔荒怪，纖悉臚載，未免失於纖碎。故洪邁《容齋隨筆》譏其記事瑣屑摘裂，且多媒語。然耳目所接，可據者多。故司馬光作《通鑑》亦引用之。兼收博採，固未嘗無裨於見聞也。」可供參考。惟《四庫全書總目》謂〈新唐志〉著錄此書「作三十卷」，則誤記也。

補江總白猿傳一卷

《補江總白猿傳》一卷，無名氏。歐陽紇者，詢之父也。詢貌類獼猿，廣棪案：盧校本「猿」為「猴」。蓋嘗與長孫無忌互相嘲謔矣。此〈傳〉遂因其嘲，廣之以實其事，託言江總，必無名子所為也。

　　廣棪案：《新唐書》卷五十九〈志〉第四十九〈藝文〉三〈子錄・小說家〉著錄：「《補江總白猿傳》一卷。」與此同。《宋史》卷二百六〈志〉第一百五十九〈藝文〉五〈子類・小說類〉著錄：「《集補江總白猿傳》一卷。」書名微有不同。《郡齋讀書志》卷第九〈傳記類〉著錄：「《補江總白猿傳》一卷。右不詳何人撰。述梁大同末，歐陽紇妻為猿所竊，後生子詢。《崇文目》以為唐人惡詢者為之。」足資參證。《舊唐書》卷一百八十九上〈列傳〉第一百三十九上〈儒學〉上載：「歐陽詢，潭州臨湘人，陳大司空頠之孫也。父紇，陳廣州刺史，以謀反誅。詢當從坐，僅而獲免。陳尚書令江總與紇有舊，收養之，教以書計。雖貌甚寢陋，而聰悟絕倫，讀書即數行俱下，博覽經史，尤精《三史》。仕隋為太常博士。」《新唐書》所載同。是詢貌甚寢陋。《崇文總目》卷三〈小說類〉下著錄：「《補江總白猿傳》一卷。原釋：唐人惡歐陽詢者為之。見《郡齋讀書・後志》。侗按：詢狀貌不颺，長孫無忌嘗嘲之云：『誰令麟閣上，畫此一獼猴。』好事者遂造白猿之說，以為歐陽紇妻為猿所竊，後生子。詢惡之者，廣棪案：此句應作「惡詢者」。因為此書。諸家書目並不著撰人。〈宋志〉上有『集』字。」錢東垣輯釋本。可與《解題》相參證。

冥報記二卷

《冥報記》二卷，唐吏部尚書京兆唐臨本德撰。

　　廣棪案：《舊唐書》卷四十六〈志〉第二十六〈經籍〉上〈史錄・雜傳類〉著錄：「《冥報記》二卷，唐臨撰。」〈新唐志〉著錄同。臨，字本德，京兆長安人。《舊唐書》卷八十五〈列傳〉第三十五〈唐臨〉載：「永徽元年，為御史大夫。……

尋遷刑部尚書，加金紫光祿大夫，復歷兵部、度支、吏部三尚書。顯慶四年，坐事貶爲潮州刺史，卒官，年六十。所撰《冥報記》二卷，大行於世。」足資參證。

劉餗小說三卷

《劉餗小說》三卷，唐右補闕劉餗鼎卿撰。

廣棪案：《郡齋讀書志》卷第十三〈小說類〉著錄：「《劉餗小說》十卷。右唐劉餗撰。纂周、漢至晉江左雜事。」然《郡齋讀書志》此條著錄實有張冠李戴之誤。孫猛《郡齋讀書志校證》曰：「《劉餗小說》十卷，按是書不見兩〈唐志〉。〈新唐志〉卷二〈雜傳記類〉有《國朝傳記》三卷，卷三〈小說類〉復出，題《傳記》三卷，注云：『一作《國史異纂》。』《國史異纂》三卷，見〈宋史志〉卷二〈傳記類〉、《玉海》卷四十七《唐太宗勳史》條引《中興書目》。李肇〈國史補序〉云：『昔劉餗集小說，涉南北朝至開元，著爲《傳記》。』《傳記》（或《國朝傳記》、《國史異纂》）佚文見《太平御覽》、《太平廣記》、《類說》、《紺珠集》諸書，所引與今《隋唐嘉話》合；〈小說〉佚文見《資治通鑑》卷一八八、一九一、二〇一、二〇四、二一〇《考異》，所引亦與《隋唐嘉話》合，故程毅中《隋唐嘉話》校點本〈點校說明〉以爲今《隋唐嘉話》實即《傳記》，亦是〈小說〉之異名。《隋唐嘉話》一卷，始見《書錄解題》卷十一，程氏疑其名乃宋人改題。其實，宋人稱引其題名十分混亂，如《緯略》卷四引作《國朝傳記》，卷十則作《隋唐嘉話》，又如《野客叢書》卷一並引《隋唐嘉話》、《國史異纂》，又似非一書。據今本《隋唐嘉話》及李肇語，劉餗是書不及周、漢，亦不訖於東晉，似續殷芸〈小說〉而至開元，與此條解題不相符合。據本卷《殷芸小說》條解題，公武所藏殷芸書，誤題劉餗，故袁本此條蓋先據誤題之本著錄，後公武察其誤而予刪去。此條自不可據依，今據袁本并參以王先謙刊本次第補入，以裨覆按耳。」是《劉餗小說》既不及周、漢，亦不訖東晉，則《郡齋讀書志》錯誤甚明。此書又名《國史異纂》，《玉海》卷第四十七〈藝文‧雜史〉「唐《太宗勳史》」條載：「《書目》：『劉餗《國史異纂》三卷，載齊、梁以來雜事。』」可資參考。餗，《舊唐書》卷一百二〈列傳〉第五十二、《新唐書》卷一百三十二〈列傳〉第五十七均附其父〈劉子玄〉。子玄，即劉知幾也。《新唐書》餗本傳載：「餗，右補闕、集賢殿學士，修國史。著《史例》三卷、《傳記》三卷、《樂府古題解》一卷。」其中《傳記》三卷，或即此書也。

隋唐嘉話一卷

《隋唐嘉話》一卷，劉餗撰。

　　廣棪案：《宋史》卷二百六〈志〉第一百五十九〈藝文〉五〈子類・小說類〉著錄：「劉餗《傳記》三卷，又《隋唐佳話》一卷、〈小說〉三卷。」〈宋志〉之「佳話」乃「嘉話」之誤，而卷數則與此同。今人程毅中點校《隋唐嘉話》，凡三卷，其〈點校說明〉云：「劉餗《隋唐嘉話》，《舊唐書・經籍志》和《新唐書・藝文志》都沒有著錄。南宋陳振孫《直齋書錄解題》在〈小說家類〉裏著錄了《隋唐嘉話》一卷，劉餗撰。《宋史・藝文志》也有《隋唐嘉原作佳話》一卷，列在劉餗的《傳記》和〈小說〉之間。現存的《顧氏文房小說》本，據宋版重雕，書中『貞』字、『構』字等還缺筆，分上、中、下三卷。又有《稽古堂叢刻》本，與顧氏基本相同，似出一源。還有《歷代小史》本和《唐人說薈》等本，不分卷，條目較少。……根據本書的初步校勘，大致可以認爲今本《隋唐嘉話》，實即《傳記》亦即《國史異纂》及〈小說〉的異名。但在宋代卻有四種書名并行，不但書目中重見疊出，而且類書、叢書裏也兼收並蓄。今本《隋唐嘉話》，比《直齋書錄》所著錄的多兩卷，不知是多少不同還是分卷不同。而且今本卷數雖與《國朝傳記》相同，也未必就是《國朝傳記》的原貌，因爲各書所引的《隋唐嘉話》或《傳記》、《異纂》，還有不見於今本的佚文。詳見本書補遺。所以本書仍用《隋唐嘉話》的名稱，各書稱引不同，則各存其舊，一一寫入校記，以備校核。」是則餗之此書，與《劉餗小說》、《國史異纂》、《傳記》三書，或同書而異名也。程氏所言，可備參考。

博異志一卷

《博異志》一卷，稱谷神子，不知何人。所記初唐及中世事。

　　廣棪案：《郡齋讀書志》卷十三〈小說類〉著錄：「《博異志》一卷。右題曰谷神子纂。〈序〉稱其書頗箴規時事，故隱姓名。或曰名還古，而竟不知其姓。志怪之書也。」足資參證。清人張宗泰《魯巖所學集》卷六〈三跋書錄解題〉云：「《書錄解題》失考者，亦復不一而足。如《博異記》稱谷神子，谷神，馮廓號也，見《讀書志・雜家》，而云『不知何人』。」是宗泰以此書爲馮廓撰。然孫猛《郡齋讀書志校證》則曰：「『題曰谷神子纂』，袁錄何校本何焯校語云：「此谷神子，豈即注嚴遵《道德指歸》者耶？』又顧廣圻校語云：『按〈經籍考〉所引『或曰

名還古,而竟不知其姓』,何說非。」按本書卷十一《老子指歸》條疑注《指歸》之谷神子爲馮廓,廓名見〈舊唐志〉卷下〈道家類〉,當是開元前人,與此谷神子時代了不相及。」是孫猛否定此書爲馮廓撰。孫氏又曰:「『或曰名還古,而竟不知其姓』,按余嘉錫據《唐語林》等書記載,考爲鄭還古,云:『晁公武所得蓋亦不全之本,適無此條,(按《太平廣記》卷七十九「許建宗」條引作《傳異記》,當即是《博異志》。)故但據傳聞,知其名還古,而不知其姓耳。』還古,榮陽人,登元和進士第,嘗爲河北從事,爲同院所誹謗,貶吉州掾,除國子博士,詳見《四庫提要辨證》卷十八。」是孫氏據余嘉錫《四庫提要辨證》,以此書爲鄭還古撰。

辨疑志三卷

《辨疑志》三卷,唐宣武行軍司馬吳郡陸長源撰。辨里俗流傳之妄。

　　廣桉案:《新唐書》卷五十九〈志〉第四十九〈藝文〉三〈子錄·小說類〉著錄:「陸長源《辨疑志》三卷。」與此同。《玉海》卷第五十七〈藝文·志〉「唐《辨疑志》」條載:「《書目》:『三卷,辨世俗流傳之謬。』」是《解題》所述,據《中興館閣書目》。長源字泳之,吳人。《舊唐書》卷一百五十一〈列傳〉第七十六有傳。《舊唐書》本傳載長源「貞元十二年,授檢校禮部尚書、宣武軍行軍司馬」。與《解題》所記官職同。

宣室志十卷

《宣室志》十卷,唐吏部侍郎常山張讀聖用撰。館臣案:《文獻通考》「聖用」作「聖朋」。　廣桉案:盧校本同。「宣室」者,漢文帝問鬼神之處也。

　　廣桉案:《郡齋讀書記》卷第十三〈小說類〉著錄:「《宣室志》十卷。右唐張讀聖朋撰。纂輯仙鬼靈異事。名曰《宣室志》者,取漢文召見賈生論鬼神之義。苗台符爲之〈序〉。」《四庫全書總目》卷一百四十二〈子部〉五十二〈小說家類〉三著錄:「《宣室志》十卷、《補遺》一卷,內府藏本。唐張讀撰。陳振孫《書錄解題》稱讀字聖朋,《唐書·藝文志》載讀《建中西狩錄》十卷,註曰讀字聖用。朋、用,字形相近,義亦兩通,未詳孰是也。深州陸澤人。《舊唐書》附見其祖〈張薦傳〉中,稱其登進士第,有俊材,累官至中書舍人、禮部侍郎,典貢舉,時稱得士,位終尚書左丞。《新唐書·藝文志》則稱爲僖宗時吏部侍郎。

高彥休《唐闕史》亦稱張侍郎讀爲員外郎張休復之子、_{案《舊唐書》作希復。}牛
僧孺之外孫。年僅十九，登進士第。不言其爲吏部、禮部。以典貢舉之文證之，
蓋《新唐書》爲誤矣。是書所記皆鬼神靈異之事，豈以其外祖牛僧孺嘗作《元
怪錄》，讀少而習見，故沿其流波歟？《補遺》一卷，舊本併題讀撰。然諸家書
目皆無之，疑刊刻者摭他書所引載於後也。宣室之義，蓋取漢文帝宣室受釐，
召賈誼問鬼神事。然鬼神之對，雖在宣室，而宣室之名，實不因鬼神而立，取
以題誌怪之書，於義未當，特久相沿習不覺耳。今特附訂其失，庶讀者有考，
無相沿用焉。」均足資參證。

封氏見聞記二卷

《封氏見聞記》二卷，唐吏部郎中封演撰。前紀典故，末及雜事，頗有可觀。

廣棪案：《郡齋讀書志》卷第十三〈小說類〉著錄：「《封氏見聞記》五卷。右唐
封演撰。分門記儒道、經籍、人物、地里、雜事，且辨俗說訛謬，蓋著其所見聞
如此。」《四庫全書總目》卷一百二十〈子部〉三十〈雜家類〉四著錄：「《封氏
見聞記》十卷，_{安徽巡撫採進本。}唐封演撰。演，里貫未詳。考封氏自西晉、北
魏以來，世爲渤海脩人。然《唐書・宰相世系表》中無演名，疑其疏屬也。書中
『石經』一條，稱天寶中爲太學生。『貢舉』一條，記其登第時張繟有千佛名經
之戲。然不云登第在何年。『〈佛圖澄碑〉』一條，記大歷中行縣至內邱，則嘗刺
邢州。卷首結銜題『朝散大夫檢校尚書吏部郎中兼御史中丞』。而『尊號』一條，
記貞元閒事，則德宗時終於是官也。是書〈唐〉、〈宋・藝文志〉、《通志》、《通考》
皆作五卷，《書錄解題》作二卷，殆輾轉傳鈔，互有分合。此本十卷，末有元至
正辛丑夏庭芝〈跋〉，又有明吳岫、朱良育、孫允伽、陸貽典四〈跋〉。育良〈跋〉
云：『自六卷至十卷，友人唐子畏見借所鈔。近又於柳大中借鈔前五卷。第七卷
中全局俱欠，只存末後一紙耳。』今考目錄所列凡一百一條。第一卷僅二條，不
盈兩紙，亦似不完。第三卷『銓曹』一條，闕其末。而『風憲』一條全佚，不止
闕第七卷。第七卷中『視物遠近』一條、『海潮』一條、『北方白虹』一條、『西
風則雨』一條、『松柏西向』一條，皆全佚。『蜀無兔鴿』一條，佚其前半。『月
桂子』一條，僅完其下。『石鼓』一條、『弦歌驛』一條，又闕。『高唐館』一條，
亦不完全。其『上下溫湯』一條，又闕其末。而目錄此條之下註增字，亦非僅存
末一頁者。中閒又頗多闕字。允伽〈跋〉稱：『借秦酉巖本重校。』意其與朱本
小異歟？然稱朱〈跋〉從秦本錄出，則又不可解。疑久無刊本，遞相繕寫，又非

復朱氏之舊矣。唐人小說多涉荒怪，此書獨語必徵實。前六卷多陳掌故，七、八兩卷多記古蹟及雜論，均足以資考證。末二卷則全載當時士大夫軼事，嘉言善行居多，惟末附諧語數條而已。其中『音韻』一條，記唐韻部分為陸法言之舊，其用同用獨用，則許敬宗所定，為諸書之所未言。『文字』一條，論隸書不始程邈，援《水經注》為證。明楊慎矜為獨見者，乃演之所已言。又顏眞卿《韻海鏡源》，世無傳本，此書詳記其體例，知元陰時夫《韻府群玉》實源於此，而後人不察，有稱眞卿取句首字不取句末字者，其說為杜撰欺人；併知《永樂大典》列篆隸諸體於字下，乃從此書竊取其式，而諱所自來。『月中桂』一條，記『桂子月中落』一聯為宋之問〈台州詩〉，足證計有功《唐詩紀事》駱賓王為僧之妄。他如論『金雞』、『露布』、『鹵簿』、『官銜』、『石誌』、『碑碣』、『羊虎』、『拔河』諸條，亦皆原委詳明。唐人說部，自顏師古《匡謬正俗》、李匡乂《資暇集》、李涪《刊誤》之外，固罕其比偶矣。」均足資參證。

劉公佳話一卷

《劉公佳話》一卷，<small>廣棪案：《文獻通考》作「《劉公嘉話》一卷」。</small>唐江陵尹韋絢文明撰。劉公，禹錫也。絢，執誼之子。

廣棪案：此書即《劉公嘉話錄》。《新唐書》卷五十九〈志〉第四十九〈藝文〉三〈子錄・小說家類〉著錄：「韋絢《劉公嘉話錄》一卷，絢，字文明，執誼子也，咸通義武軍節度使。劉公，禹錫也。」《郡齋讀書志》卷第十三〈小說類〉著錄：「《劉公嘉話錄》一卷。右唐韋絢撰。劉公謂禹錫。絢，字文明，執誼之子也。咸通中，為義武節度使。幼從學於禹錫，錄其話言。」即此書也。然《宋史》卷二百六〈志〉第一百五十九〈藝文〉五〈子類・小說類〉著錄：「韋絢《戎幕閑談》一卷，又《劉公嘉話》一卷、《賓客佳話》一卷。」則以《嘉話》、《佳話》視為兩書。《四庫全書總目》卷一百四十〈子部〉五十〈小說家類〉一著錄：「《劉賓客嘉話錄》一卷，內府藏本。唐韋絢撰。絢字文明，京兆人。《唐書・藝文志》載韋絢《劉公嘉話錄》一卷。註曰：「絢，執誼子也，咸通義武軍節度使。劉公，禹錫也。』《宋史・藝文志》則載：『絢《劉公嘉話》一卷，又《賓客嘉話》一卷。』<small>廣棪案：『《賓客嘉話》乃《賓客佳話》之訛。下同。』</small>《劉公嘉話》當即此書，《賓客嘉話》則諸家著錄皆無之。當由諸書所引或稱《劉公嘉話》，或稱《劉賓客嘉話》，故分為二書，又誤脫劉字耳。諸史藝文志未有荒謬於《宋史》著錄者，此亦一徵矣。此本載曹溶《學海類編》中，前有大中十年絢〈自序〉，稱『為江陵少尹時，追述長慶

元年在白帝城所聞於劉禹錫者』。」是〈宋志〉著錄誤也。至《解題》稱絢為江陵少尹，蓋據絢〈自序〉而云。

戎幕閒談一卷

《戎幕閒談》一卷，韋絢撰。為四川巡官，紀李文饒所談。

　　廣棪案：《郡齋讀書志》卷第十三〈小說類〉著錄：「《戎幕閒談》一卷。右唐韋絢撰。大和中，為李德裕從事，記德裕所談。」考《舊唐書》卷一百七十四〈列傳〉第一百二十四〈李德裕〉載：「（大和）四年十月，以德裕檢校兵部尚書、成都尹、劍南西川節度副大使知節度事，管內觀察處置西北八國雲南招撫等使。」是絢為西川巡官，及李德裕從事亦在大和四年十月後，此書亦撰於其時。

聞奇錄一卷

《聞奇錄》一卷，不著名氏，當是唐末人。

　　廣棪案：《宋史》卷二百五〈志〉第一百五十九〈藝文〉五〈子類·小說類〉著錄：「《會昌解頤錄》五卷、《樹萱錄》三卷、《桂苑叢談》一卷、《聞奇錄》三卷、《滇洪錄》二卷、《靈怪集》一卷、《燈下閑談》三卷、《續野人閑話》三卷、《吳越會粹》一卷，並不知作者。」所著錄此書卷數，與《解題》不同。

柳常侍言旨一卷

《柳常侍言旨》一卷，唐柳珵撰。「常侍」者，其世父芳　廣棪案：盧校注：「珵之祖名芳，其世父名登。衢本晁〈志〉正作『登』，當從之。」也。凡六章，末有〈劉幽求〉及〈上清傳〉。

　　廣棪案：《郡齋讀書志》卷第十三〈小說類〉著錄：「《常侍言旨》一卷。右唐柳珵記其世父登所著，凡六章，〈上清〉、〈劉幽求〉二傳附。」《解題》所述，大體據《郡齋讀書志》，而所記珵世父之名則異。孫猛《郡齋讀書志校證》曰：「『記其世父登所著』，剜改本改『登』為『芳』。按袁本、臥雲本、《宛委》本、季錄顧校本、舊鈔本、《玉海》卷五十八引《讀書志》皆同原本，王先謙刊本、〈經籍考〉卷四十二同剜改本。《書錄解題》卷十一云：『常侍者，其世父芳也。』剜改本蓋據此。珵乃芳之孫，見《家學要錄》條；芳生登、冕，見《元和姓纂》

卷七，冕生珵，登爲珵世父，原本不誤，別改本以不誤爲誤，盲從《書錄解題》
之過也。」是孫氏所考與盧校注同，《解題》誤也。

幽閒鼓吹一卷

《幽閒鼓吹》一卷，唐張固撰。

　　廣棪案：《郡齋讀書志》卷第十三〈小說類〉著錄：「《幽閒鼓吹》一卷。右唐張
固撰。紀唐史遺事二十五篇。懿、僖間人。」可資參證。固，兩《唐書》無傳。
清勞格、趙鉞合著《唐尚書省郎官石柱題名考》卷十五「金部郎中」條載：「《唐
六典》：『戶部尚書，其屬有金部郎中一人，從五品上。龍朔二年，改爲司珍大夫，
咸亨元年復故。掌庫鼓出納之節、金部對貨之用、權衡度量之制，皆總其文籍而
頒其節制。《舊書》、《新書》同。』……張固，《桂林風土記》：『前政張侍郎名固，
大中年重陽節宴於山外高峰。』《新書・藝文志》丙部〈子錄・小說家類〉：『張
固《幽閑鼓吹》一卷。』」是固嘗任金部郎中。

知命錄一卷

《知命錄》一卷，廣棪案：盧校注：「此與下一條元本缺，今據《通考》補入。」唐劉
愿撰。凡二十事。

　　廣棪案：《秘書省續編到四庫闕書目》卷二〈子類・小說〉著錄：「《知命錄》一
卷。輝按：〈宋志〉云：『劉愿撰。』」葉德輝考證本。《宋史》卷二百六〈志〉第
一百五十九〈藝文〉五〈子類・小說類〉著錄：「劉愿《知命錄》一卷。」是葉
氏所考證，據〈宋志〉也。愿，兩《唐書》無傳，生平無可考。

前定錄一卷

《前定錄》一卷，廣棪案：此條與《知命錄》，盧校本均據《文獻通考》補入。唐崇文
館校書鍾輅廣棪案：《文獻通考》作「輅」。撰。凡二十二事。別本又有《續錄》
二十四事。

　　廣棪案：《新唐書》卷五十九〈志〉第四十九〈藝文〉三〈子錄・小說家類〉著
錄：「鍾輅《前定錄》一卷。」與此同。輅，或作輅。兩《唐書》無傳。徐松《登
科記考》卷二十「唐文宗元聖昭獻孝皇帝」條：「大和二年戊申，進士三十七人：

鍾輅。見《文苑英華》。」是鍾輅乃大和二年進士，是科韋籌狀元，杜牧同榜進士。《全唐文》卷七百四十一「鍾輅」條載：「輅，文宗朝官崇文館校書郎。」與《解題》著錄同。另載〈前定錄序〉，曰：「人之有生，修短貴賤，聖人固常言命矣。至於纖芥得喪，行止飲啄，亦莫不有前定者焉。中人以上，罔有不聞其說，然得之即喜，失之則憂，遑遑汲汲，至於老死，罕有居然俟得，靜以待命者，其大惑歟！余顓愚迷方，不達變態，審固天命，未嘗勞心。或逢一時，偶一事，泛乎若虛舟觸物，曾莫知指遇所由。推而言之，其不在我明矣。大和中，讎書春閣，秩散多暇，時得從乎博聞君子徵其異說。每及前定之事，未嘗不三復本末，提筆記錄。日月稍久，漸盈筐篋，因而編次之，曰《前定錄》。庶達識之士知其不誣，而奔競之徒亦足以自警云爾。」是此書撰就於大和中。讀此〈序〉，亦可略悉其書內容，及輅撰作之旨。

甘澤謠一卷

《甘澤謠》一卷，唐刑部郎中袁郊撰。所記凡九條，咸通戊子〈自序〉，以其春雨澤應，故有甘澤成謠之語，遂以名其書。

　　廣棪案：《郡齋讀書志》卷第十三〈小說類〉著錄：「《甘澤謠》一卷。右唐袁郊撰。載謠異事九章。咸通中，久雨臥疾所著，故曰《甘澤謠》。」頗足參證。郊，兩《唐書》無傳。《新唐書》卷一百五十一〈列傳〉第七十六〈袁滋〉載：「子均，右拾遺；郊，翰林學士。」孫猛《郡齋讀書志校證》曰：「按郊字之乾（一說之儀），蔡州朗山人。官虢州刺史。咸通中為祠部郎中（一說刑部郎中），見《新唐書》卷七十四下〈宰相世系表〉、卷一五一〈袁滋傳〉、《唐詩紀事》卷六十五、《書錄解題》卷十一。」可略悉郊生平及仕履。

乾饌子三卷

《乾饌子》一卷，唐溫庭筠飛卿撰。〈序〉言：「不爵不觗，非焄非炙，能悅諸心，聊甘眾口，庶乎乾饌之義。」

　　廣棪案：《郡齋讀書志》卷第十三〈小說類〉著錄：「〈乾饌子〉三卷。右唐溫庭筠撰。〈序〉謂語怪以悅賓，無異饌味之適口，故以『乾饌』命篇。」足資參證。

「饌」與「饌」同字，從肉，見《古禮經》。

案：《古禮經》即《儀禮》。《儀禮‧燕禮》曰：「膳宰具官饌于寢東。」鄭玄注：「具宮饌，具其官之所饌，謂酒也，牲也，脯醢也。」《解題》所述，殆指此。庭筠，《舊唐書》卷一百九十下〈列傳〉第一百四十下〈文苑〉下有傳。《新唐書》卷九十一〈列傳〉第十六附〈溫大雅〉，惟名作廷筠。

尚書故實一卷

《尚書故實》一卷，唐李綽撰。又名《尚書談錄》。首言賓護尚書河東張公三代相門，謂嘉貞、延賞、弘靖也。弘靖，盧龍失御，貶賓客分司。綽，唐末人，未必及弘靖。弘靖之後文規、次宗、彥遠，皆不登八座，未詳所謂。〈唐志〉即以為延賞，尤不然。

廣棪案：《郡齋讀書志》卷第十三〈小說類〉著錄：「《尚書故實》一卷。右唐李綽編，《崇文總目》謂尚書即張延賞也。綽，紀延賞所談，故又題曰《尚書談錄》。按其書稱嘉貞為四世祖，疑非延賞也。」與《解題》所考略同。《四庫全書總目》卷一百二十〈子部〉三十〈雜家類〉四著錄：「《尚書故實》一卷，安徽巡撫採進本。唐李綽撰。綽仕履未詳。考《新唐書‧宰相世系表》，趙郡李氏，南祖之後，有名綽字肩孟者，為吏部侍郎舒之曾孫。書中自稱趙郡人，或即其人歟？是書《宋史‧藝文志》凡兩載之。一見〈史部‧傳記類〉。一見〈子部‧小說類〉，而註其下云：『綽一作緯，實一作事。』今案曾慥《類說》所引，亦明標李綽之名，則作緯者誤矣。〈自序〉稱：『賓護尚書張公，三相盛門，博物多聞。綽避難圃田，每容侍話。凡聆徵引，必異尋常。遂纂集尤異作此書。蓋皆據張尚書之所述也。惟張尚書不著其名。《新唐書‧藝文志》沿《崇文總目》之訛，以張尚書為即延賞。晁公武、陳振孫已斥其誤。然書中稱嘉貞為四世祖，又稱嘉祐為高伯祖，則所謂張尚書者，當在彥遠、天保、彥修、曼容諸兄弟中。其文規、次宗乃宏靖子，於嘉貞為曾孫，不可稱高祖。振孫乃皆以其不登八座為疑，亦非也。觀其言賓護移知廣陵，又言公除潞州旌節，則必嘗為揚州刺史、昭義節度使者。當以史於天保諸人下略其官位，遂致無可考耳。其書雜記近事，亦兼考舊聞。」足資參證。

雜纂一卷

《雜纂》一卷，唐李商隱義山撰。俚俗常談鄙事，可資戲笑，以類相從。今

世所稱「殺風景」，蓋出於此。又有別本稍多，皆後人附益。

　　廣棪案：《文獻通考》卷二百十五〈經籍考〉四十二《子小說家》著錄此條，下引巽巖李氏曰：「用諸酒杯流行之際，可謂善謔。其言雖不雅馴，然所訶誚多中俗病，聞者或足以爲戒，不但爲笑也。」可供參考。商隱字義山，懷州河內人，《舊唐書》卷一百九十下〈列傳〉第一百四十下〈文苑〉下、《新唐書》卷二百三〈列傳〉第一百二十八〈文藝〉下有傳。

盧氏雜記一卷

《盧氏雜記》廣棪案：《文獻通考》作《盧氏雜說》。一卷，唐盧言撰。

　　廣棪案：《新唐書》卷五十九〈志〉第四十九〈藝文〉三〈子錄・小說家類〉著錄「《盧氏雜說》一卷。」無撰人。《宋史》卷二百三〈志〉第一百五十六〈藝文〉二〈史類・傳記類〉著錄：「《盧言》〈雜說〉一卷。」〈宋志〉此書歸類與《解題》不同。言，兩《唐書》無傳。勞格、趙鉞著《唐尚書省郎官石柱題名考》卷九〈考功郎中〉載：「《唐六典》：『吏部尚書，其屬有四，四曰考功郎中一人，從五品上。龍朔二年，改爲司績大夫，咸亨元年復故。郎中掌內外文武官吏之考課。』《舊書》、《新書》同。盧言又戶中。白居易〈開成二年三月三日襖洛濱留守裴令公召駕部員外郎盧言等一十五人合宴舟中〉詩。《白氏文集》三十三。《新・杜中立傳》：『文宗時，京師惡少優戲道中，具驅唱呵衛，自謂盧言京兆，驅放自如。』」是盧言於唐文宗開成年間曾任駕部員外郎、戶部郎中及考功郎中等職。又《解題》書名疑作《盧氏雜說》。

杜陽雜編三卷

《杜陽雜編》三卷，唐武功蘇鶚德祥撰。

　　廣棪案：《新唐書》卷五十九〈志〉第四十九〈藝文〉三〈子錄・小說家類〉著錄：「蘇鶚《演義》十卷，又《杜陽雜編》三卷。字德祥，光啓中進士第。」光啓，唐僖宗年號。《郡齋讀書志》卷第十三〈小說類〉著錄：「《杜陽雜編》三卷。右唐蘇鶚撰。字德祥，光啓中進士，家武功杜陽川。雜錄廣德以至咸通時事。」廣德，代宗年號；咸通，僖宗年號。《四庫全書總目》卷一百四十二〈子部〉五十二〈小說家類〉三著錄：「《杜陽雜編》三卷，兩淮鹽政採進本。唐蘇鶚撰。鶚有《演義》，已著錄。此編所記，上起代宗廣德元年，下盡懿宗咸通十四年，凡

十朝之事，皆以三字爲標目。其中述奇技寶物，類涉不經。大抵祖述王嘉之〈拾遺〉、郭子橫之《洞冥》，雖必舉所聞之人以實之，殆亦俗語之爲丹青也。……其曰《杜陽雜編》者，晁公武《讀書志》謂鵷居武功之杜陽。蓋因地以名其書云。」均可與《解題》相參證。鵷，兩《唐書》無傳。徐松《登科記考》卷二十七〈附考・進士科〉載：「蘇鵷，《新書・藝文志》：『字德祥，光啓中進士第。』」其所據者乃〈新唐志〉也。

酉陽雜俎二十卷、續十卷

《酉陽雜俎》二十卷、《續》十卷，唐太常少卿臨淄段成式柯古撰。所記故多譎怪，其標目亦奇詭，如〈天咫〉、〈玉格〉、〈壺史〉、〈貝編〉、〈尸穸〉之類。成式，文昌之子。

廣棪案：《郡齋讀書志》卷第十三〈小說類〉著錄：「《酉陽雜俎》二十卷、《續酉陽雜俎》十卷。右唐段成式撰。〈自序〉云：『縫掖之徒，及怪及戲，無侵於儒。《詩》、《書》爲太羹，史爲折俎，子爲醯醢。大小二酉山多藏奇書，故名篇曰《酉陽雜俎》。分三十門，爲二十卷。』其後《續》十卷。」《玉海》卷第五十五〈藝文・著書雜著〉「唐《酉陽雜俎》」條載：「〈志・小說家〉：『段成式《酉陽雜組》三十卷。』《崇文目》同。《中興書目》：『二十卷，唐太常少卿段成式撰。志聞見譎怪，凡三十二類。』李淑《書目》：『《詩》、《書》，味之大羹；史爲折俎；子爲醯醢；故名曰《雜俎》。酉陽，取大小二酉山，多藏奇書。』《方輿記》：『辰州小酉山，有石穴，中有秦人書千卷。故湘東王云：「訪酉陽之逸典。」』《書目》：『段成式《續雜俎》十卷，錄異事續之。』」《四庫全書總目》卷一百四十二〈子部〉五十二〈小說家類〉三著錄：「《酉陽雜俎》二十卷、《續集》十卷，內府藏本。唐段成式撰。成式字柯古，臨淄人。宰相文昌之子。官至太常卿。事蹟具《唐書》本傳。是書首有〈自序〉云：『凡三十篇，爲二十卷。』今自〈忠志〉至〈肉攫部〉，凡二十九篇，尚闕其一。考〈語資篇〉後有云：『客徵鼠鼅事，余戲摭作〈破鼅錄〉。』今無所謂〈破鼅錄〉者，蓋脫其一篇。獨存其篇首引語，綴前篇之末耳。至其《續集》六篇、十卷，合《前集》爲三十卷，諸史志及諸家書目並同。而胡應麟《筆叢》云：『《酉陽雜俎》世有二本，皆二十卷，無所謂《續》者。近於《太平廣記》中鈔出《續記》，不及十卷，而《前集》漏軼者甚多，悉鈔入《續記》中爲十卷，俟好事者刻之。』又似乎其書已佚，應麟復爲鈔合者。然不知應麟何以得其篇目，豈以意爲之耶？其書多詭怪不經之談，荒渺無稽之物，而遺文

秘籍，亦往往錯出其中。故論者雖病其浮誇，而不能不相徵引。自唐以來，推為小說之翹楚，莫或廢也。其曰《酉陽雜俎》者，蓋取梁元帝〈賦〉『訪酉陽之逸典』語。二酉，藏書之義也。其子目有曰〈諾皋記〉者，吳曾《能改齋漫錄》以為諾皋，太陰神名，語本《抱朴子》，未知確否？至其〈貝編〉、〈玉格〉、〈天咫〉、〈壺史〉諸名，則在可解不可解之間，蓋莫得而深考矣。」成式，《舊唐書》卷一百六十七〈列傳〉第一百一十七附《段文昌》、《新唐書》卷八十九〈列傳〉第十四附〈段志玄〉。志玄，成式四世祖也。《舊唐書》成式本傳載：「成式字柯古，以蔭入官，為秘書省校書郎。研精苦學，秘閣書籍披閱皆遍。累遷尚書郎。咸通初，出為江州刺史。解印，寓居襄陽，以閑放自適。家多書史，用以自娛，尤深於佛書。所著《酉陽雜俎》，傳於時。」可供參證。

盧陵官下記二卷

《盧陵官下記》二卷，段成式撰。為吉州刺史時也。

廣棪案：《新唐書》卷五十九〈志〉第四十九〈藝文〉三〈子錄·小說家類〉著錄：「段成式《酉陽雜俎》三十卷、《盧陵官下記》二卷。」著錄與此同。《新唐書》卷八十九〈列傳〉第十四〈段志玄〉附成式本傳載：「子成式，字柯古，推蔭為校書郎。博學彊記，多奇篇秘籍。侍父于蜀，以畋獵自放，文昌遣吏自其意諫止。明日以雄兔徧遺幕府，人為書，因所獲儷前世事，無複用者，眾大驚。擢累尚書郎，為吉州刺史，終太常少卿。著《酉陽書》數十篇。子安節，乾寧中為國子司業。善樂律，能自度曲云。」是成式曾為吉州刺史。吉州，即盧陵郡，今江西吉安縣。

唐闕史三卷

《唐闕史》，唐高彥休撰。自號參寥子，乾符中人。

廣棪案：《新唐書》卷五十九〈志〉第四十九〈藝文〉三〈子錄·小說家類〉著錄：「高彥休《闕史》三卷。」著錄與此同。《四庫全書總目》卷一百四十二〈子部〉五十二〈小說家類〉三著錄：「《唐闕史》二卷，浙江鮑士恭家藏本。舊本題唐高彥休撰。彥休始末未詳。書中『鄭少尹及第』一條，有『開成三年愚江夏伯祖再司文柄』語。考《舊唐書·高鍇傳》：『鍇於大和三年，以吏部員外郎奉詔審定敕試別頭進士明經。開成元年，以中書舍人權知禮部貢舉，尋為禮部侍

郎，掌貢部者三年，出爲鄂岳觀察使而卒。』鄂岳，正江夏之地，所言官品事
蹟俱合。則彥休當爲鐊之從孫。惟〈新〉、《舊書》皆失鐊之里籍，遂不知彥休
爲何地人耳。陳振孫《書錄解題》曰：彥休『自號參寥子。〈唐‧藝文志〉註亦
同。《宋史‧藝文志》載《闕史》一卷，註曰：『參寥子述。』又載高彥休《闕
史》三卷。分爲兩書兩人，殊爲舛誤。又黃伯思《東觀餘論》有此書〈跋〉云：
『〈敘〉稱甲辰歲編次，蓋僖宗中和四年。而其閒有已書僖號者，或後人追改之。』
今考〈序〉中，自言『乾符甲子生』。乾符無甲子，當爲甲午之訛。下距中和四
年僅十年，不應即能著書。由是以後，惟晉開運元年爲甲辰，上推乾符元年甲
午生，年當七十一歲，尚有著書之理。然則彥休蓋五代人也。是書諸家著錄皆
三卷。今止上、下二卷，似從他書鈔撮而成，非其原本。張耒《宛邱集》稱：『賈
長卿嘗辨此書所載白居易母墮井事。』此本無之。是亦不完之一證。然〈自序〉
言共五十一篇，分爲上、下二卷，又似非有脫遺者。或後人併追改其〈序〉歟？
王士禎《居易錄》譏其首載李師道之黨丁約獻俘闕下，臨刑幻化仙去事，以爲
導逆。其說甚當。然所載如周墀之對文宗，崔閈之對宣宗，鄭薰判宦官之廕子，
盧攜之議鎮州，皆足與史傳相參訂。『李可及戲論三教』一條，謂伶人不當授官。
持論尤正。他如皇甫湜作〈福先寺碑〉，劉蛻辨齊桓公器，單長鳴非姓單諸事，
亦足以資參證，不盡小說荒怪之談也。」足資參考。

北里志一卷

《北里志》一卷，唐學士孫棨撰。載平康狹邪事。

廣棪案：《郡齋讀書志》卷第十三〈小說類〉著錄：「《北里志》一卷。右唐孫棨
撰。記大中進士遊狹邪雜事。孫光憲言棨之意在譏盧相攜也。蓋攜之女與其甥通，
攜知之，遂以妻之，殺家人以滅口云。」足資參證。棨，兩《唐書》無傳。元辛
文房《唐才子傳》卷九〈趙光遠〉載：「光遠，丞相隱之猶子也。幼而聰悟。咸
通、乾符中稱氣焰，善爲詩。溫庭筠、李商隱輩梯媒之。恃才，不拘小節，皆金
鞍駿馬，嘗將子弟恣游狹邪，著《北里志》，頗述青樓紅粉之事，及有詩等傳於
世。光遠等千金之子，厭飫膏粱，仰蔭承榮，視若談笑，驕侈不期而至矣；況年
少多才，京邑繁盛，耳目所濡，素少閑邪之慮哉？故辭意多裙裾妖豔之態，無
足怪矣。有孫啓、崔玨同時恣心狂狎，相爲唱和，頗陷輕薄，無退讓之風。惟盧
弼氣象稍嚴，不遷狐惑，如〈邊庭四時怨〉等作，賞音大播，信不偶然。區區涼
德，徒曰貴介，不暇錄尚多云。」案：《唐才子傳》「孫棨」作「孫啓」；又謂《北

里志》乃趙光遠撰。今人周本淳《唐才子傳校正》曰：「此處全取《唐摭言》卷十，今本《北里志》題孫棨著。他書亦言孫棨，惟此言趙作。《全唐詩》存趙光遠詩三首。」是《唐才子傳》據《唐摭言》以《北里志》爲光遠撰，恐誤。

玉泉筆端三卷，又別一卷

《玉泉筆端》三卷，又別一卷，不著名氏。有〈序〉，中和三年作。末有〈跋〉云：「扶風李昭德家藏之書也。」即故淮海相公孫。又稱：「黃巢陷洛之明年跋。」亦不知何人。別一本號《玉泉子》，比此本少數條，而多五十二條。無序跋，錄其所多者為一卷。

廣棪案：《宋史》卷二百五〈志〉第一百五十八〈藝文〉四〈子類‧雜家類〉著錄：「《玉泉子》一卷，並不知作者。」此即《解題》著錄之「又別一卷」者。《四庫全書總目》卷一百四十〈子部〉五十〈小說家類〉一著錄：「《玉泉子》一卷，內府藏本。不著撰人名氏。所記皆唐代雜事，亦多採他小說爲之。如問卷『裴度』一條，全同《因話錄》。韓昶金根車事，先載《尚書故實》。不盡其所自作也。案《宋‧藝文志》載《玉泉子見聞眞錄》五卷，與此本卷數不符，似別一書。《書錄解題》作《玉泉筆端》三卷，稱前有中和三年〈序〉，末有〈跋〉，稱出於淮海相公之孫扶風李昭德家。此本皆無之。然中和乃僖宗年號，而書中有昭宗之文。時代不符，則亦決非此本。《書錄解題》又云：『別一本號《玉泉子》，比此本少數條，而多五十二條，無序跋。錄其所多者爲一卷。』此本共八十二條，或即陳振孫所錄之一卷，而《書錄解題》訛八字爲五字耶？三者之中，此猶約略近之矣。」可供參證。考《玉泉子見聞眞錄》五卷，最早乃《新唐書》卷五十九〈志〉第四十九〈藝文〉三〈子錄‧小說家類〉著錄，《四庫全書總目》僅據《宋史‧藝文志》出案，亦失檢矣。

雲溪友議十二卷

《雲溪友議》十二卷，廣棪案：《文獻通考》作三卷。唐范攄撰。自稱五雲溪人，廣棪案：《文獻通考》闕此句。咸通時。廣棪案：《文獻通考》句末有「人」字。〈唐志〉三卷。

廣棪案：《新唐書》卷五十九〈志〉第四十九〈藝文〉三〈子錄‧小說家類〉著錄：「范攄《雲溪友議》三卷，咸通時，自稱五雲溪人。」《郡齋讀書志》卷第十

三〈小說類〉著錄:「《雲谿友議》三卷。右唐范攄撰。記唐開元以後事。攄,五谿人,故以名其書。」孫猛《郡齋讀書志校證》曰:「按五雲溪乃若耶溪之別名,疑脫『雲』字。」此書《宋史》卷二百六〈志〉第一百五十九〈藝文〉五〈子錄‧小說類〉著錄作十一卷。疑爲十二卷之訛。攄,兩《唐書》無傳。

傳奇六卷

《傳奇》六卷,唐裴鉶撰。高駢從事。_{廣棪案:《文獻通考》闕此句。}

　　廣棪案:《新唐書》卷五十九〈志〉第四十九〈藝文〉三〈子錄‧小說家類〉著錄:「裴鉶《傳奇》三卷,_{高駢從事。}」所著錄卷數,與《解題》不同。裴鉶,兩《唐書》無傳。計有功《唐詩紀事》卷六十七「裴鉶」條載:「乾符五年,鉶以御史大夫爲成都節度副使。〈題石室詩〉曰:『文翁石室有儀型,庠序千秋播德馨。古柏尙留今日翠,高岷猶藹舊時青。人心未肯抛擅蟻,弟子依前學聚螢。更歎沱江無限水,爭流祇願到滄溟。』時高駢爲使,時亂矣,故鉶詩有『願到滄溟』之句,有微旨也。鉶作《傳奇》,行於世。」正記此事。此書或亦其時撰。惟《郡齋讀書志》卷第十三〈小說類〉著錄:「《傳奇》三卷。右唐裴鉶撰。〈唐志〉稱鉶高駢客。故其書所記皆神仙詼諧事。駢之惑呂用之,未必非鉶輩導諛所致。」則有裴鉶導諛之說。孫猛《郡齋讀書志校正》以爲此乃「公武臆度之辭,不可信從」。證以《唐詩紀事》所載鉶撰〈題石室詩〉,則其人應非善爲導諛者。

尹師魯初見范文正〈岳陽樓記〉,曰:「傳奇體爾。」_{廣棪案:《文獻通考》「爾」}作「耳」。然文體隨時,要之_{廣棪案:《文獻通考》無「要之」二字。}理勝爲貴,文正豈可與傳奇同語哉!

　　案:尹師魯即尹洙,《宋史》卷二百九十五〈列傳〉第五十四有傳。范文正即范仲淹,字希文,《宋史》卷三百一十四〈列傳〉第七十三有傳。丁傳靖《宋人軼事彙編》卷八「范仲淹」載:「范文正嘗爲人作墓銘,已封,將發,忽曰:『不可不使師魯見之。』明日以示師魯。師魯曰:『希文名重一時,後世所取信,不可不愼也。今謂轉運使爲部刺史,知州爲太守,誠爲悅俗。然今無其官,後必疑之,正起俗儒爭論也。』希文撫几曰:『賴以示子,不然,吾幾失之。』_{《幕府燕閒錄》。}」是尹、范二人常以文章相劘切之證。惜《宋人軼事彙編》漏載《解題》此條。

〈唐志〉三卷，今六卷，皆後人以其卷帙多而分之也。

案：《宋史》卷二百六〈志〉第一百五十九〈藝文〉五〈子錄‧小說類〉著錄此書，仍作三卷。

三水小牘三卷

《三水小牘》三卷，唐皇甫牧_{廣桉案：《宋史‧藝文志》作「皇甫枚」。}遵美撰。天祐中人。三水者，安定屬邑也。

廣桉案：《宋史》卷二百六〈志〉第一百五十九〈藝文〉五〈子類‧小說類〉著錄：「皇甫枚《三水小牘》二卷。」其撰人名字、卷數與《解題》著錄不同。阮元《擘經室外集》卷四〈四庫未收書提要〉著錄：「《三水小牘》二卷，唐皇甫枚撰。枚字遵美，安定人。唐咸通末爲汝州魯山令。僖宗之在梁州，枚赴調行在。此其書中可考者也。是書成於天佑四年，枚當旅食汾晉而追紀咸通時事。共得上、下兩卷。明嘉靖時姚咨曾手鈔之。此從錢曾述古堂藏本影寫。書中所載雖涉神仙靈異之事，而筆雅詞明，實寓垂戒。又案天佑庚午時，晉猶稱天佑，而枚亦稱之。」足資參證。疑《解題》所著錄撰人名字及此書卷數有誤。天祐，唐哀帝年號，阮元作「天佑」，誤。三水，今甘肅固原縣北。安定，郡名，漢置，即今甘肅舊平涼府及固原州、涇州之地。

醉鄉日月三卷

《醉鄉日月》三卷，唐皇甫松子奇撰。唐人飲酒令，此書詳載，然今人皆不能曉也。

廣桉案：《新唐書》卷五十九〈志〉第四十九〈藝文〉三〈子錄‧小說家類〉著錄：「皇甫松《醉鄉日月》三卷。」與此同。松，兩《唐書》無傳。《唐詩紀事》卷五十二「皇甫松」條載：「松著《醉鄉日月》三卷，自敘也。或曰：『松，丞相奇章公表甥，公不薦舉，怨望，因襄陽大水，極言誹謗，有「夜入眞珠室，朝遊玳瑁宮」之句』。眞珠，公愛姬名也。』可資參證。奇章公，牛僧孺也。

異聞集十卷

《異聞集》十卷，唐屯田員外郎陳翰撰。翰，唐末人，見〈唐志〉。

廣棪案：《新唐書》卷五十九〈志〉第四十九〈藝文〉三〈子錄‧小說家類〉著錄：「陳翰《異聞集》十卷，唐末屯田員外郎。」與此同。《郡齋讀書志》卷第十三〈小說類〉著錄：「《異聞集》十卷。右唐陳翰編。以傳記所載唐朝奇怪事，類爲一書。」可供參證。翰，兩《唐書》無傳。勞格、趙鉞著《唐尚書省郎官石柱題名考》卷十六「金部員外郎」載：「《唐六典》：『戶部尚書，其屬有員外郎一人，從六品上。隋曰承務郎，皇朝為員外郎。龍朔、咸亨隨曹改正復。掌同郎中。』《舊書》、《新書》同。陳翰，《新書‧藝文志》〈丙部‧子錄‧小說類〉：『陳翰《異聞集》十卷。原注：唐末屯田員外郎。』石刻紇干潯〈贈太尉韓允忠神道碑〉：『乾符元年十一月，皇帝下缺。郎中曹鄴、太子下缺。議大夫李景莊、見考中。庫部員外郎陳翰備鼓吹，升輅車。由□□□宣政正衙及□□□公之靈座，冊贈司徒，諡曰□。山東莘縣。』」則翰又曾任庫部員外郎。

而第七卷所載王魁乃本朝事，當是後人剿入之耳。

案：周密《齊東野語》卷六〈王魁傳〉曰：「世俗所謂王魁之事，殊不經，且不見於傳記雜說，疑無此事。《異聞集》雖有之，然《集》乃唐末陳翰所編，魁乃宋朝人，是必後人剿入耳。」所見與直齋同。今人程毅中有〈異聞集考〉一文，載《文史》第七輯，可參考。

卓異記一卷

《卓異記》一卷，館臣案：原本不著卷數，今據《宋史‧藝文志》補入。稱李翱撰。記當時君臣卓絕盛事。或云長城陳翰。館臣案：《宋史‧藝文志》既載李翱《卓異記》，又有《卓異記》一卷，題陳翰撰，注云一作「翱」。疑一書而誤分為二也。

廣棪案：《新唐書》卷五十九〈志〉第四十九〈藝文〉三〈子錄‧小說家類〉著錄：「陳翱《卓異記》一卷，憲、穆時人。」是〈新唐志〉以此書爲陳翱撰。《郡齋讀書志》卷十三〈小說類〉著錄：「《卓異記》一卷。右唐李翱撰，或題云陳翱。開成中，在襄陽，記唐室君臣功業殊異者，二十七類。」《玉海》卷第五十七〈藝文‧記〉「唐《卓異記》」條載：「《書目》：『《卓異記》一卷，開成中李翱撰。唐世君臣盛事，如封禪并兩朝三代爲相之類。二十七題。』《崇文總目》云：『陳翱撰。』」可資參證。《四庫全書總目》卷五十七〈史部〉十三〈傳記類〉一著錄：「《卓異記》一卷，內府藏本。舊本題唐李翱撰。《唐書‧藝文志》則作陳翱，註曰：『憲、穆時人。』案李翱爲貞元、會昌閒人，陳翱爲憲、穆閒人，

何以紀及昭宗。其非李翱亦非陳翱甚明。《宋史・藝文志》作陳翰，而注曰：『一作翱。』亦不言爲何許人。其〈序〉稱：『開成五年七月十一日。』乃文宗之末年。其此年辛酉，乃爲武宗會昌元年。何以書中兩稱武宗。則非惟名姓舛訛，併此〈序〉年月亦後人妄加，而書則未及竄改耳。其書皆紀唐代朝廷盛事，故曰『《卓異》』。然中宗、昭宗皆已廢而復辟，一幽囚於悍母，一迫脅於亂臣，皆國家至不幸之事。稱爲『卓異』，可謂無識之尤矣。又《讀書志》稱所載凡二十七事，今檢其標目，僅有二十六條。或佚其一，或中宗、昭宗誤合兩事爲一事，均未可知也。」是則此書固非李翱或陳翱所撰，就其書內容既記中宗、昭宗囚廢事，而書稱《卓異》，殊屬不倫也。

大唐說纂四卷

《大唐說纂》四卷，不著名氏。分門類事若^{廣棪案：盧校本作「效」。}《世說》。止有十二門，恐非全書。

廣棪案：此書無可考。

摭言十五卷

《摭言》十五卷，唐王定保撰。專記進士科名事。^{廣棪案：《文獻通考》闕此句。}定保，光化三年進士，爲吳融子華婿，喪亂後入湖南，棄其妻弗顧，士論不齒。

廣棪案：《郡齋讀書志》卷第十三〈小說類〉著錄：「《摭言》十五卷。右唐王定保撰。分六十三門。記唐朝進士應舉登科雜事。」《四庫全書總目》卷一百四十〈子部〉五十〈小說家類〉一著錄：「唐《摭言》十五卷，^{副都御史黃登賢家藏本。}五代王定保撰。舊本不題其里貫。其〈序〉稱王溥爲從翁，則溥之族也。陳振孫《書錄解題》謂定保爲吳融之婿，光化三年進士，喪亂後入湖南。《五代史・南漢世家》稱定保爲邕管巡官，遭亂不得還，劉隱辟置幕府，至劉龑僭號之時尚在，其所終則不得而詳矣。考定保登第之歲，距朱溫篡唐僅六年。又〈序〉中稱溥爲丞相，則是書成於周世宗顯德元年以後，故題唐國號不復作內詞。然定保生於咸通庚寅，至是年八十五矣。是書蓋其暮年所作也。……是書述有唐一代貢舉之制特詳，多史志所未及。其一切雜事，亦足以覘名場之風氣，驗士習之淳澆。法戒兼陳，可爲永鑒，不似他家雜錄但記異聞已也。據定保自述，蓋聞之陸扆、吳融、

李渥、顏蕘、王溥、王渙、盧延讓、楊贊圖、崔籍若等所談云。」可供參證。定保，《十國春秋》卷第六十二〈南漢〉五〈列傳〉載：「王定保，南昌人，舉唐光化三年進士第，南遊湖湘，不爲馬氏所禮。已而爲唐容管巡官，遭亂不得還。烈宗招禮之，辟爲幕屬。及高祖欲稱帝，憚定保不從，先遣定保出使荊南，及即位而定保回，知其心未善也。預使倪曙迎勞之，且告以建國事。定保曰：『建國當有制度，吾入南門。清海軍額猶在、其不見笑於四方乎？』高祖笑曰：『朕備定保久矣。而不思此，宜其譏也。』大有初，官寧遠軍節度使。十三年冬，代趙損爲中書侍郎、同平章事，不逾年卒。定保善文辭，高祖常作南宮，極土木之盛，定保獻〈南宮七奇賦〉以美之，一時稱爲絕倫。所著《摭言》十五卷。定保妻吳氏，唐侍郎子華女也，定保既無北歸意，吳遂緇服終身，誓不改適。」是《十國春秋》亦謂定保棄其妻，妻「緇服終身，誓不改適」也。

廣摭言十五卷

《廣摭言》十五卷，鄉貢進士何晦撰。_{館臣案：「晦」，原本作「臨」，《文獻通考》、《宋史・藝文志》俱作「晦」，《十國春秋》亦云何晦著《摭言》，今改正。}其〈序〉言：「太歲癸酉下第於金陵鳳臺旅舍」。癸酉者，開寶六年也。時江南猶未下，晦蓋其國人歟？

廣棪案：《宋史》卷二百六〈志〉第一百五十九〈藝文〉五〈子類・小說類〉著錄：「何晦《摭言》十五卷，又《廣摭言》十五卷。」據《宋史》，則晦既撰《摭言》，又撰《廣摭言》，殊誤；《摭言》，王保定撰。《十國春秋》第二十八〈南唐〉十四〈列傳・郭昭慶〉載：「時又有何晦著《摭言》十五卷，亦爲當世所稱。」則晦爲南唐人，直齋所言不誤。惟晦所撰者乃《廣摭言》，《十國春秋》亦誤。

金華子新編三卷

《金華子新編》三卷，大理司直劉崇遠撰。五代時人。記大中以後雜事。_{廣棪案：《文獻通考》末句作「仕至大理司直」。而無「記大中以後雜事」一句。}

廣棪案：《郡齋讀書志》卷第十三〈小說類〉著錄：「《金華子》三卷。右唐劉崇遠撰。金華子，崇遠自號，蓋慕黃初平爲人也。錄唐大中後事。一本題曰《劉氏雜編》。」可供參證。此書《宋史》卷二百六〈志〉第一百五十九〈藝文〉五

〈子類・小說類〉著錄作「劉崇遠《金華子雜編》三卷」，書名與《解題》不同。崇遠〈舊〉、《新五代史》及《十國春秋》均無傳，孫猛《郡齋讀書志校證》曰：「按崇遠家本河南，唐宋避亂江南，仕南唐為文林郎、大理司直。此書〈自序〉末題名不著年月，而書中稱南唐先生李昇為烈祖高皇帝，又有『昇元受命』之語；昇元乃中主李璟紀年。《書錄解題》卷十一謂『五代時人』，是。此『唐』當改標『南唐』。」是崇遠乃南唐人。

耳目記一卷

《耳目記》一卷，無名氏。《邯鄲書目》云劉氏撰，未詳其名。記唐末以後事。

　　廣棪案：《崇文總目》卷三〈小說類〉上著錄：「《耳目記》二卷，劉氏失名撰。」錢東垣輯釋本。《郡齋讀書志》卷第六〈實錄類〉著錄：「《耳目記》二卷。右題云劉氏，未詳何時人。雜記唐末五代事。」是此書著錄多作二卷，疑《解題》誤。程毅中《古小說簡目》著錄：「《耳目記》，殘。有《說郛》（原本卷三四）本。南唐劉崇遠撰。《崇文總目・小說類》著錄：二卷，劉氏撰。《直齋書錄解題・小說類》著錄：一卷，云：『《邯鄲書目》云劉氏撰，未詳其名。記唐末以後事。』《說郛》本不著撰人。按：王銍《補侍兒小名錄》引馬或事，云出『劉崇遠《耳目記》』。今據以定為劉崇遠撰。《太平廣記》引有佚文。現存《五朝小說》、《唐人說薈》本《耳目記》，題張鷟撰，非此書。參看《存目辨證》。」是此書應為劉崇遠撰。

唐朝新纂三卷

《唐朝新纂》三卷，融州副使石文德撰。

　　廣棪案：《秘書省續編到四庫闕書目》卷二〈子類・小說〉著錄：「皮光業《唐朝新纂》三卷，闕。輝按：〈宋志〉、陳《錄》云：『石文德撰。』《遂初目》無撰人。」葉德輝考證本。是此書或作皮光業撰。然檢《宋史・藝文志》並無著錄此書，葉德輝考證有誤。皮光業、石文德，《宋史》均無傳，其生平無可考。

豪異秘纂一卷

《豪異秘纂》一卷，無名氏。所錄五事，其扶餘國王一則，即所謂虬須客也。

廣棪案：《秘書省續編到四庫闕書目》卷二〈子類・小說〉著錄，「《豪異秘纂》
一卷，闕。輝按：陳《錄》云：『無名氏，所錄五事。』《宋史》入〈史部・傳
記類〉，作《豪異秘錄》。」葉德輝考證本。考《宋史》卷二百三〈志〉第一百五
十六〈藝文〉二〈史類・傳記類〉著錄：「《郴州記》一卷、《洪厓先生傳》一卷、
《開運陷虜事蹟》一卷、《殊俗異聞集》一卷、《契丹機宜通要》四卷、《契丹事
蹟》一卷、《古今家誡》一卷、《南嶽要錄》一卷、《豪異秘錄》一卷、《燕北雜
錄》一卷、《遼登科記》一卷、《三國史記》五十卷，並不知作者。」未知《豪
異秘錄》與此為同一書否？

紀聞譚三卷

《紀聞譚》三卷，蜀潘遠撰。《館閣書目》按李淑作潘遺。今考《邯鄲書目》
亦作潘遠，其曰「遺」者，本誤也。所記隋、唐事。

　　廣棪案：《宋史》卷二百六〈志〉第一百五十九〈藝文〉五〈子類・小說類〉著
　　錄：「潘遺《紀聞談》一卷。」是〈宋志〉亦誤作潘遺。

北夢瑣言三十卷

《北夢瑣言》三十卷，館臣案：《文獻通考》作二十卷。黃州刺史陵井孫光憲孟文
撰。載唐末、五代及諸國雜事。廣棪案：《文獻通考》闕此句。光憲仕荊南高從晦，
廣棪案：《文獻通考》下有「為黃州刺史」五字。三世在幕府。「北夢」者，言在夢澤
之北也。後隨繼沖入朝。有薦於太祖者，將用為學士，未及而卒。光憲自號
葆光子。

　　廣棪案：《崇文總目》卷二〈傳記類〉下著錄：「《北夢瑣言》三十卷。孫光憲
　　撰。」錢東垣輯釋本。《郡齋讀書志》卷第十三〈小說類〉著錄：「《北夢瑣言》
　　二十卷。右荊南孫光憲撰。光憲，蜀人，從楊玭，元澄遊，多聞唐世賢哲言
　　行，因纂輯之，且附以五代十國事。取〈傳〉『畋於江南之夢』，自以為高氏
　　從事，在荊江之北，故命編云。」《宋史》卷二百六〈志〉第一百五十九〈藝
　　文〉五〈子類・小說類〉著錄：「孫光憲《北夢瑣言》十二卷。」是此書卷數，
　　各書著錄均有所不同。孫猛《郡齋讀書志校證》曰：「《北夢瑣言》二十卷，
　　袁本『二』作『三』。按《雲自在盦叢書》本光憲〈自序〉、《崇文總目》卷二
　　〈傳記類〉下、《書錄解題》卷十一、《宋史》卷四八三本傳同袁本，作三十

卷，〈宋志〉卷五作十二卷。今《雅雨堂叢書》本光憲〈自序〉作二十卷，當已出後人所改。袁本著錄三十卷，衢本不當作二十卷，『二』當『三』之誤。」孫氏所考甚當。《四庫全書總目》卷一百四十〈子部〉五十〈小說家類〉一著錄：「《北夢瑣言》二十卷，內府藏本。宋孫光憲撰。光憲字孟文，自號葆光子。《十國春秋》作貴平人，而自題仍稱富春。考光憲〈自序〉言生自岷峨，則當爲蜀人。其曰富春，蓋舉郡望也。仕唐爲陵州判官，旋依荊南高季興爲從事。後勸高繼沖以三州歸宋，太祖嘉之，授黃州刺史以終。《五代史·荊南世家》載之甚明，舊以爲五代人者，誤矣。所著有《荊臺集》、《橘齋集》、《筆傭集》、《鞏湖集》、《蠶書》、《續通歷》等書，自宋代已散佚。惟是書獨傳於後。其曰《北夢瑣言》者，以《左傳》稱『田於江南之夢』，而荊州在江北，故以命名，蓋仕高氏時作也。所載皆唐及五代士大夫逸事，每條多載某人所說，以示有徵。蓋用《杜陽雜編》之例。其記載頗猥雜，敘次亦頗冗沓，而遺文瑣語，往往可資考證，故宋李昉等編《太平廣記》多採其文。晁公武《讀書志》載光憲《續通歷》十卷，輯唐及五代事，以續馬總之書，參以黃巢、李茂貞、劉守光、按巴堅、案：按巴堅原作阿保機，今改正。吳、唐、閩、廣、吳越、兩蜀事蹟，太祖以所記多不實，詔毀其書。而此書未嘗議及，則語不甚誣可知矣。」足資參考。光憲事蹟，見《宋史》卷四百八十三〈列傳〉二百四十三〈世家〉六附〈荊南高氏〉。

後史補三卷

《後史補》三卷，前進士高若拙撰。

　　廣棪案：《崇文總目》卷三〈雜史類〉上著錄：「《後史補》三卷。原釋：高若拙。見《玉海·藝文類》。繹按：《玉海》引《崇文目》同。〈宋志〉二卷。」錢東垣輯釋本。考《宋史》卷二百三〈志〉第一百五六〈藝文〉二〈史類·傳記類〉著錄：「高若拙《後史補》三卷。」錢繹按語謂「〈宋志〉二卷」，有誤。若拙，生平無可考。

野人閒話五卷

《野人閒話》五卷，成都景煥撰。記孟蜀時事，乾德三年序。

　　廣棪案：《崇文總目》卷三〈小說類〉上著錄：「《野人閒話》五卷，景煥撰。」

《宋史》卷二百六〈志〉第一百五十九〈藝文〉五〈子類・小說類〉著錄:「耿
煥《牧豎閑談》三卷,又《野人閑話》五卷。」程毅中《古小說簡目》著錄:
「《野人閑話》,殘。有《說郛》(原本卷十七、重編本卷二八)本。後蜀耿煥
撰。《崇文總目・小說類》著錄,五卷,景煥撰。《直齋書錄解題・小說類》
著錄:『成都景煥撰。記孟蜀時事。乾德三年序。』《宋史・藝文志》作耿煥
撰,是。『景』字乃避宋太宗諱而改。郭若虛《圖畫見聞誌》卷六〈應天三絕〉
條:『至孟蜀時,忽有匡山處士景煥一名朴善畫。煥與翰林學士歐陽炯為忘形
之友。……煥尤好畫龍,有《野人閒話》五卷行於世。其間一篇,惟敘畫龍
之事。』《揮麈餘話》卷一引《野人閑話》記孟昶事一條。按:乾德三年後蜀
亡,以其撰于蜀國,仍列十國時期。」可供參證。考景煥,《十國春秋》卷第
五十六〈後蜀〉九〈列傳〉有傳,載:「景煥,一名朴,成都人也。自稱匡山
處士。素善畫,工文章,與翰林學士歐陽炯為忘形交。一日聯騎遊應天寺,
先是唐僖宗幸蜀,扈從畫士孫位常於寺門左壁繪天王及部從鬼神,形製詭異,
世莫與比。至是,煥遂揮筆畫右壁天王以對之,炯歎重其能,輒為長歌數百
言,不移刻而就,繼有草書僧夢歸一作夢龜。後至,因請書於廊壁。書畫歌行,
都稱神妙,成都人號為應天三絕。煥尤好畫龍,有《野人閒話》五卷,中間
一篇,頗敘畫龍之事。焦氏《類林》云:『煥卜築玉壘山下,常造墨五十團,印文
曰香璧,陰篆曰副墨子。』」足知煥生平概況。

續野人閒話二卷

《續野人閒話》二卷,不知作者。

廣梭案:《宋史》卷二百六〈志〉第一百五十九〈藝文〉五〈子類・小說類〉著
錄:「《會昌解頤錄》五卷、《樹萱錄》三卷、《桂苑叢談》一卷、《聞奇錄》三卷、
《溟洪錄》二卷、《靈怪集》一卷、《燈下閑談》二卷、《續野人閑話》三卷、《吳
越會粹》一卷,並不知作者。」是〈宋志〉著錄此書作三卷。

開顏集三卷

《開顏集》三卷,校書郎周文規撰。未知何時人。以《古笑林》多猥俗,迺
於書史中鈔出可資談笑者為此編。

廣梭案:《崇文總目》卷三〈小說類〉下著錄:「《開顏集》三卷,周文規撰。」

錢東垣輯釋本。與此同。《宋史》卷二百六〈志〉第一百五十九〈藝文〉五〈子類‧小說類〉著錄:「周文玘《開顏集》二卷。」所著錄撰人名字及此書卷數均不同,未知孰是。周文規、周文玘,《宋史》均無傳,事蹟無可考。又《崇文總目》同卷同類著錄:「《笑林》三卷。原釋:何自然撰。見天一閣鈔本。」又著錄:「《笑林》三卷。原釋:路氏撰。見天一閣鈔本。」錢東垣輯釋本。《解題》所述之《古笑林》,未悉即何、路二氏所撰書否?

洛陽縉紳舊聞記五卷

《洛陽縉紳舊聞記》五卷,館臣案:《文獻通考》作十卷。丞相曹國張齊賢師亮撰。
廣棪案:齊賢,《宋史》卷二百六十五〈列傳〉第二十四有傳。其〈傳〉曰:「張齊賢,曹州冤句人。生三歲,值晉亂,徙家洛陽。孤貧力學,有遠志,慕唐李大亮之為人,故字師亮。……真宗即位,召拜兵部尚書、同中書門下平章事。嘗從容為上言皇王之道,而推本其所以然,且言:『臣受陛下非常恩,故以非常為報。』上曰:『朕以為皇王之道非有跡,但庶事適治,道則近之矣。』時戚里有分財不均者更相訟,又入宮自訴。齊賢曰:『是非臺府所能決,臣請自治。』上俞之。齊賢坐相府,召訟者問曰:『汝非以彼所分財多,汝所分少乎?』曰:『然。』命具欵。乃召兩吏,令甲家入乙舍,乙家入甲舍,貨財無得動,分書則交易之。明日奏聞,上大悅曰:『朕固知非君莫能定者。』郊祀,加門下侍郎。與李沆同事。坐冬至朝會被酒失儀,免相。」是齊賢於真宗時一度拜相,故《解題》稱丞相。《宋史》卷二百三〈志〉第一百五十六〈藝文〉二〈史類‧傳記類〉著錄:「張齊賢《洛陽搢紳舊聞記》五卷。」與此同。

所錄張全義治洛事甚詳也。

案:全義,《舊五代史》卷六十三〈唐書〉三十九〈列傳〉第十五、《新五代史》卷四十五〈雜傳〉第三十三有傳。《舊五代史》本傳載全義治洛曰:「全義性勤儉,善撫軍民,雖賊寇充斥,而勤耕務農,由是倉儲殷積。案《洛陽縉紳舊聞記》:王每喜民力耕織者,某家今年蠶麥善,去都城一舍之內,必馬足及之。悉召其家老幼,親慰勞之,賜以酒食茶綵,丈夫遺之布袴,婦人裙衫。時民間尚衣青,婦人皆青絹為之。取其新麥新繭,對之喜動顏色。民間有竊言者曰:『大王見好聲妓,等閒不笑,惟見好蠶麥即笑爾。』其真朴出自此類。每觀秋稼,見田中無草者,必下馬命賓客觀之,召田主慰勞之,賜之衣物。若見禾中有草,地耕不熟,立召田主集眾決責之。若苗荒

地生，詰之，民訴以牛疲或闕人耕鋤，則田邊下馬，立召其鄰仵責之曰：『此少人牛，何不眾助之。』鄰仵皆伏罪，即赦之。自是洛陽之民無遠近，民之少牛者相率助之，少人者亦然。田夫田婦，相勸以耕桑為務，是以家有蓄積，水旱無飢民。王誠信，每水旱祈祭，必具湯沐，素食別寢，至祠祭所，儼然若對至尊，容如不足。遇旱，祈禱未雨，左右必曰：『王可開塔。』即無畏師塔也，在龍門廣化寺。王即依言而開塔，未嘗不澍雨。故當時俚諺云：『王禱雨，買雨具。』（《舊五代史考異》）罕之貪暴不法，軍中乏食，每取給於全義。二人初相得甚歡，而至是求取無厭，動加凌轢，全義苦之。案《新唐書‧李罕之傳》云：張言善積聚，罕之食乏，士仰以給，求之無涯，言不能厭，罕之拘河南官笞督之。又東方貢輸行在者，多為罕之所邀。與《薛史》互有異同。《齊王外傳》云：罕之鎮三城，知王專以教民耕織為務，常宣言于眾曰：『田舍翁何足憚。』王聞之，蔑如也。每飛尺書于王，求軍食及縑帛。王曰：『李太傅所要，不得不奉之。』左右及賓席咸以為不可與。王曰：「第與之。」似若畏之者，左右不曉。罕之謂王畏己，不設備。因罕之舉兵收懷、澤，王乃密召屯兵，潛師夜發，遲明入三城。罕之乃逃遁投河東，朝廷即授王兼鎮三城。文德元年四月，罕之出軍寇晉、絳，全義乘其無備，潛兵襲取河陽，全義乃兼領河陽節度。罕之求援於武皇，武皇復遣兵助攻河陽，會汴人救至而退。梁祖以丁會守河陽，全義復為河南尹、檢校司空。全義感梁祖援助之恩，自是依附，皆從其制。初，蔡賊孫儒、諸葛爽爭據洛陽，迭相攻伐，七八年間，都城灰燼，滿目荊榛。全義初至，唯與部下聚居故市，井邑窮民，不滿百戶。全義善於撫納，課部人披榛種藝，披榛，原本作『被蓁』，今據《歐陽史》改正。（影庫本粘籤）且耕且戰，以粟易牛，歲滋墾闢，招復流散，待之如子。每農祥勤耕之始，全義必自立畎畝，餉以酒食，政寬事簡，更不敢欺。數年之間，京畿無閑田，編戶五六萬，案《齊王外傳》云：王始至洛，於麾下百人中，選可使者一十八人，命之曰屯將。每人給旗一口，榜一道，於舊十八縣中，令招農戶，令自耕種，流民漸歸。王於百人中，又選可使者十八人，命之曰屯副，民之來者撫綏之，除殺人者死，餘但加杖而己，無重刑，無租稅，流民之歸漸眾。王又麾下選書計一十八人，命之曰屯判官。不一二年，十八屯申每屯戶至數千。王命農隙，每選丁夫教以弓矢槍劍，為起坐進退之法。行之一二年，每屯增戶，大者六七千，次者四千，下之三二千，共得丁夫閑弓矢者、槍劍者二萬餘人。有賊盜即時擒捕之，關市人賦幾于無籍。刑寬事簡，遠近歸之如市，五年之內，號為富庶，於是奏每縣除令簿主之。（《舊五代史考異》）乃築壘於故市，建置府署，以防外寇。」

《舊五代史考異》即據齊賢此書與史事相參證。《四庫全書總目》卷一百四十〈子部〉五十〈小說家類〉一著錄：「《洛陽縉紳舊聞記》五卷，浙江巡撫採進本。宋

張齊賢撰。齊賢字師亮，曹州人，徙居洛陽。太平興國二年進士。累官同中書門下平章事，以司空致仕。卒諡文定。事蹟具《宋史》本傳。是書前題乙巳歲，乃眞宗景德二年齊賢以兵部尙書知青州時所作。皆述梁、唐以還洛城舊事，凡二十一篇，分爲五卷。《書錄解題》目次與此本合，獨晁氏《讀書志》作十卷。今案〈自序〉明言五卷，而檢《永樂大典》所載此書之文，亦無出此本外者。則《讀書志》字誤明矣。書中多據傳說之詞，約載事實以爲勸戒。自稱凡與正史差異者，並存而錄之。亦別傳、外傳之比。……至如紀張全義治洛之功，極爲詳備，則《舊史》多採用之。其他佚事，亦頗有足資博覽者，固可與《五代史闕文》諸書，同備讀史之考證也。」可供參考。惟《四庫全書總目》謂此書「晁氏《讀書志》作十卷」，則將《文獻通考》著錄之文，誤作《郡齋讀書志》，晁〈志〉未嘗著錄此書，紀氏誤也。

太平廣記五百卷

《太平廣記》五百卷，太平興國二年，詔學士李昉、扈蒙等修《御覽》，又取野史、傳記、故事、小說撰集。明年，成書，名《太平廣記》。

廣棪案：《崇文總目》卷三〈類書類〉上著錄：「《廣記》五百卷，李昉等撰。原釋：博採群書，以類分門。見《通志‧校讎略》。侗按：《廣記》上應增『太平』二字。」錢東垣輯釋本。《郡齋讀書志》卷第十三〈小說類〉著錄：「《太平廣記》五百卷。右皇朝太平興國初，詔李昉等取古今小說編纂成書，同《太平御覽》上之。」《文獻通考》卷二百十六〈經籍考〉四十三〈子小說家〉著錄此條，下引夾漈鄭氏曰：「《太平廣記》乃《太平御覽》中別出《廣記》一書，專記異事。」均足資參證。惟《四庫全書總目》卷一百四十二〈子部〉五十二〈小說家類〉三著錄：「《太平廣記》五百卷，內府藏本。宋李昉奉敕監修。同修者扈蒙、李穆、湯悅、徐鉉、宋白、王克貞、張泊、董淳、趙鄰幾、陳鄂、呂文仲、吳淑十二人也。以太平興國二年三月奉詔，三年八月表進，此據《宋會要》之文，《玉海》則作二年三月戊寅所集，八年十二月庚子書成。未詳孰是。六年正月敕雕版印行。凡分五十五部，所採書三百四十五種。古來軼聞瑣事、僻笈遺文咸在焉。卷帙輕者往往全部收入，蓋小說家之淵海也。《玉海》稱《廣記》鏤本頒天下，後以言者謂非後學所急，收版貯之太清樓，故北宋人多未之睹。鄭樵號爲博洽，而《通志‧校讎略》中乃謂《太平廣記》爲『《太平御覽》中別出《廣記》一書，專記異事』。誤合兩書而一之，是樵亦未嘗見矣。其書雖多談神怪，而採摭繁富；

名物典故，錯出其閒，詞章家恆所採用，考證家亦多所取資。又唐以前書，世所不傳者，斷簡殘編，尚閒存其什一，尤足貴也。」是鄭夾漈未睹此書，所言殊不足據。考昉字明遠，深州饒陽人，《宋史》卷二百六十五〈列傳〉第二十四有傳。蒙字日用，幽州安次人，《宋史》卷二百六十九〈列傳〉第三十八有傳。

秘閣閒談五卷

《秘閣閒談》五卷，起居舍人吳淑正儀撰。淑，丹陽人。

廣棪案：《郡齋讀書志》卷第十三〈小說類〉著錄：「《秘閣閒談》五卷。右皇朝吳淑撰。記秘閣同僚燕談。淑仕南唐，後隨李煜降。」可供參證。淑字正儀，潤州丹陽人。宋太宗至道二年兼掌起居舍人事。《宋史》卷四百四十一〈列傳〉第二百四十一〈列傳〉第二百〈文苑〉三有傳。其〈傳〉謂：「淑性純靜好古，詞學典雅。……有《集》十卷。善筆札，好篆籀，取《說文》有字義者千八百餘條，撰《說文五義》三卷。又著《江淮異人錄》三卷、《秘閣閒談》五卷。」其中正載此書。

廣卓異記二十卷

《廣卓異記》二十卷，樂史子正撰。

廣棪案：《玉海》卷第五十七〈藝文·記〉「唐《卓異記》」條戰：「《書目》：『樂史《廣卓異記》二十卷，集聖賢、神仙之事。』《崇文目》：『《廣唐卓異記》三卷，雍熙三年正月上。』《崇文總目》所著錄之《廣唐卓異記》與此應為同一書，是此書撰成於宋太宗雍熙三年（986）前。《崇文總目》作三卷，或著錄其初上之本。樂史生平，附見《宋史》卷三百六〈列傳〉第六十五其子〈樂黃目〉，中亦謂樂史雍熙三年獻「《續卓異記》三卷」。惟《中興館閣書目》及《解題》均著錄作二十卷，是樂史於此書，其後有增補也。《四庫全書總目》卷六十一〈史部〉十七〈傳記類存目〉三著錄：「《廣卓異記》二十卷，浙江鮑士恭家藏本。宋樂史撰。史字正子，宜黃人。官太常博士，直史館。事蹟附載《宋史·樂黃中傳》。是編前有〈自序〉，稱：『唐李翱《卓異傳》三卷，案《卓異記》非李翱作，史蓋考之未詳，謹附訂於此。述唐代君臣卓絕盛事，中多漏錄。』史初為《續記》三卷，以補其闕。後復以僅載唐代，未為廣博，因纂集漢、魏以下迄五代並唐事，共為一帙。名《廣卓異記》，分為二十卷。首卷記帝王，次卷記后妃、王子、公

主，三卷雜錄，四卷至十七卷皆記臣下貴盛之極與顯達之速者，十八卷雜錄，十九卷選舉，二十卷專記神仙之事。大抵牽引駁雜，訛謬亦多。」可參考。是則此書，其三卷者稱《續卓異記》，或《廣唐卓異記》，而《宋史‧藝文志》著錄又作《續廣卓異記》三卷；至二十卷，則者稱《廣卓異記》。然《四庫全書總目》所載，謂史字正子，又謂史之事蹟附載《宋史‧樂黃中傳》，則均誤，蓋紀昀行文未細核《宋史》也。

談苑十五卷

《談苑》十五卷，_{館臣案：《文獻通考》作《楊文公談苑》八卷。}　廣枤案：盧校注：「八卷者為晁本。」丞相宋庠公序所錄楊文父億言論。初，文公里人黃鑑從公遊，纂其異聞奇說，名《南陽談藪》。宋公刪其重複，分為二十一門，改曰《談苑》。

廣枤案：《郡齋讀書志》卷第十三〈小說類〉著錄：「《楊文公談苑》八卷。右皇朝宋庠編。初，楊公億里人黃鑑裒撰平生異聞為一編，庠取而刪類之，分為二十一門。」可資參證。惟《文獻通考》卷二百十六〈經籍考〉四十三〈子小說家〉著錄此條，其「陳氏曰」僅記：「鑑書初名《南陽談藪》，宋公刪其重複，改曰《談苑》。」與此詳略不同。庠字公序，安州安陸人，《宋史》卷二百八十四〈列傳〉第四十三有傳。億字大年，建州浦城人，《宋史》卷三百五〈列傳〉第六十四有傳。鑑，《宋史》卷四百四十二〈列傳〉第二百一〈文苑〉四載：「黃鑑字唐卿，與亢同鄉里，少敏慧過人。舉進士，補桂陽監判官，為國子監直講。同郡楊億尤善其文詞，延置門下，由是知名。累遷太常博士，為國史院編修官。嘗詔館閣官後苑賞花，而鑑特預召。國史成，擢直集賢院。以母老，出通判蘇州，卒。」考亢即黃亢，《宋史》卷四百四十二〈列傳〉第二百一〈文苑〉四載：「黃亢字清臣，建州浦城人也。」據是，則鑑亦與楊億同里，億善鑑文詞，故延置門下也。

文會談叢一卷

《文會談叢》一卷，題華陽上官融撰。不知何人。天聖五年序。

廣枤案：融，《宋史》無傳。考范仲淹《范文正公集》卷十三〈墓誌銘〉有〈太子中舍致仕上官君墓誌銘〉。其文曰：「君諱融，字仲川，其先蜀人也。曾祖諱琛，不仕。祖諱遜，贈禮部侍郎。父諱似，兵部員外郎，京東轉運使，贈光祿

少卿。妣袁氏，彭城縣太君。君幼專詞學，秀出流輩。天聖二年秋，廣文館舉
進士，公卿大夫之子咸在焉，君中第一人。明年春，禮部較天下之才，君別試
于太常寺，又首薦之。由是名動京師，士大夫願識其面。未第間，丁光祿憂。
朝廷錄光祿之後，賜君同學究出身。服除，授信州貴溪縣主簿，君不辭小官而
恪其職。今樞密直學士蔣希魯、故龍圖閣直學士吳安道，時並任江南東路轉運
使，聯章薦君就遷蔡州平輿縣令。吳移使淮南，奏掌真州鹽倉。又故龍圖閣直
學士段希逸與時賢七人舉君朝，旋以疾聞。除太子中舍致仕，居于曹南郡，以
慶曆三年三月五日不起，年四十有九。君始娶任氏，再娶辛氏，封金城縣君。
子二人，長曰延賞，郊社齋郎；次曰延德。君之弟太子中舍隆與其孤，以皇祐
三年四月六日葬君于濟陰縣、沛郡鄉、崇儒里，請銘于予。予天禧初爲譙之從
事，光祿公方典是郡，君時侍行，而予始識君。見君文雅有議論，不敢以子弟
器之。後數年，與君會于京師，與之遊皆當世異才，以文學風義相許，予益愛
焉。君既祿仕，而大夫之賢者多薦之，斯可謂之聞人矣！惜乎命之不修，弗克
樹勳於時，可永歎焉。或者曰：『儒生多薄命，天豈不與善也。』余謂：『不然。
君子之爲善也，必享其吉；有窮且夭者，世皆重而傷之。雖一二人，猶以爲多
焉。小人之爲不善也，必罹其凶；其禍且死者，世皆忽而忘之。雖千百人若無
焉。如仲川之亡，可謂重而傷之者矣！』故作銘云：『惟人之才而無命者兮，猶
物之秀而不實。品彙紛其自然兮，非化工之能一。仲川之亡兮可奈何，如川之
去兮無還波。彭殤至此兮孰少孰多，君子之思兮徒爲乎悲歌。』」是則《解題》
謂上官融「不知何人」，固有所失檢也。

國老閒談二卷

《國老閒談》二卷，稱夷門君玉撰，不著姓。

　　廣棪案：《宋史》卷二百六〈志〉第一百五十九〈藝文〉五〈子類・小說類〉著
　　錄：「《國老閒談》三卷，題君玉撰，不知姓。」與此同。考《史記》卷七十七〈魏
　　公子列傳〉第十七載：「魏公子無忌者，魏昭王少子而魏安釐王異母弟也。……
　　魏有隱士曰侯嬴，年七十，家貧，爲大梁夷門監者。公子聞之，往請，欲厚遺
　　之。不肯受，曰：『臣脩身絜行數十年，終不以監門困故而受公子財。』公子於
　　是乃置酒大會賓客。坐定，公子從車騎，虛左，自迎夷門侯生。」據是，「夷門
　　君玉」者，侯姓，大梁人耶？惜《宋史》無傳，生平無可考。

洞微志三卷

《洞微志》三卷，館臣案：《文獻通考》作十卷。 廣棪案：盧校注：「十卷乃晁〈志〉。」
學士錢易希白撰。

廣棪案：《郡齋讀書志》卷第十三〈小說類〉著錄：「《洞微志》十卷。右皇朝錢
希白述，記唐以來詭譎事。」足資參證。考易字希白，《宋史》卷三百一十七〈列
傳〉第七十六附〈錢惟演〉。其本傳載：「易才學贍敏過人，數千百言，援筆立
就。又善尋尺大書行草，及喜觀佛書。嘗校《道藏經》，著〈殺生戒〉，有《金
閨》、《瀛州》、《西垣制集》一百五十卷，《青雲總錄》、《青雲新錄》、《南部新書》、
《洞微志》一百三十卷。」是易實撰《洞微志》。《宋史》卷二百六〈志〉第一
百五十九〈藝文〉五〈子類·小說類〉著錄：「錢易《洞微志》三卷。」頗疑《郡
齋讀書志》作「十卷」，乃「三卷」之訛。

乘異記三卷

《乘異記》三卷，南陽張君房撰。廣棪案：盧校注：「安陸人，字允芳。見《默記》。」
咸平癸卯序，取「晉之《乘》」之義也。

廣棪案：《郡齋讀書志》卷第十三〈小說類〉著錄：「《乘異記》三卷。右皇朝張
君房撰。其〈序〉謂：『乘者，載記之名；異者，非常之事。』蓋志鬼神變怪之
書，凡十一門，七十五事。」可相參證。咸平，眞宗年號；癸卯爲六年（1003）。

君房又有《脞說》，家偶無之。晁公武《讀書志》以《脞說》爲張唐英君房撰。
又言君房著《名臣傳》、《蜀檮杌》、《雲笈七籤》行於世。按君房，祥符、天
禧以前人，楊大年〈改閑忙令〉所謂「紫微失卻張君房」者，即其人也。常
廣棪案：《文獻通考》作「嘗」，盧校本同。爲御史屬，坐鞫獄貶秩，因編修《七籤》，
得著作郎。〈七籤序〉自言君房蓋其名，非字也。唐英字次功，熙、豐間人，
丞相商英天覺之兄，作《名臣傳》、《蜀檮杌》者，與君房了不相涉，不知晁
何以合爲一人也。其誤明矣。

案：《郡齋讀書志》卷第十六〈小說類〉著錄：「《搢紳脞說》二十卷。右皇朝張
唐英君房撰。君房博學，通釋、老，善著書，如《名臣傳》、《蜀檮杌》、《雲笈
七籤》，行於世者，無慮數百卷。此書亦詳實。」直齋所抨擊者乃指此。孫猛《郡
齋讀書志校證》曰：「按此書撰人乃張君房，見《書錄解題》卷十一〈乘異記〉
條，〈宋志〉卷五。《書錄解題》云：『晁公武《讀書志》以《脞說》爲張唐英君

房撰，又言君房著《名臣傳》、《蜀檮杌》、《雲笈七籤》行於世。按君房，祥符、天禧以前人，楊大年（指楊億）〈改閑忙令〉所謂「紫微失卻張君房」者，即其人也。常爲御史屬，坐鞫獄貶秩，因編修《七籤》，得著作郎。〈七籤序〉自言君房，蓋其名，非字也。唐英，字次功，熙、豐間人，丞相商英天覺之兄，作《名臣傳》、《蜀檮杌》者，與君房了不相涉，不知晁何以合爲一人也。其誤明矣。』按本卷《麗倩集》條亦誤合二人爲一人，而本書卷七《外史檮杌》（即《蜀檮杌》）、卷九《嘉祐名臣傳》、卷十六《雲笈七籤》三書撰人又未嘗誤署。《唐英傳》見《宋史》卷三五一，君房事見《默記》卷下，云：『字允方，安陸人，仕至祠部郎中、集賢校理。年八十餘卒。平生喜著書，如《雲笈七籤》、《乘異記》、《麗情集》、《科名分定錄》、《潮說》、《脞說》之類甚眾。知杭州錢唐，多刊作大字版攜歸，印行於世。』又見王得臣《麈史》卷中〈學術〉。《麈史》云：『君房字尹才，安陸人，四十餘歲以校《道書》得館職，後知隨、郢、信陽三郡，年六十九致仕。』』是公武實誤合君房、唐英二人爲一人。

補妒記八卷

《補妒記》八卷，_{館臣案：《文獻通考》作一卷。} 廣棪案：盧校注：「晁〈志〉一卷。」稱京兆王績編。不如何時人。古有宋虞_{廣棪案：盧校本「虞」下有「通」字。}之《妒記》等，今不傳，故補之。自商、周而下，迄於五代，史傳所有妒婦皆載之，末及神怪，雜說、文論等，最後有治妒二方，尤可笑也。

廣棪案：《郡齋讀書志》卷第十三〈小說類〉著錄：「《補妒記》一卷。右古有《妒記》，久已亡之，不知何人輯傳記中婦人嚴妒事以補亡。自商、周至於唐初。」所著錄卷數與《解題》不同。《四庫全書總目》卷一百三十一〈子部〉四十一〈雜家類存目〉八著錄：「《補妒記》八卷，_{浙江鄭大節家藏本。}舊本題曰京兆王績編，不著時代。案晁公武《讀書志》載有此書卷，謂不知何人所輯。陳振孫《書錄解題》亦有此書，稱王績撰。因古有宋虞之《妒記》，今不傳，故補之。其題名與此相合，當即振孫所見之本。其書目一卷至六卷紀商、周迄五季妒婦之事。第七卷曰〈雜妒〉，謂淫亂而妒及事涉神怪者。第八卷曰〈總敘〉，乃雜說文章。自〈涼張續妒婦賦〉以下並闕。故振孫所稱治妒二方已無之。然振孫既云古《妒記》不傳，而書中又有採自《妒記》者，不知何據？殆於類書剿取之。至第七卷內宋仁宗尚、楊二美人事，乃註云見《宋史》。則明人已有所附益，非復宋代原書矣。」可供參考。績，事蹟無可考。

祖異志十卷

《祖異志》十卷，信陵聶田撰。康定元年序。

　　廣棪案：《郡齋讀書志》卷第十三〈小說類〉著錄：「《祖異志》十卷。右皇朝聶
　　田撰。田，天禧中進士，不中第，至元祐初，因記近時詭聞異見一百餘事。天
　　禧至元祐七十餘年，田且百歲矣。」天禧，眞宗年號；元祐，哲宗年號：是則
　　聶田乃眞宗至哲宗年間人。至其撰此書，則在仁宗康定元年（1040）庚辰也。

括異志十卷、後志十卷

《括異志》十卷、〈後志〉十卷，襄國張師正撰。廣棪案：盧校注：「《聞見錄》云
此書及《志怪集》、《倦游錄》俱魏泰著，託名武人張師正。」

　　廣棪案：《郡齋讀書志》卷第十三〈小說類〉著錄：「《括異記》十卷。右皇朝張
　　師正撰。師正擢甲科，得太常博士。後遊宦四十年，不得志，於是推變怪之理，
　　參見聞之異，得二百五十篇。魏泰爲之〈序〉。」足資參證。《四庫全書總目》
　　卷一百四十四〈子部〉五十四〈小說家類存目〉二著錄：「《括異志》十卷，內
　　府藏本。舊本題宋張師正撰。師正字不疑，熙寧中爲辰州帥。《文獻通考》載：
　　『師正擢甲科後，宦遊四十年，不得志。於是推變怪之理，參見聞之異，得二
　　百五十篇。魏泰爲之〈序〉。』此本不載魏〈序〉，蓋傳寫佚之。然王銍《默記》
　　以是書即魏泰作。蓋泰爲曾布之婦兄，而銍則曾紆之婿，猶及識泰，其言當不
　　誣也。」則此書固有疑魏泰撰者。師正，《宋史》無傳。《宋詩紀事》卷二十六
　　「張師正」條載：「師正字不疑，熙寧中仕爲辰州帥。著《括異志》、《倦遊雜錄》。」
　　清陸心源《宋詩紀事小傳補正》卷二載：「張師正，登進士第。換武爲遙郡防禦
　　使。《臨漢隱居詩話》。嘉祐四年知宜州。《長編》百九十。」王安石《臨川集》卷
　　五十五有〈儀鸞使英州刺史張師正落刺史依舊儀鸞使制〉，則師正又嘗任儀鸞使
　　及英州刺史。襄國，縣名，今河北邢臺縣。

郡閣雅言二卷

《郡閣雅言》二卷，贊善大夫潘若沖撰。館臣案：晁公武《讀書志》稱潘若同撰。《文
獻通考》云：「《書錄解題》作《郡閣雜言》，題贊善大夫潘欲沖撰。」今此本仍作《郡閣雅
言》，惟稱「若沖」，則互異。

廣棪案:《郡齋讀書志》卷第十三〈小說類〉著錄:「《郡閣雅言》一卷。右皇朝潘若同撰。太宗時守郡,與僚佐話及南唐野逸賢哲異事佳言,輒疏之於書,凡五十六條,以資雅言。或題曰《郡閣雅談》。」是此書《郡齋讀書志》作一卷,撰人作潘若同,與《解題》異。孫猛《郡齋讀書志校證》曰:「《郡閣雅言》一卷,《書錄解題》卷十一,〈宋志〉卷五皆作二卷。〈經籍考〉卷四十三同《讀書志》,又云:『《書錄解題》作《郡閣雜言》,題贊善大夫潘欲沖撰。』按今本《書錄解題》不作『雜言』,仍作『雅言』,撰者亦不作『潘欲沖』,而作『潘若沖』,《詩話總龜前集》引作《郡閣雅談》,今宛委山堂本《說郛》卷十七所收題同《讀書志》,一卷。」又曰:「按公武避父諱改『沖』作『同』,若沖,太平興國六年以右贊善大夫知揚州,官終桂林守。是書《詩話總龜》幾全載,且有若沖事蹟。此外,若沖行事尚見《北宋經撫年表》、《宋詩紀事》卷四。今《說郛》本亦題潘若同,蓋本《讀書志》而不知『同』系公武所改也。」孫氏所考不誤。檢《宋詩紀事》卷四「潘若沖」條載:「若沖,太平興國中,官桂林守。」又吳廷燮《北宋經撫年表》卷四「太平興國六年(981)」條載:「孫邁,太常博士孫邁知揚州,改池州。潘若沖,右贊善大夫潘若沖代。宋徐鉉〈崇道宮碑〉:『廣陵大藩,四海都會,皇宋膺圖,更造區夏。今上御極之六年,詔太常博士孫君邁理斯郡,創朝修之宮。未及僝工,移典秋浦。太子右贊善大夫潘君若沖負儒雅之才,允膺朝選,代撫斯民。』」是若沖確曾任右贊善大夫,後知揚州,又任桂林太守。

茅亭客話十卷

《茅亭客話》十卷,江夏黃休復端本撰。<small>廣棪案:《文獻通考》闕此句。</small>所記多蜀事。別有《成都名畫記》,蓋蜀人也。

廣棪案:《郡齋讀書志》卷第十三〈小說類〉著錄:「《茅亭客話》十卷。右皇朝黃休復撰。茅亭,其所居也。暇日,賓客話言及虛無變化、謠俗卜筮,雖異端而合道,旨屬懲勸者皆錄之。」可資參證。休復生平,及《成都名畫記》均無可考。惟江夏,今湖北武昌縣,是休復固非蜀人,直齋誤矣。又此書,《宋史》卷二百六〈志〉第一百五十九〈藝文〉五〈子類·小說類〉著錄:「黃林復《茅亭客話》十卷。」所著錄撰人名字蓋形近而誤。

嘉祐雜志三卷

《嘉祐雜志》三卷，修起居注陳留江休復鄰幾撰。

　　廣棪案：《郡齋讀書志》卷第十三〈小說類〉著錄：「《江鄰幾雜誌》三卷。右皇朝江休復撰。休復，歐陽永叔之執友。其所記精博，絕人甚遠。鄰幾，其字也。」雖書名不同，應與《解題》為同一書。《宋史》卷二百六〈志〉第一百五十九〈藝文〉五〈子類·小說類〉著錄：「江休復《嘉祐雜志》三卷。」卷數與此同。惟尤袤《遂初堂書目》著錄無卷數。《四庫全書總目》卷一百四十〈子部〉五十〈小說家類〉一則著錄作二卷，曰：「《嘉祐雜志》二卷，內府藏本。宋江休復撰。休復字鄰幾，開封陳留人。舉進士，充集賢校理，謫監蔡州稅。復官歷刑部郎中，修起居注，事蹟具《宋史·文苑傳》。休復有《文集》二十卷，今佚不傳，惟此書存。《文獻通考》及《宋史·藝文志》皆作三卷。而《稗海》、《唐宋叢書》皆不分卷。明胡應麟《筆叢》云：『江鄰幾《雜志》，宋人極推之，今不傳，略見《說郛》。』然《說郛》所載止十頁，而《稗海》、《唐宋叢書》與此鈔本皆三倍於《說郛》，應麟殆偶未見也。歐陽修作〈休復墓誌〉云：『休復歿於嘉祐五年。』而是書屢記己亥秋、冬之事，即休復未歿之前一年，年月亦皆相應。惟書中記其奉使事，《宋史》本傳與〈墓誌〉皆不載。又刻本皆題云臨川江休復，而《史》與〈墓誌〉皆云陳留人，頗為舛異。然諸家引用其說，無不稱江鄰幾者。而晁公武《讀書志》亦以為《嘉祐雜志》即《江鄰幾雜志》。蓋休復奉使雄州，未嘗出境，不過館伴之常事，故〈墓誌〉、本傳皆不書。而刻本標題，又後人所妄加爾。其書皆記雜事，故〈宋志〉列之〈小說家〉。姚寬《西溪叢語》摘其『象膽隨四時』一條誤以《酉陽雜俎》為《山海經》。朱翌《猗覺寮雜記》摘其『壓角』一條誤以丞相為直閣，以坐於榻為立於褥。是誠偶誤。然休復所與交遊，率皆勝流，耳濡目染，具有端緒，究非委巷俗談可比也。」可供參考。休復，《宋史》卷四百四十三〈列傳〉第二百二〈文苑〉五有傳。

夢溪筆談二十六卷

《夢溪筆談》二十六卷，沈括存中撰。其〈序〉言：「退居絕過從，所與談者，惟筆硯而已。」

　　廣棪案：《郡齋讀書志》卷第十三〈小說類〉著錄：「《筆談》二十六卷。右皇朝

沈括存中撰。括好功名，城永樂不克，貶死，而實高材博學，多技能，音律、星曆尤邃。〈自序〉云：『退處林下，深居絕過從，所與談者，惟筆硯而已。』故以命其書。凡十七目。」《解題》所述，殆據《郡齋讀書志》。《四庫全書總目》卷一百二十〈子部〉三十〈雜家類〉四著錄：「《夢溪筆談》二十六卷，《補筆談》二卷，《續筆談》一卷，兩江總督採進本。宋沈括撰。括字存中，錢塘人，寄籍吳縣。登嘉祐八年進士。熙寧中官至翰林學士，龍圖閣待制。坐議城永樂事，謫均州團練副使。後復光祿寺少卿，分司南京，卜居潤州以終。夢溪即其晚歲所居地也。」足資參證。括，《宋史》卷三百三十一〈列傳〉第九十附〈沈遘〉。其〈傳〉曰：「括博學善文，於天文、方志、律曆、音樂、醫藥、卜算，無所不通，皆有所論著。又紀平日與賓客言者為《筆談》，多載朝廷故實、耆舊出處，傳於世。」即記此書。

苕川子所記三事一卷

《苕川子所記三事》一卷，不知何人。三事者，勃翠姑、王立、林果毅，皆異事也。末有韓蟲兒一事，是歐陽公所記，偶錄附此。

廣棪案：《宋史》卷二百八〈志〉第一百六十一〈藝文〉七〈集類‧別集類〉著錄：「《顧雲集遺》十卷，又《賦》二卷、《啟事》一卷、《苕一作「昭」亭雜筆》五卷、《纂新文苑》十卷、《苕一作「昭」川總載》十卷。」是顧雲著有《苕川總載》。未知此書亦雲所撰否？

東齋記事十卷

《東齋記事》十卷，翰林學士蜀郡范鎮景仁撰。

廣棪案：《郡齋讀書志》卷第十三〈小說類〉著錄：「《東齋記》十卷。右皇朝范鎮景仁元豐中撰。〈序〉言：『既謝事，日於東齋燕坐，追憶在朝時交遊言語，與夫俚俗傳記，因纂集成一編。』崇、觀間，以其及國朝故事，禁之。」疑《郡齋讀書志》所著錄書名脫「事」字。《宋史》卷二百三〈志〉第一百五十六〈藝文〉二〈史類‧故事類〉著錄：「范鎮《國朝事始》一卷，又《東齋記事》十二卷。」是〈宋志〉著錄作十二卷，或衍「二」字。鎮字景仁，成都華陽人。《宋史》卷三百三十七〈列傳〉第九十六有傳。英宗時遷翰林學士。

該聞錄十卷

《該聞錄》十卷，廣棪案：盧校注：「晁〈志〉有《歸田錄》六卷。《通考》載其語，云：『又名《該聞錄》。』下注云：『《書錄解題》作十卷。』則馬貴與見陳氏有此書，明矣。館本不載，今約晁氏之語以補之。」成都李畋撰。張忠定公客也。熙寧中致仕歸，與門人賓客燕談，袞袞忘倦，門人請編錄之。又名《歸田錄》。

廣棪案：《郡齋讀書志》卷第十三〈小說類〉著錄：「《該聞錄》十卷。右皇朝李畋撰。畋，蜀人，張詠客也，與范鎮友善。熙寧中致仕歸，與門人賓客燕談，袞袞忘倦。門人請編錄，遂以『該聞』為目。又有雜詩十二篇，係於後。」是盧文弨據《郡齋讀書志》補此條。然此書似非「又名《歸田錄》」，《歸田錄》乃歐陽修所著書，前人有妄合二書為一書者，自馬端臨編《文獻通考‧經籍考》已啟其端。孫猛《郡齋讀書志校證》曰：「按歐陽修《歸田錄》與李畋《該聞錄》乃二人撰二書。在蜀刻《讀書志》四卷本中，當止有李畋《該聞錄》一條，故據刻之袁本《前志》亦止收錄此條。迨姚應績編輯蜀刻《讀書志》二十卷本時，添入歐陽修《歸田錄》條，置《該聞錄》之前，而當游鈞據二十卷本刊刻衢本時，遺落《歸田錄》解題與《該聞錄》標題、卷數，遂使《歸田錄》標題、卷數與《該聞錄》解題相接，造成衢本此條標題與解題『郢書燕說』，齟齬不合。趙希弁摘編〈後志〉時，未察其誤，遂使袁本於《前志》、〈後志〉複出，以致解題相同而其標題、卷數卻相異。馬端臨編輯〈經籍考〉時，殆發現衢本標題與解題枘鑿不合，然馬氏亦不明其由，遂妄合二書為一書，書名從衢本，卷數從袁本《前志》（或蜀刻四卷本《讀書志》）改解題『遂以「該聞」為目』為『又名《該聞錄》』，又於句下添注云：『《書錄解題》作十卷』，至此，衢本脫簡之跡泯去，而歐陽修之《歸田錄》亦竟歸李畋名下，其謬也甚。汪刊衢本襲此誤，而黃丕烈亦未細審其致誤之由，其校語謂：『又名《該聞錄》句下有「《書錄解題》作十卷」夾注七字，則《通考》之標目十卷者，從陳氏也。』豈不知馬氏此注乃為其改動卷數補充旁證耳，此注正說明其所見衢本卷數絕非十卷，且說明其改卷數所據依者並非《書錄解題》。今《歸田錄》、《該聞錄》各別分列作二條，唯《歸田錄》條解題脫去，止存其目，見前。李畋《該聞錄》，尚見〈宋志〉卷五、《國史經籍志》卷四下，亦十卷，（《國史經籍志》題『該』誤『談』）《遂初堂書目‧小說類》不著卷數。今宛委山堂本《說郛》卷三十九收錄《該聞錄》五則，唯其書目錄題作者『李略』。『略』必『畋』之誤，所引第二則『唐公肅文』、第三則『畋生于丑門昌

西橋』條俱自稱『畋』可證。」孫氏所考甚當。畋，《嘉定府志》卷三十二載：「李畋，華陽人，淳化進士。國子監直講，除榮州。」《宋史翼》卷二十六〈列傳〉第二十六〈文苑〉一亦曰：「李畋字渭卿，自號谷子，少師任奉古，以著述爲志，不樂仕進，士大夫多稱之，爲張乖崖所器，隱居永康軍白沙山，從之學者甚眾。任中正薦之，乞賜處士之號。詔爲校書郎。凌策又薦之，召授恆寧主簿、國子監說書，改大理丞，知泉州惠安縣。久之，以先所著書未成，乞國子監說書以修其業。著《孔子弟子傳讚》六十卷，上之，得知榮州。力言榮州鹽害，得蠲歲額三十萬斤，還雜役三百一十五家。撰有《道德疏》二十卷、《乖崖語錄》三卷、《谷子》三十卷、歌詩、雜文七十卷，年九十卒。《澠水燕談》，參《四川通志》。」可知其生平概況。

紀聞一卷

《紀聞》一卷，集賢殿修撰李復圭審言撰。

　　廣棪案：復圭，字審言，徐州豐人。神宗時以集賢殿修撰知荊南，卒。《宋史》卷二百九十一〈列傳〉第五十附〈李若谷〉。此書無可考。

淑之子。

　　案：淑字獻臣，父若谷。《宋史・李若谷傳》附淑〈傳〉載：「子壽朋、復圭。」是復圭乃淑之子，其兄壽朋。

東坡手澤三卷

《東坡手澤》三卷，蘇軾撰。今俗本《大全集》中所謂《志林》者也。

　　廣棪案：《四庫全書總目》卷一百二十〈子部〉三十〈雜家類〉四著錄：「《東坡志林》五卷，內府藏本。宋蘇軾撰。陳振孫《書錄解題》載《東坡手澤》三卷，註曰：『今俗本《大全集》中所謂《志林》者。』今觀所載諸條，多自署年月者。又有署讀某書書此者。又有泛稱昨日、今日不知何時者。蓋軾隨手所記，本非著作，亦無書名。其後人裒而錄之，命曰《手澤》。而刊軾《集》者，不欲以父書目之，故題曰《志林》耳。中如張睢陽生猶罵賊，嚼齒穿齦；顏平原死不忘君，握拳穿掌四語，據《東坡外紀》，乃軾謫儋耳時。醉至姜秀才家，值姜外出，就其母索紙所書，今亦在卷中，自爲一條，不復別贅一語。是亦蒐輯墨迹之一

證矣。此本五卷，較振孫所紀多二卷。蓋其卷帙亦皆後人所分，故多寡各隨其意也。」足資參證。

艾子一卷

《艾子》一卷，相傳為東坡作，未必然也。

廣棪案：胡應麟《四部正譌》卷下載：「《艾子》，世傳蘇長公作。子瞻生平善俳諧，故此類率附之。宋人贊坡『嘻笑怒罵，皆成文章』，豈筆之於書，淺俚若是乎！然此書已見《文獻通考》，蓋亦出於宋世，非後人所託也。何《語林》記坡調劉貢父避孔子塔語，不若『大風起兮眉飛揚，安得猛士兮守鼻梁』，語尤劇；而何不收。以論《艾子》，漫及之。」可參證。

龍川略志六卷、別志四卷

《龍川略志》六卷、《別志》四卷，蘇轍撰。龍川者，循州也。

廣棪案：《郡齋讀書志》卷第十三〈小說類〉著錄：「《龍川略志》六卷、《龍川別志》四卷。右皇朝蘇轍撰。轍元符二年夏居循州，杜門閉目，追憶平昔，使其子遠書之於紙，凡四十事。其秋，復記四十七事。龍川，循州地名。」《解題》著錄據《郡齋讀書志》。

玉壺清話十卷

《玉壺清話》十卷，僧文瑩撰。

廣棪案：《郡齋讀書志》卷第十三〈小說類〉著錄：「《玉壺清話》十卷。右皇朝僧文瑩元豐中撰。〈自序〉云：『文瑩收國初至熙寧中文集數千卷。其間神道、墓誌、行狀、實錄、奏議之類，輯其事成一家言。』玉壺者，其隱居之潭也。」可供參證。《四庫全書總目》卷一百四十〈子部〉五十〈小說家類〉一著錄：「《玉壺野史》十卷，兩淮鹽政採進本。宋僧文瑩撰。據晁公武《讀書志》，文瑩《湘山野錄》作於熙寧中。此書則作於元豐中，在《野錄》之後。前有〈自序〉云：『收國初至熙寧閒文集數千卷，其閒神道、墓誌、行狀、實錄、奏議之類，輯其事成一家。』蓋與《野錄》相輔而行。玉壺者，其隱居之地也。《文獻通考》載文瑩《玉壺清話》十卷。諸書所引亦多作《玉壺清話》。此本獨作《野史》，

疑後人所改題。然元人《南溪詩話》已引爲《玉壺野史》，則其來已久矣。」是
此書又名《玉壺野史》。釋文瑩，《宋史》無傳。《宋人傳記資料索引》載：「釋
文瑩字道溫，錢塘人。喜讀書，才思清拔，以詩聞，尤留心當世之務。有《文
集》，《湘山野錄》、《玉壺野史》、《玉壺詩話》。」可知其生平及著述梗概。

張芸叟雜說一卷

《張芸叟雜說》一卷，吏部侍郎張舜民芸叟撰。

　　廣棪案：《文獻通考》卷二百十七〈經籍考〉四十四〈子小說家〉著錄：「《張芸
叟雜說》一卷，《畫墁集》一卷。陳氏曰：『並吏部侍郎張舜民芸叟撰。』」是《通
考》將舜民所撰二書一併著錄也。舜民字芸叟，邠州人。《宋史》卷三百四十七
〈列傳〉第一百六有傳，徽宗時由右諫議大夫徙吏部侍郎。此書已佚，無可考。

畫墁集一卷

《畫墁集》一卷，張舜民撰。

　　廣棪案：《宋史》卷二百六〈志〉第一百五十九〈藝文〉五〈子類・小說類〉
著錄：「張舜民《畫墁錄》一卷。」疑書名作《畫墁錄》爲是。考《解題》卷
十七〈別集類〉中著錄：「《畫墁集》一百卷，吏部侍郎邠國張舜民芸叟撰。」
是舜民所撰之別集名《畫墁集》，所撰之小說名《畫墁錄》，直齋失愼，誤將
二書名稱混同耳。《四庫全書總目》卷一百四十〈子部〉五十〈小說家類〉一
著錄：「《畫墁錄》一卷，內府藏本。宋張舜民撰。舜民字芸叟，自號浮休居士，
又號矴齋，邠州人。中進士第。爲襄樂令。累官龍圖閣待制，知定州。坐元
祐黨籍，謫商州。復集賢殿修撰，卒。事蹟具《宋史》本傳。舜民所著詩文
名《畫墁集》。是書乃所作筆記，亦以《畫墁》爲名。中多載宋時雜事，於《新
唐書》、《五代史》均屢致不滿之詞。蓋各有所見，不足爲異，其說不妨並存。
至徐禧於永樂死事，朝廷贈卹之典，見於史冊甚詳。而舜民乃云徐禧不知所
歸，人無道者。或曰有人見之夏國，疑亦有之。是直以禧爲屈節偷生，殊爲
誣妄。舜民嘗從高遵裕西征，喜談兵事，殆因惡禧之失策，故醜其詞歟？其
他載錄，亦頗涉瑣屑。以一時典故，頗有藉以考見者，姑存以備宋人小說之
一種云爾。」足資參考。

洛游子一卷

《洛游子》一卷，題司馬光，非也。所稱樂全子、齊物子，亦莫知何人。

　　廣棪案：張心澂《偽書通考・子部・小說家類》著錄：「《洛游子》一卷，偽。
　　宋司馬光撰。陳振孫曰：『題司馬光，非也。所稱樂全子、齊物子，亦莫知何人。』
　　《書錄解題》。」是心澂亦據《解題》，以證此書為偽耳。

塵史三卷

《塵史》三卷，司農少卿安陸王得臣彥輔撰。嘉祐四年進士。其〈序〉稱政
和乙未，行年八十，自號鳳臺子。蓋王昭素之後，王銍性之之伯父也。《揮塵
錄》詳載。

　　廣棪案：《讀書附志》卷上〈雜說類〉著錄：「《塵史》三卷。右王得臣字彥輔所
　　記也。其〈自序〉云：『自朝廷至州里有可訓可法、可鑒可誡者，類以相從云。』
　　得臣自號鳳臺子。」可供參考。《四庫全書總目》卷一百二十〈子部〉三十〈雜
　　家類〉四著錄：「《塵史》三卷，兩江總督採進本。宋王得臣撰。得臣字彥翰，自
　　號鳳亭子，安陸人。嘉祐四年進士。官至司農少卿。陳振孫《書錄解題》以為
　　王銍之伯父。案書中〈神受門〉第七條稱：『王樂道幼子銍，少而博學，善持論。』
　　又〈詩話門〉第十九條稱：『王銍性之嘗為予言。』〈讒謗門〉第三條稱：『王萃
　　樂道奉議，穎人也。』則與銍父子非一族，陳氏誤也。是書前有政和乙未〈自
　　序〉稱：『時年八十，追為之〈序〉。』書中稱：『予在大農，忽得目疾，乞宮觀。
　　已而挂冠，年六十二。』以政和五年乙未逆推至其六十二時，為紹聖四年丁丑。
　　成書當在其後。是時紹述之說方盛，而書中於他人書官書字書諡，惟王安石獨
　　書名，蓋亦耿介特立之士。考所自述，初受學於鄭獬，又受學於胡瑗。其〈明
　　義〉一條，復與明道程子問答，疑為洛黨中人。然評詩論文，無一字及蘇、黃，
　　亦無一字攻蘇、黃。其論〈詩小序〉，兩申蘇轍、程子之說，而俱不出其名。蘇
　　軾以杜甫〈同谷歌〉中黃獨為黃精，為《後山詩話》所駁者，得臣申軾之說，
　　亦不出其名。知其無所偏附，故〈元祐黨碑〉獨不登其姓氏，亦可謂卓然不染
　　者矣。所紀凡二百八十四事，分四十四門。凡朝廷掌故，耆舊遺聞，耳目所及，
　　咸登編錄。其閒參稽經典，辨別異同，亦深資考證，非他家說部惟載瑣事者比。」
　　足資參證。其中所考得臣非王銍伯父，證據確鑿，直齋或誤矣。得臣，《宋史》
　　無傳。《宋人傳記資料索引》載：「王得臣字彥輔，自號鳳亭子，安陸人。受學

鄭獬、胡瑗，嘉祐四年進士，官至司農少卿，乞病歸。所著《麈史》三卷，於當時制度，及考究古蹟，極為精核。」可略志其生平、宦歷梗概。惟得臣之號，或稱「鳳臺子」，或稱「鳳亭子」。考得臣〈麈史序〉末句云：「宋政和歲在乙未中元日追為之〈序〉，鳳亭子王得臣字彥輔。」是《解題》誤矣。

蘇氏談訓十卷

《蘇氏談訓》十卷，朝請大夫蘇象先撰。述其祖魏公頌子容遺訓。

廣棪案：蘇頌，《宋史》卷三百四十〈列傳〉第九十九有傳，歷仕仁、英、神、哲四朝，甚有建樹。其〈傳〉曰：「頌器局閎遠，不與人校短長，以禮法自持。雖貴，奉養如寒士。自書契以來，經史、九流、百家之說，至於圖緯、律呂、星官、算法、山經、本草，無所不通。尤明典故，喜為人言，亹亹不絕。朝廷有所制作，必就而正焉。」又曰：「頌獨歸然高年，未嘗為姦邪所污，世稱其明哲保身。然觀其論知州張仲宣受金事，犯顏辨其情罪重輕，又陳刑不上大夫之義，卒免仲宣於黥。自是宋世命官犯賊抵死者，例不加刑，豈非所為多雅德君子之事，造物者自有以相之歟？」可知其生平行事之一斑。此書凡十卷，卷一〈國論〉、〈國政〉，卷二〈家世〉，卷三〈家學〉、〈家訓〉、〈行己〉，卷四〈文學〉、〈詩什〉，卷五〈前言〉、〈政事〉，卷六〈親族〉、〈外姻〉、〈師友〉，卷七〈善言〉、〈鑒裁〉、〈游從〉、〈薦舉〉，卷八〈恬淡〉、〈器玩〉、〈飲饍〉，卷九〈道釋〉、〈神祠〉、〈疾醫〉、〈卜相〉，卷十〈雜事〉。卷首有蘇象先〈識語〉，曰：「象先自少不離祖父之側，元祐丙寅，祖父為天官尚書，居西崗楊崇訓之故第。祖父以南軒為書室，設大案，列書史於前。又置小案於椅間，俾象先侍坐。每至夜分，退而記平日教誨之言，作《譚訓》百餘事。後三年，祖父執政，無復往時閒暇。又十有二年，捐館於潤。又十有九年，象先在鎮江臥病。閱五年，當靖康元年，偶記舊藁，而散失脫落，尚多遺逸。因廣而續之，凡三百餘篇，分為十卷，以見一日未嘗忘祖訓，而諄諄之誨，不可無傳也。」是此書之撰，啓始於元祐元年丙寅（1086），而底成於靖康元年丙午（1126），凡四十載矣。象先《宋史》無傳。

續世說三卷

《續世說》三卷，館臣案：《文獻通考》作十二卷。**孔平仲毅父撰。編宋至五代事，**

以續劉義慶之書也。

　　廣枝案：《宋史》卷一百六〈志〉第一百五十九〈藝文〉五〈子類·小說類〉著錄：「孔平仲《釋稗》一卷，又《續世說》十二卷、《孔氏雜說》一卷。」是〈宋志〉著錄此書亦作十二卷，疑直齋所藏乃不完之本也。平仲，《宋史》卷三百四十四〈列傳〉第一百三附其兄〈孔文仲〉。其〈傳〉稱：「平仲字義甫。」義甫即毅父也。又謂：「平仲長史學，工文詞，著《續世說》、《釋稗》、《詩戲》諸書，傳於世。」是此書乃平仲撰。

孫公談圃三卷

《孫公談圃》三卷，臨江劉延世錄高郵孫升君孚所談。升，元祐中書舍人，坐黨籍，謫汀州。

　　廣枝案：《四庫全書總目》卷一百四十〈子部〉五十〈小說家類〉十著錄：「《孫公談圃》三卷，內府藏本。宋臨江劉延世錄所聞於孫升之語也。升字君孚，高郵人。元祐中官中書舍人。紹聖初謫汀州。延世父時知長汀，得從升游，因錄為此書。升為元祐黨籍，多述時事。觀其記王安石見王雱冥中受報事，則不滿於安石。記蘇軾以司馬光薦，將登政府，升言軾為翰林學士，其任已極，不可以加。如用文章為執政，則趙普、王旦、韓琦未嘗以文稱。王安石在翰林為稱職，及居相位，天下多事。若以軾為輔佐，願以安石為戒。又記軾試館職，策題論漢文帝、宣帝及仁宗、神宗。升率傅堯俞、王嵒叟言，以文帝有弊，則仁宗不為無弊；以宣帝有失，則神宗不為無失。則又不滿於軾。記爭弔司馬光事，亦不滿程子。殆於黨籍之中，又自行一意者歟？王楙《野客叢書》曰：『臨汀刊《孫公談圃》三卷，近時高沙用臨汀本復列於郡齋。余得山陽吳氏建炎初錄本校之，多三段；其後二段，乃公之甥朱稈所記。併著於此，庶幾異時好事者取而附之卷末。』云云。今考此本亦無此三條。蓋楙雖有是說，而刊版迄未補入。謹據楙所錄增入卷末，成完書焉。案三段載《野客叢書》第五卷第十五條。」足資參證。孫升，《宋史》卷三百四十七〈列傳〉第一百六有傳。劉延世，《宋史》無傳，《宋人傳記資料索引》載：「劉延世，字王孟，一子述之，新喻人，敞從子。少有盛名，元祐初游太學，不得志，築堂講業，名曰抱甕。善畫竹。」可略悉其生平梗概。新喻即臨江，今江西新喻縣，本因渝水而得名。明清時屬江西臨江府。汀州，今福建長汀縣。

澠水燕談十卷

《澠水燕談》十卷，齊國王闢之聖涂撰。

廣棪案：《郡齋讀書志》卷第十三〈小說類〉著錄：「《澠水燕談》十卷。右皇朝王闢紹聖間撰。澠水，其退居之地也。闢從仕四方，與賢士大夫燕談，有可取者輒記之，久而得三百六十餘事。」足資參證。惟《郡齋讀書志》著錄撰人作「王闢」，則有脫誤。《四庫全書總目》卷一百四十〈子部〉五十〈小說家類〉一著錄：「《澠水燕談錄》十卷，內府藏本。舊本題宋齊國王闢之撰。〈宋·藝文志〉作王闢之，蓋以闢、闢形近而誤。《通考》引晁、陳二家書目作王闢。案魏野《東觀集》有贈〈王衢王闢同登第詩〉，則北宋實有其人。然野當眞宗之時，與此書年不相及，蓋傳寫脫『之』字也。《山東通志》載闢之字聖涂，青州人。《書錄解題》稱其爲治平四年進士。《讀書志》稱其『從仕四方，與賢士大夫燕談，有可取者輒記，久而得三百六十餘事』。今考此書皆記紹聖以前雜事，分十五類。〈帝德〉十七條、〈讜論〉十一條、〈名臣〉五十條、〈知人〉四條、〈奇節〉十三條、〈忠孝〉八條、〈才識〉十二條、〈高逸〉二十條、〈官制〉二十條、〈貢舉〉二十一條、〈先兆〉十七條、〈歌詠〉十八條、〈書畫〉八條、〈事誌〉三十二條、〈雜錄〉三十五條、共二百八十五條。與《讀書志》所載之數不合。蓋此本爲商濬《稗海》所刻，明人庸妄，已有所刪削矣。所記諸條多與史傳相出入，其閒如『誰傳佳句到幽都』詩，乃蘇轍使遼時寄其兄軾之作，而誤以爲張舜民。又如柳永以夤緣中官，獻〈醉蓬萊〉詞，爲仁宗所斥，而以爲仁宗大悅之類，亦閒有舛訛。然野史傳聞，不能盡確，非獨此書爲然，取其大致之近實可也。」所考至爲詳悉。王闢之，《宋史》無傳。《宋人傳記資料索引》載：「王闢之，字聖塗，青州營丘人。治平進士。嘗爲高唐令，紹聖三年知忠州。志尚博雅，退居澠水，日與賢士大夫游，每燕談間，有可取者輒記之，久而得三百六十餘事，編次成帙，題曰《澠水燕談錄》。」足知其生平梗概。

澠，齊水名，《春秋傳》：「有酒如澠。」

案：《中國古今地名大辭典》載：「澠水一名漢溱水。自山東臨淄縣西北古齊城外西北流，逕廣饒縣西南，注於麻大湖。《左傳注》澠水出齊國臨淄縣，北入時水。《水經注》澠水，世謂之漢溱水也。」是澠水乃齊水名，《解題》不誤。考《春秋左氏傳》昭公十二年載：「晉侯以齊侯晏中行，穆子相。投壺，晉侯先。穆子曰：『有酒如淮，有肉如坁，寡君中此，爲諸侯師。』中之。齊侯舉矢曰：『有酒

如池，有肉如陵，寡人中此，與君代興。』亦中之。」《解題》所述，實據此。

闡之，_{廣棪案：《文獻通考》作「闡」，無「之」字，誤。}治平四年進士。

案：孫猛《郡齋讀書志校證》曰：「『皇朝王闡紹聖間撰』，《書錄解題》、〈宋志〉以及今本『王闡』皆作『王闡之』。今本〈自序〉自稱『闡之』。元祐四年滿中行題識亦云：『齊國王闡之聖塗，余同年進士也。』《郡齋讀書志》脫『之』字。」是此書撰人應爲王闡之。闡之與滿中行皆治平四年進士。

烏臺詩話十三卷

《烏臺詩話》十三卷，蜀人朋九萬錄東坡下御史獄公案，附以初舉發章疏，及謫官後表章、書啟、詩詞等。

廣棪案：此書《四庫全書總目》著錄作《烏臺詩案》。其書卷六十四〈史部〉二十〈傳記類存目〉六載：「《烏臺詩案》一卷，_{編修汪如藻家藏本。}舊本題宋朋九萬編。即蘇軾御史臺獄詞也。案周必大《二老堂詩話》曰：『元豐己未，東坡坐詩訕謗，追赴御史獄。當時所供詩案，今已印行，所謂《烏臺詩案》是也。靖康丁未歲，臺吏隨駕挈眞案至維揚。張全眞參政時爲中丞，南渡取而藏之。後張丞相德遠爲全眞作〈墓誌〉，諸子以其半遺德遠充潤筆，其半猶在全眞家。余嘗借觀，皆坡親筆。凡有塗改，即押字於下而用臺印。』云云。是必大親見眞蹟，然不言與刊版有異同。陳振孫《書錄解題》載是書十三卷。胡仔《漁隱叢話》所錄則三卷有奇，皆與此本不合。仔稱『其父舜陟靖康閒嘗爲臺端。臺中子瞻詩案具在，因錄得其本，視近時所刊行《烏臺詩話》爲尤詳，今節入《叢話》。』是仔書所載已爲節本。今考《叢話》諸條，不過較此本少一二事，其餘則條目皆同，則未必仔所見本。振孫稱『九萬錄東坡下御史獄公案，附以初舉發章疏，及謫官後表章、書啟、詩詞』。此本但冠以章疏，而無謫官後表章、書啟、詩詞、則亦非振孫所見本。或後人撝拾仔之所錄，稍傅益之，追題朋九萬名，以合於振孫之所錄，非九萬本書歟？」所考甚詳，可資參證。朋九萬，事蹟無可考。

碧雲騢一卷

《碧雲騢》一卷，題梅堯臣撰。以廄馬爲書名，其說曰：「世以旋毛爲醜，此

以旋毛為貴,雖貴矣,病可去乎?」其不遜如此,聖俞必不爾也。所記載十
餘條,公卿多所毀訾,雖范文正亦所不免。或云實魏泰所作,託之聖俞。王
性之辨之甚詳,而《邵氏聞見後錄》乃不然之。

　　廣棪案:有關此書之作者,或題梅堯臣;或云魏泰所撰,而託之堯臣。自宋世
以來則聚訟紛紜,莫衷一是矣。《郡齋讀書志》卷第六〈雜史類〉著錄:「《碧
雲騢》一卷。右皇朝梅堯臣聖俞撰。昭陵時,有御馬名『碧雲騢』,以旋毛貴;
用以名書者,詆當時鼎貴之人,然其意專在范文正也。頃年獲拜趙氏姑於恭
南,因質此事之誕信。答曰:『異哉!聖俞作謗書以誣盛德,蓋誅絕之罪也。』」
是公武以此書為梅氏撰。孫猛《郡齋讀書志校證》曰:「按此書或以為實魏泰
所作,託之堯臣,見邵博《聞見後錄》卷十六引王銍〈范仲尹墓誌〉;或先信
後疑,見葉夢得《石林遺書》卷九、《避暑錄話》卷二;或半信半疑,見周煇
《清波雜志》卷四;或確信出堯臣之手,亦見《聞見後錄》。公武所記梅氏後
人語,似亦以為此書乃堯臣所撰。」是則除公武外,尚有王銍、邵博、葉夢
得、周煇諸氏亦考及此書撰人。邵博《河南邵氏聞見後錄》卷十六云:「梅聖
俞著《碧雲霞》,應昭陵時名下大臣,惟杜祁公、富鄭公、韓魏公、歐陽公無
貶外,悉譏詆之無少避。其〈序〉曰:『碧雲霞,廄馬也。莊憲太后臨朝以賜
荊王。王惡其旋毛。太后知之,曰:「旋毛能害人邪?吾不信,留以備上閑,
為御馬第一。」以其吻肉色碧如霞片,故號云。世以旋毛為醜,此以旋毛為
貴,雖貴矣,病可去乎?噫!』范文正公者,亦在詆中。以文正微時常結中
書吏人,范仲尹因以破家。文正既貴,略不收卹。王銍性之不服,以為魏泰
偽託聖俞著此書。性之〈跋范仲尹墓誌〉云:『近時襄陽魏泰者,場屋不得志,
喜偽作它人著書,如《志怪集》、《括異志》、《倦遊錄》,盡假名武人張師正;
又不能自抑,出其姓名作《東軒筆錄》,皆用私喜怒,誣衊前人。最後作《碧
雲霞》,假名梅聖俞,毀及范文正公,而天下駭然不服矣。且文正公與歐陽公、
梅公立朝同心,詎有異論,特聖俞子孫不耀,故挾之借重以欺世。今錄楊闢
所作〈范仲尹墓誌〉,庶幾知泰亂是非之實至此也,則其他泰所厚誣者,皆迎
刃而解,可盡信哉!僕猶及識泰,知其從來最詳,張而明之,使百世之下,
文正公不蒙其謬焉。穎人王銍性之題。』予以為不然,亦書其下去:『美哉!
性之之意也。使范公不蒙其謬,聖俞亦不失為君子矣。然聖俞蚤接諸公,名
聲相上下,獨窮老不振,中不能無躁。其〈聞范公訃詩〉:『一出屢更郡,人
皆望酒壺。俗情難可學,奏記向來無。貧賤常甘分,崇高不解諛。雖然門館
隔,泣與眾人俱。』夫為郡而以酒悅人,樂奏記,納諛佞,豈所以論范公者。

聖俞之意，眞有所不足邪？如著文公燈籠錦事，則又與書竄詩合矣。故予疑
此書實出于聖俞也。」是王銍以此書乃魏泰撰，而託之聖俞；而邵博辨之，
以爲確出聖俞手也。葉夢得《避暑錄話》卷上云：「士大夫作小說雜記，所聞
見本以爲游戲，而或者暴人之短，私爲喜怒，此何理哉！世傳《碧雲騢》一
卷爲梅聖俞作，皆歷詆慶歷以來公卿隱過，雖范文正亦不免。議者遂謂聖俞
游諸公閒，官竟不達，懟而爲此以報之。君子成人之美，正使萬有一不至，
猶當爲賢者諱，況未必有實。聖俞，賢者，豈至是哉！後聞之乃襄陽魏泰所
爲，嫁之聖俞也。此豈特累諸公，又將以誣聖俞。歐文忠《歸田錄》自言以
唐李肇爲法而少異者，不記人之過惡。君子之用心當如此也。」是夢得亦不
信書乃聖俞撰。周煇《清波雜志》卷第四「《碧雲騢》」條曰：「碧雲騢者，廄
馬也。莊憲太后臨朝，初以賜荊王。王惡旋毛，太后知之，曰：『旋毛能害人
耶？吾不信。留以備上閑，爲御馬第一。』以其吻肉色碧如霞片，故云。世
以旋毛爲醜，此以旋毛爲貴。雖貴矣，病可去乎？梅聖俞不得志於諸公間，
乃借此名，著書一卷，詆譏慶歷巨公。後葉石林於《避暑錄話》當日嘗辨乃
襄陽魏泰所著，嫁之聖俞。其略謂『萬有一不至，猶當爲賢者諱。』蓋亦未
免置疑。邵公濟，康節孫也，亦引聖俞〈聞范文正公訃詩〉云：『一出屢更郡，
人皆望酒壺。俗情難可學，奏記向來無。貧賤嘗甘分，崇高不解諛。雖然門
館隔，泣與眾人殊。』謂爲郡以酒悅人，樂奏記納諛。豈所以論文正者，以
是又疑眞出於聖俞也。煇舊得《砥砆錄》一編，亦若《碧雲騢》，專暴人之短，
爲人借去不歸。」是煇於聖俞撰此書事，疑信參半。《文獻通考》卷二百十七
〈經籍考〉四十四《子小說家》「《碧雲騢》一卷」條後引「李氏曰」云：「《碧
雲騢》一書，凡慶歷以來名公鉅卿，無不譏詆，世傳此書以爲出於梅堯臣怨
懟之口。其後諸公論議多矣。如葉夢得、王銍則以爲非堯臣所爲，而邵博乃
疑其詩，以爲堯臣之意，眞有所不足。遂以此書爲實出於堯臣。今以魏泰《東
軒筆錄》考之，然後知泰之嫁名於堯臣者不特此書也。《筆錄》載文彥博燈籠
錦事，大略如《碧雲騢》所云。其載堯臣作〈唐介書竄詩〉，則句語狂肆，非
若堯臣平時所作簡古純粹、平淡深遠。又曰：『堯臣作此詩，不敢示人。及歐
陽修爲編其集時，有嫌避又削去此詩，是以人少知者。』詳味此言，是泰既
以此詩嫁於堯臣，又慮議者以爲修所編無此，遂曰修有嫌避而此不載，皆無
所考之詞也。觀此，則謂泰以《碧雲騢》之書假名堯臣不妄矣。況堯臣平日
爲人，仁厚樂易，未嘗忤於物，歐陽修嘗以此而銘其墓。使堯臣怨懟，果爲
此書以厚誣名臣，則所養可知矣。今市井輕浮之子未必爲之，而謂堯臣爲之

哉！」是李氏亦不以此書為聖俞撰。李氏者，燾也。

青箱雜記十卷

《青箱雜記》十卷，朝散郎吳處厚撰。知漢陽軍，箋注蔡確詩者也。後亦不
顯。

廣棪案：《郡齋讀書志》卷第十三〈小說類〉著錄：「右皇朝吳處厚撰。處厚，
發蔡確〈車蓋亭詩〉事者。所記多失實。成都置交子務起於寇瑊，處厚乃以
為張詠，他多類此。」《四庫全書總目》卷一百四十〈子部〉五十〈小說家類〉
一著錄：「《青箱雜記》十卷，內府藏本。宋吳處厚撰。處厚字伯固，邵武人。
皇祐五年進士。初為將作丞。以王珪薦，授館職，出知漢陽軍，後權知衛州，
卒。其書皆記當代雜事，亦多詩話。晁公武《讀書志》謂『所記多失實』。又
譏其記『成都置交子務，誤以寇瑊為張詠』。案處厚以干進不遂，挾怨羅織蔡
確〈車蓋亭詩〉，驟得遷擢，為論者所薄。故公武惡其人，併惡其書。今觀所
記，如以馮道為大人之類，頗乖風教，不但記錄之訛。然處厚本工吟詠，《宣
和畫譜》載其題王正升〈隱景亭詩〉一首，《剡史》載其〈自諸暨抵剡詩〉二
首，皆綽有唐人格意。故其論詩往往可取，亦不必盡以人廢言也。」可供參
證。《宋史》卷二百六〈志〉第一百五〈藝文〉五〈子類・小說類〉著錄：「黃
朝英《青箱雜記》十卷。」案「黃朝英」當為「吳處厚」之誤。蓋朝英所撰
者乃《湘素雜記》十卷，《郡齋讀書志》卷第十三〈小說類〉亦著錄。吳處厚，
《宋史》卷第四百七十一〈列傳〉第二百三十〈姦臣〉一有傳，謂處厚「邵
武人，登進士第」。又謂：「始，蔡確嘗從處厚學賦，及作相，處厚通牋乞憐，
確無汲引意。王珪用為大理丞。王安禮、舒亶相攻，事下大理，處厚知安禮
與珪善，論亶用官燭為自盜。確密遣達意救亶，處厚不從，確怒欲逐之，未
果。珪請除處厚館職，確又沮之。珪為永裕山陵使，辟掌牋奏。確代使，出
知通利軍，又徙知漢陽，處厚不悅。元祐中，確知安州，郡有靜江卒當戍漢
腸，確固不遣，處厚怒曰：『爾在廟堂時數陷我，今此郡作守，猶爾邪？』會
得確〈車蓋亭詩〉，引郝甑山事，乃箋釋上之，云：『郝處俊封甑山公，會高
宗欲遜位武后，處俊諫止，今乃以比太皇太后。且用滄海揚塵事，此蓋時運
之大變，尤非佳語。譏謗切害，非所宜言。』確遂南竄。擢處厚知衛州，然
士大夫由此畏惡之，未幾卒。紹聖間，追貶歙州別駕。』可知處厚箋注蔡確
詩之背景。

師友閒談一卷

《師友閒談》一卷，館臣案：《文獻通考》作《師友談記》。　廣棪案：盧校本「《文獻通考》應改晁〈志〉。」是。李廌方叔撰。

　　廣棪案：《郡齋讀書志》卷第十三〈小說類〉著錄：「《師友談記》一卷。右皇朝李廌方叔撰。多記蘇子瞻、范淳夫及四學士所談論，故曰「師友」。」是廌固黨蘇者。此書《宋史》卷二百六〈志〉第一百五十九〈藝文〉五〈子類·小說類〉著錄作「十卷」，疑「十」乃「一」之誤。《四庫全書總目》卷一百二十〈子部〉三十〈雜家類〉四著錄：「《師友談記》一卷，兩淮鹽政採進本。宋李廌撰。廌有《德隅齋書品》，已著錄。是書記蘇軾、范祖禹及黃庭堅、秦觀、晁說之、張耒所談，故曰『師友』。其人皆元祐勝流，而廌之學問文章，亦足與相亞，能解諸人之所談。所載多名言格論，非小說瑣錄之比。其述秦觀論賦之語，反覆數條，曲盡工巧，而終以為場屋之賦不足重，可謂不阿所好。書中稱哲宗為今上，蓋作於元祐中。末記蘇軾為兵部尚書及帥定州事。軾到定州不久，即南遷，則是書之成又當在元祐諸人盡罷貶斥之後。知其交由神契，非以勢利相攀。且以潦倒場屋之人，於新經義盛行之時，曲附其說，即可以立致科第。而獨載排斥笑謔之語，不肯少遜。窮視其所不為，亦可謂介然有守矣。寥寥數簡之書，而至今孤行於天地間，豈偶然哉！」足補《解題》之未及。廌，《宋史》卷四百四十四〈列傳〉第二百三〈文苑〉六有傳，載：「李廌字方叔，其先自鄆徙華。廌六歲而孤，能自奮立。少長，以學問稱鄉里。謁蘇軾於黃州，贄文求知。軾謂其筆墨瀾翻，有飛沙走石之勢，拊其背曰：『子之才，萬人敵也，抗之以高節，莫之能禦矣。』廌再拜受教。而家素貧，三世未葬。一夕，撫枕流涕曰：『吾忠孝焉是學，而親未葬，可以學為？』旦而別軾，將客游四方，以蒇其事。軾解衣為助，又作詩以勸風義者。於是不數年，盡致累世之喪三十餘柩，歸空華山下，范鎮為表墓以美之。益閉門讀書。又數年，再見軾，軾閱其所著，歎曰：『張耒、秦觀之流也。』鄉舉試禮部，軾典貢舉，遺之，賦詩以自責。呂大防歎曰：『有司試藝，乃失此奇才邪？』軾與范祖禹謀曰：『廌雖在山林，其文有錦衣玉食氣，棄奇寶於路隅，昔人所歎，我曹得無意哉！』將同薦諸朝，未幾，相繼去國，不果。軾亡，廌哭之慟，曰：『吾愧不能死知己，至於事師之勤，渠敢以生死為間。』即走許、汝間，相地卜兆授其子，作文祭之曰：『皇天后土，監一生忠義之心；名山大川，還萬古英靈之氣。』詞語奇壯，讀者為悚。中年絕進取意，謂穎為人物淵藪，始定居長社，縣令李佐及里人買宅處之。卒，年五十一。」

可藉悉廌遊蘇門之一班。是廌撰此書，殆有由矣。

劍溪野語三卷

《劍溪野語》三卷，延平陳正敏撰。自號遯翁。別有《遯齋閑覽》十四卷，
未見。

> 廣棪案：《宋史》卷二百六〈志〉第一百五十九〈藝文〉五〈子類・小說類〉著
> 錄：「陳正敏《劍溪野語》三卷，又《遯齋閑覽》十四卷。」所著錄與《解題》
> 同。考《郡齋讀書志》未著錄《劍溪野語》三卷，惟其書卷第十三〈小說類〉
> 著錄：「《遯齋閒覽》十四卷。右皇朝陳正敏崇、觀間撰。正敏自號遯翁，錄其
> 平昔所見聞，分十門，爲小說一編，以備後日披閱。」是《遯齋閑覽》尚存，
> 直齋末之見耳。《遯齋閑覽》今有《說郛》本。正敏，《宋史》無傳，惟其姓名，
> 《說郛》本《遯齋閑覽》題范正敏，《歷代笑話集》所收《閒覽》同。《國史經
> 籍志》卷四下〈小說家〉題程正敏。而《能改齋漫錄》、《學齋佔畢》等仍作陳
> 正敏撰。

冷齋夜話十卷

《冷齋夜話》十卷，館臣案：《文獻通考》作六卷。　廣棪案：盧校注：「晁〈志〉六卷。」
僧惠洪撰。所言多誕妄。

> 廣棪案：《郡齋讀書志》卷第十三〈小說類〉著錄・「《冷齋夜話》六卷。右皇朝
> 僧惠洪撰。多記蘇、黃事，皆依託也。江淹〈擬陶淵明詩〉，其辭浮淺，洪既誤
> 以爲眞淵明語，且云東坡嘗稱其至到；《鬼谷子書》，世所共見，而云有『崖蜜，
> 櫻桃也』之一言，東坡〈橄欖詩〉『已輸崖蜜十分甜』蓋用之。如此類甚多，不
> 可枚舉。」《郡齋讀書志》袁本則著錄：「《冷齋夜話》六卷，右皇朝僧惠洪撰，
> 崇、觀間記一時雜事。惠洪喜遊公卿之門，後坐事配隸嶺表。」均足參考。此
> 書《宋史》卷二百六〈志〉第一百五十九〈藝文〉五〈子類・小說類〉著錄作
> 「十三卷」，與《郡齋讀書志》、《解題》不同。《四庫全書總目》卷一百二十〈子
> 部〉三十〈雜家類〉四著錄：「《冷齋夜話》十卷，江蘇巡撫採進本。宋僧惠洪撰。
> 惠洪一名德洪，字覺範，筠州人。大觀中，游丞相張商英之門，商英敗，惠洪
> 亦坐累謫朱崖。是書晁公武《讀書志》作十卷，與今本相合。然陳善《捫蝨新
> 話》：『山谷〈西江月詞〉「日側金盤墜影」一首爲惠洪贋作，載於《冷齋夜話》。』

又引《宋百家詩選》云：『《冷齋夜話》中偽作山谷贈洪詩，韻勝不減秦少觀，氣爽絕類徐師川。』云云。今本無此兩篇。蓋已經後人刪削，非其完本。又每篇皆有標題，而標題或冗沓過甚，或拙鄙不文，皆與本書不類。其最刺謬者。如『《洪駒父詩話》』一條，乃引洪駒父之言以正俗刻之誤，非攻洪駒父之誤也，其標題乃云『洪駒父評詩之誤』，顯相背觸。又『邢亭湖廟』一條，捧牲請福者乃安世高之舟人，故神云：『舟有沙門，乃不俱來耶？』非世高自請福也。又追敘漢時建寺，乃爲秦觀作〈維摩贊緣起〉，非記世高事也，其標題乃云：『安世高請福邢亭廟。秦少遊宿此，夢天女求贊。』既乖本事，且不成文。又蘇軾〈寄鄧道士詩〉一條，用韋應物〈寄全椒山中道士詩〉韻。乃記蘇詩，非記韋詩也。而其標題乃云：『韋蘇州〈寄全椒道人詩〉。』更全然不解文義。又惠洪本彭氏子，於彭淵材爲叔侄。故書中但稱淵材，不系以姓。而其標題乃皆改爲『劉淵材』，尤爲不考。此類不可殫數，亦皆後人所妄加，非所本有也。是書雜記見聞，而論詩者居十之八，論詩之中稱引元祐諸人者又十之八，而黃庭堅語尤多。蓋惠洪猶及識庭堅，故引以爲重。其『庭堅夢游蓬萊』一條，《山谷集》題曰〈記夢〉。洪駒父《詩話》曰：『余嘗問山谷，云：「此記一段事也。當從一貴宗室攜妓游僧寺。酒闌，諸妓皆散入僧房中，主人不怪也。」故有「曉然夢之非紛紜」句。』惠洪乃稱：『庭堅曾與其宿湘江舟中親話，有夢與道士游蓬萊事。』且云：『今《山谷集》語不同，蓋後更易之。』是殆竄亂其說，使故與本集不合，以自明其暱於庭堅，獨知其詳耳。晁公武詆此書多誕僞妄託者，即此類歟？然惠洪本工詩，其詩論實多中理解，所言可取則取之，其託於聞之某某，置而不論可矣。」足資參證。惟批評此書「誕妄」者乃直齋，非晁氏。《郡齋讀書志》無論衢、袁本，均未詆此書「誕妄」，《四庫全書總目》誤也。

墨客揮犀十卷、續十卷

《墨客揮犀》十卷、《續》十卷，不知名氏。<small>廣棪案：盧校注：「彭乘撰。」</small>

廣棪案：《宋史》卷二百六〈志〉第一百五十九〈藝文〉五〈子類‧小說類〉著錄：「《窮神記》十卷、《延賓佳話》四卷、《林下笑談》一卷、《世說新語》一卷、《翰苑名談》三十卷、《說異集》二卷、《墨客揮犀》二十卷、《北窗記異》一卷、《道山新聞》一卷、《紺珠集》十三卷、《儆告》一卷、《垂虹詩話》一卷。<small>並不知作者。</small>」與《解題》著錄同。惟〈宋志〉作二十卷，殆合《正》、《續》編而言之。《四庫全書總目》卷一百四十一〈子部〉五十一〈小說家類〉一著錄：

「《墨客揮犀》十卷，_{兵部侍郎紀昀家藏本。}宋彭乘撰。案北宋有兩彭乘。一爲華陽人，眞宗時進士，官至翰林學士，《宋史》有傳。其作此書者則筠州高安人，史不載其仕履，故始末無可考見。書中稱嘗爲中書檢正。又稱至和中赴任邕州，而不言其爲何官。又自稱嘗至儋耳。其所論大抵推重蘇、黃，疑亦蜀黨中人也。陳振孫《書錄解題》載此書十卷，《續》十卷，稱不知撰人名氏。今本爲商濬刻入《稗海》者，卷首直題彭乘姓名，蓋以書中所自稱名爲據。而止有十卷，則已佚其《續集》矣。書中如『陳瑩中言後苑牧猴屯』諸條，惠洪所作《冷齋夜話》亦載之，皆全同其文，不易一字。惠洪本高安彭氏子，與同族，應顯相蹈襲。若此又如『魏舒詣野店』、『張華博物』、『傅融有三子』諸條，皆全錄《晉書》、《北魏》書原文，別無考證，亦不相類。疑原本殘闕，後人又有所竄入。然於宋代遺聞軼事，以及詩話文評，徵引詳洽，存之頗資參考焉。」足資參證。

搜神秘覽三卷

《搜神秘覽》三卷，京兆章炳文叔虎撰。

廣棪案：《宋史》卷二百六〈志〉第一百五十九〈藝文〉五〈子類‧小說類〉著錄：「章炳文《搜神秘覽》三卷。」與此同。炳文，《宋史》無傳，生平無可考。《宋史》卷二百五〈志〉第一五十八〈藝文〉四〈子類‧農家類〉另著錄：「章炳文《墅源茶錄》一卷。」

石林燕語十卷

《石林燕語》十卷，葉夢得少蘊撰。宣和五年所作也。

廣棪案：《四庫全書總目》卷一百二十一〈子部〉三十一〈雜家類〉五著錄：「《石林燕語》十卷、《考異》一卷，《永樂大典》本。宋葉夢得撰。夢得有《春秋傳》，已著錄。夢得爲紹聖舊人，徽宗時嘗司綸誥，於朝章國典，夙所究心。故是書纂述舊聞，皆有關當時掌故，於官制科目，言之尤詳，頗足以補史傳之闕。與宋敏求《春明退朝錄》、徐度《卻掃編》可相表裏。陳振孫《書錄解題》謂其書成於宣和五年。然其中論『館伴遼使』一條，稱建炎三年；又論『宰相』一條，謂『自元祐五年至今紹興六年』，則書成於南渡之後，振孫之說未核矣。」足資參考。夢得，《宋史》卷四百四十五〈列傳〉第二百四〈文苑〉七有傳。

燕語考異十卷

《燕語考異》十卷，成都宇文紹奕撰。舊聞汪玉山嘗辨駁《燕語》之誤，而未之見也。

廣棪案：《四庫全書總目》卷一百二十一〈子部〉三十一〈雜家類〉「《石林燕語》十卷、《考異》一卷」條曾論及汪應辰《石林燕語辨》及宇文紹奕《石林燕語考異》，曰：「夢得當南北宋閒，戈甲倥惚，圖籍散佚，或有記憶失真，考據未詳之處。故汪應辰嘗作《石林燕語辨》，而成都宇文紹奕案紹奕始末無考，嘉定中有樞密使宇文紹節，疑其昆弟。亦作《考異》以糾之。應辰之書，陳振孫已稱未見。蓋宋末傳本即稀，僅《儒學警悟》案《儒學警悟》亦南宋書，不著撰人姓氏。閒引數條，與紹奕《考異》同，散見《永樂大典》中。然寥寥無幾，難以成編。惟紹奕之書尚可裒集，謹蒐採考校，各附夢得書本條之下。雖其閒傳聞年月之訛，繕寫字畫之誤，一一毛舉，或不免有意吹求，頗類劉炫之規杜預，吳縝之糾歐陽修。而援引舊文，辨駁詳確者十之八九。是一朝故事，得夢得之書而梗概具存，得紹奕之書而考證益密。二書相輔而行。於史學彌為裨矣。」可知二書之概況。應辰字聖錫，信州玉山人。故《解題》稱「汪玉山」，《宋史》卷三百八十七〈列傳〉第一百四十六有傳。宇文紹奕，《宋史》無傳。《宋人傳記資料索引》載：「宇文紹奕，字卷臣，一作袞臣，成都雙流人，時中從孫。博雅好古，以承議郎通判劍州，民間乏食，親行山谷，隨時措置，皆有條理。守臨邛、廣漢，有能名。以謗黜。有《原隸》、《臨邛志》、《石林燕語考異》。」可資參考。

玉澗雜書十卷

《玉澗雜書》十卷，葉夢得撰。考其中所記，亦當在宣和時所作。玉澗者，石林山居澗水名也。

廣棪案：《北京圖書館古籍善本書目·子部·雜家類》著錄：「《玉澗雜書》一卷，宋葉夢得撰。清宣統元年葉德輝觀古堂刻《石林遺書》本，傅增湘校並跋。一冊，十一行、二十二字，黑口左右雙邊。」葉德輝嘗撰〈重刊玉澗雜書序〉，曰：「吾家石林公所著《玉澗雜書》十卷，陳振孫《直齋書錄解題》、馬端臨《文獻通考·經籍考》均載之。《通考》本之陳《錄》，故卷數相同。大約其書亡於元、明閒，凡明以來藏書家書目均無其名，即當時雜家小書，亦未見其稱

引，惟陶南村《說郛》中有一卷，凡十七條，明人刻《五朝小說》，列入〈宋家小說〉中。山陰祁承㸁《淡生堂書目》著錄亦一卷，分載《說郛》子目之下，至今所傳僅此一卷本，非如《石林燕語》、《避暑錄話》、《巖下放言》，多有明人傳刻也。公文章爲南北宋關鍵，至所爲說部雜記，則山水之音、詩書之氣，時時溢於楮翰之間。是書雖所存無多，尤可見其梗概。南村刻書，多節刪以求簡便，頗爲通人所譏，而此書則幸賴其收存，異於公他書之一字不傳者。道、咸中，家調笙先生刻公諸書，獨遺此種，余亟傳之，以存公佚書之萬一。斷珪殘璧，龍鱗鳳毛，世未以其不全而棄之，而況文字之精神，固有萬劫不磨者在焉。然則余刻是書，豈僅表揚先德也耶！宣統元年己酉九月下澣之六日，裔孫德輝序。」可供參考。

巖下放言一卷

《巖下放言》一卷，葉夢得撰。休致後所作。

廣棪案：《四庫全書總目》卷一百二十一〈子部〉三十一〈雜家類〉五著錄：「《巖下放言》三卷，_{兩淮鹽政採進本}。宋葉夢得撰。其自崇慶節度使致仕退居卞山時作也。陳振孫《書錄解題》作一卷。此本乃三卷，疑振孫書爲傳刻之訛。又明商維濬《稗海》中別有《蒙齋筆談》二卷，題曰湘山鄭景望撰。其文全與此同，但刪去數十條耳。厲鶚作《宋詩紀事》，稱景望爲元豐、元祐閒人，所錄景望《穎川》一詩，亦即此書之所載。此書舊無刻本，或疑其即剽取景望書而作。然考書中稱先祖魏公，又稱余紹聖閒春試不第；又稱大觀初余適在翰林；又稱在穎州時，初自翰林免官；又稱余守許昌時，洛中方營西內；又稱遭錢塘兵亂；又稱余鎮福唐；又稱出入兵閒十餘年，所將數十萬；又稱余頃罷鎮建康。所述仕履，皆與夢得本傳相合。又稱嘗撰《老子解》、《論語釋言》二書。今考《書錄解題‧論語類》有葉夢得《論語釋言》十卷；〈道家類〉中有葉夢得《老子解》二卷，併所載《老子解》中『生之徒十有三，死之徒十有三，本韓非子之說，以爲四支九竅』云云。亦與此書相符。然則爲《蒙齋筆談》剽此書而作，非此書剽《蒙齋筆談》而作，確有明證。商維濬、厲鶚蓋皆誤信僞書，考之未審矣。夢得老而歸田，耽心二氏，書中所述，多提倡釋、老之旨。沈作喆、王宗傳、楊簡等之以禪說《易》，實萌芽於此，殊不可以立訓。然夢得學問博洽，又多知故事。其所記錄，亦頗有可採。宋人舊帙，姑存以備一家焉。」足資參證。

柏臺雜著一卷

《柏臺雜著》一卷，石公弼撰。公弼本名公輔，改賜今名。為御史攻蔡京甚力，竟坐深文謫死。然本傳言其議論反覆，非純正者。

    廣棪案：此書無可考。公弼，《宋史》卷三百四十八〈列傳〉第一百七有傳。謂：「公弼初名公輔，徽宗以與楊公輔同名，改爲公弼。」其〈傳〉記其攻蔡京甚詳。《宋人傳記資料索引》載：「石公弼，初名公輔，字國佐，越州新昌人，景衡子。元祐六年進士；大觀中，累官御史中丞，劾蔡京罪惡，章數十上，始罷京。及劉逵主國柄，公弼復論其廢紹述良法，啓用元祐邪黨學術，人頗以是譏之。進兵部尚書，以樞密直學士知襄州。京再輔政，謫台州安置。遇赦歸，卒。」可知其生平梗概。至《解題》謂「本傳言其議論反覆，非純正者」，殆指公弼論劉逵事。《宋史》公弼〈傳〉載：「及劉逵主國柄，公弼復論其廢紹述良法，啓用元祐邪黨學術，人以是知其非一意於正者。」即記此事。元修《宋史》公弼〈傳〉，當據宋修本傳。

紺珠集十二卷

《紺珠集》十二卷，館臣案：《文獻通考》作十三卷。 廣棪案：盧校注：「晁〈志〉十三卷。」〈宋志〉同。朱勝非鈔諸家傳記、小說，視曾慥《類說》為略。

    廣棪案：《郡齋讀書志》卷第十三〈小說類〉著錄：「《紺珠集》十三卷。右皇朝朱勝非編百家小說成此書。舊說張燕公有紺珠，見之則能記事不忘，故以爲名。」《四庫全書總目》卷一百二十三〈子部〉三十三〈雜家類〉七著錄：「《紺珠集》十三卷，內府藏本。不著編輯者名氏。案晁公武《郡齋讀書志》載有《紺珠集》十三卷，稱爲『朱勝非編百家小說而成。以舊說張燕公有紺珠，見之則能記事不忘，故以爲名』。其所言體例、卷數皆與今本相合。則此書當爲勝非所撰。然書首有紹興丁巳灌陽令王宗哲〈序〉，稱『《紺珠集》不知起自何代，建陽詹寺丞出鎮臨門，命之校勘，將鏤版以廣其傳』云云。考丁巳爲紹興七年，而《宋史》列傳勝非以紹興二年入相，既罷後，以五年起知湖州，後引疾歸，廢居八年而卒。是宗哲作〈序〉時，勝非方以故相里居，使此書果出其手，何至刊校之人俱不能詳知姓氏，於情理殊爲可疑。或公武所記有誤，未可知也。其書皆鈔撮說部，摘錄數語，分條件繫，以供獺祭之用，體例頗與曾慥《類說》相近。惟《類說》引書至二百六十一種，而此書祇一百三十七種，視慥書僅得其半。

然其去取頗有同異，未可偏廢。且其所見之書多爲古本，亦有足與世所行本互相參討者。如《方言》『奕僷容也』一條，今本註曰：「奕僷，皆輕麗之貌。』而此書則註云：「奕奕，僷僷。」又今本『私策纖僷僷杪小也』一條，此書引作『私、纖、稗、杪、策，少也』。證之下文，策字本次在杪字下，則此書所引爲長。蓋雖徵據叢雜，而旁見側出，其足資考證者亦多，固未可概以襞積譏之矣。」是紀昀疑此書非朱勝非編，又公武所記有誤也。孫猛《郡齋讀書志校證》曰：「《書錄解題》卷十一亦謂勝非撰，〈宋志〉卷五則云不知作者。明天順庚辰覆紹興丁巳本有王宗哲〈序〉，謂《紺珠集》不知起於何氏。《四庫總目》卷一二三以爲宗哲與勝非爲同時人，『使此書果出其手，何至刊校之人俱不能詳知姓氏，於情理殊爲可疑。或公武所記有誤，未可知也』。《善本書室藏書志》卷十九云：『晁氏藏書富，議論覈，似不當有誤，疑莫能明也。』按《書錄解題》卷六《時令類》『《秦中歲時記》』條嘗徵引此書，云：『朱藏一（勝非字藏一）《紺珠集》，曾端伯（慥字端伯）《類說》載此書，有杏園探花使、端午扇巾、歲除儺公儺母及太和八年無名子詩數事，今皆無之。』是此書之編者，仍以據《讀書志》與《解題》，歸之朱勝非名下爲合。」可供參考。

類說五十卷

《類說》五十卷，太府卿溫陵曾慥端伯撰。所編傳記小說，古今凡二百六十餘程。

廣棪案：《郡齋讀書志》卷第十三〈小說類〉著錄：「《類說》五十六卷。右皇朝曾慥編。其〈序〉云：『閒居銀峰，因集百家之說纂集成書，可以資治體，助名教，供談笑，廣聞見。』」《四庫全書總目》卷一百二十三〈子部〉三十三〈雜家類〉七著錄：「《類說》六十卷，兩江總督採進本。宋曾慥編。慥字端伯，晉江人。官至尚書郎，直寶文閣。奉祠家居，撰述甚富。此乃其僑寓銀峰時所作，成於紹興六年。取自漢以來百家小說，採掇事實，編纂成書。其二十五卷以前爲前集。二十六卷以後爲後集。其或摘錄稍繁，卷帙太鉅者，則又分析子卷，以便檢閱。書初出時，麻沙書坊嘗有刊本，後其版亡佚。寶慶丙戌，葉時爲建安守，爲重鋟置於郡齋，今亦不可復見。世所傳本，則又明人所重刻也。其書體例，略仿馬總《意林》，每一書各刪削原文，而取其奇麗之語，仍存原目於條首。但總所取者甚簡，此所取者差寬，爲稍不同耳。南宋之初，古籍多存，慥又精於裁鑒，故所甄錄，大都遺文僻典，可以裨助多聞。又每書雖經節錄，其

存於今者，以原本相校，未嘗改竄一詞。如李繁《鄴侯家傳》下有註云：『繁於泌皆稱先公，今改作泌』云云。即一字之際，猶詳慎不苟如此。可見宋時風俗近古，非明人逞臆妄改者所可同日語矣。」均足資參證。惟此書卷數，各書著錄顯有不同。孫猛《郡齋讀書志校證》考之曰：「《類說》五十六卷，袁本作『《類記》六十卷』；臥雲本、〈經籍考〉卷四十四作『《類說》五十卷』。按《書錄解題》卷十一、〈宋志〉卷六〈類事類〉皆同臥雲本。諸家書目著錄有五十卷者，如《愛日精廬藏書志》卷二十五有舊鈔本、《鐵琴銅劍樓藏書目錄》卷十六有舊鈔本，《郘園讀書志》卷六有明配元鈔本，其源蓋出寶慶丙戌葉時郡齋本；又有作六十卷者，如明天啓六年岳鍾秀刊本、《四庫總目》卷一二三著錄本，《儀顧堂續跋》卷十又有宋建陽麻沙清思軒刊本五十卷，陸氏詳計篇目，實六十四卷。《愛日精鐘藏書志》卷二十五另有宋刊殘本，云〈自序〉『編纂成書』下，直接『名曰《類說》』，無『分五十卷』四字，則愷之原本，本不分卷，瞿氏亦云。據此，愷書分卷殆出後人之手，故諸目著錄參差如此。袁本『記』當『說』之誤。」可供參考。

春渚紀聞十卷

《春渚紀聞》十卷，浦城何薳撰。自號寒青^{廣枚案：《文獻通考》作「韓青」。盧校注：「『寒青』，今書作『韓青』。」}老農。東坡所薦武學博士曰去非者，其父也。

　　廣枚案：《宋史》卷二百五〈志〉第一百五十八〈藝文〉四〈子類·雜家類〉著錄：「何薳《春渚記聞》十三卷。」著錄卷數與《解題》不同。《四庫全書總目》卷一百二十一〈子部〉三十一〈雜家類〉五著錄：「《春渚紀聞》」十卷，_{江西巡撫採進本}。宋何薳撰。薳，浦城人，自號韓青老農。其書分〈雜記〉五卷、〈東坡事實〉一卷、〈詩詞事略〉一卷。雜書琴事附〈墨說〉一卷、〈記研〉一卷、〈記丹藥〉一卷。明陳繼儒《秘笈》所刊僅前五卷，乃姚士粦得於沈虎臣者。後毛晉得舊本，補其脫遺，始爲完書，即此本也。薳父曰去非，嘗以蘇軾薦得官，故記軾事特詳。其〈雜記〉多引仙鬼報應，兼及瑣事。如稱劉仲甫弈棋無敵，又記祝不疑勝之。兩條自相矛盾，殊爲不檢。又蔡絛《鐵圍山叢談》稱前以弈勝仲甫者爲王憨子，後以弈勝仲甫者爲晉士明。與祝不疑之說亦不合，殆傳聞異詞歟？張有爲張先之孫，所作《復古編》今尚有傳本，而此書乃作章有。則或傳寫之訛，非薳之舊也。」足資參證。薳及其父去非，《宋史》均無傳。惟王洋《東牟集》卷十四〈墓誌〉有〈隱士何君墓誌〉，所記薳父子生平事蹟頗詳，

中云：「豐畜不施，令聞不馳，德昭而夷微，塗其生而匱其死，有人哉！富春樵隱何君名藎，字子楚，本建安人，博士正通中子也。博士諱去非，正通字也。以儒業起家，既中科選，又好談古兵法，爲人廉勁踔悍，書無所不讀，自墳典、傳訓、繫史、子記、以至天文、地理、陰陽、術數、山川、蟲魚、草木，詭異之說，莫不誦曉。眉山蘇公嘗薦之，曰：『伏見何去非文章論議，實有過人；筆勢雄捷，得楚漢間風力。』元豐中，先帝覽去非廷策，異之：使教授武學，不久遂爲博士。今出之徐州，乃以左遷乞除一館職，以彰先帝知人之明。一經題目，決無虛士，由是士知正道者益眾。嘗代侯公說項羽設辭，雜眉山書中，蘇公見之弗拒也。卒於通判滄州，世多惜之。死葬富陽縣韓青谷，以嘗令富陽，而民懷之也。君少嗜學，盡得父書；又以父子世名蘇氏，凡蘇公遺文、刀筆、題誌、小辯、雜說，巧發弄語，無不收誦，縱橫用之而不知。本家貧，不肯拘局以謀進取，去來泛泊，率無常棲，晚乃卜築韓青，以保先塋。生所至，必得名客勝士與之定交，觸行辯發，旁採捷出，探度物象，咀其英華，吳中人士翕然好之。」觀是，則藎應自號「韓青老農」，《解題》作「寒青」，誤也。

曲洧舊聞一卷、雜書一卷、骫骳說一卷

《曲洧舊聞》一卷、《雜書》一卷、《骫骳說》一卷，直秘閣新安朱弁少章撰。弁於晦應爲從父，建炎丁未使金，留十七年，既歸而卒。《骫骳說》，以續晁无咎《詞話》，而晁書未見。

廣棪案：弁，《宋史》卷三百七十三〈列傳〉第一百三十二有傳，記其使金事蹟甚詳。其〈傳〉又載：「弁爲文慕陸宣公，援據淹博，曲盡事理。詩學李義山，詞氣雍容，不蹈其險怪奇澀之弊。金國名王貴人多遣子弟就學，弁因文字往來，說以和好之利。及歸，述北方所見聞忠臣義士朱昭、史抗、張忠輔、高景平、孫益、孫谷、傅偉文、李舟、五臺僧寶眞、婦人丁氏、晏氏、小校閻進、朱勣等死節事，請加褒錄，以勸來者。有《聘遊集》四十二卷、《書解》十卷、《曲洧舊聞》三卷、《續骫骳說》一卷、《雜書》一卷、《風月堂詩話》三卷、《新鄭舊詩》一卷、《南歸詩文》一卷。」是弁所撰者，固不止《曲洧舊聞》等三書也。

《曲洧舊聞》，《解題》作一卷，《宋史》弁本傳作三卷，而《四庫全書總目》著錄則作十卷。該書卷一百二十一〈子部〉三十一〈雜家類〉五著錄：「《曲洧舊聞》十卷，浙江汪汝瑮家藏本。宋朱弁撰。弁字少章，朱子之從父也。事蹟具《宋史》本傳。《文獻通考》載弁《曲洧舊聞》一卷、《雜書》一卷、《骫骳說》一卷。

此本獨《曲洧舊聞》已十卷。然此本從宋槧影鈔，每卷末皆有『臨安府太廟前尹家書籍鋪刊』字。又惇字避光宗諱，皆闕筆。蓋南宋舊刻，不應有誤。必《通考》訛十卷爲一卷也。案弁以建炎丁未使金被留，越十七年乃歸。而書中有臘月八日清涼山見佛光事，云歲在甲寅。又記祕魔巖事，其地在燕京。又記其友述定光佛語云。俘囚十年，則書當作於留金時。然皆追述北宋遺事，無一語及金，故曰《舊聞》。《通考》列之〈小說家〉。今考其書惟神怪諧謔數條不脫小說之體，其餘則多記當時祖宗盛德及諸名臣言行。而於王安石之變法，蔡京之紹述，分朋角立之故，言之尤詳。蓋意在申明北宋一代興衰治亂之由，深於史事有補，實非小說家流也。惟其中閒及詩話、文評及諸考證，不名一格，不可目以雜史，故今改入之〈雜家類〉焉。」是《曲洧舊聞》應作十卷，《解題》作一卷，疑誤。

南游記舊一卷

《南游記舊》一卷，曾紆公袞撰。

　　廣棪案：紆，《宋史翼》卷二十六〈列傳〉第二十六〈文苑〉一有傳。《宋人傳記資料索引》載：「曾紆（1073-1135），字公袞，一作公卷，晚自稱空青老人，南豐人，布第四子。初以蔭補官，紹聖中復中弘詞科，坐黨籍，貶零陵。紹興初，除直顯謨閣。歷知撫、信、衢三州，上書辨說宣仁后誣謗，士論韙之。官終直寶文閣。紹興五年卒，年六十三。有《空青集》十卷。」《宋史翼》本傳曰：「紆才高識明，博極書史。其謫永州也，黃庭堅魯直得其詩而愛之，手書於扇。紆之叔父肇，不妄許可人，嘗曰：『文章得天才，當省學問之半，吾文力學至此耳。吾家阿紆所得，超然未易量也。』故詩文每出，人爭誦之。篆、隸、行、艸，沈著痛快，得古人用筆意。《浮溪集‧曾公墓誌》。著有《空青遺文》十卷。」惟未載此書。

翰墨叢紀五卷

《翰墨叢紀》五卷，樞密睢陽滕康子濟撰。

　　廣棪案：康，《宋史》卷三百七十五〈列傳〉第一百三十四有傳。《宋人傳記資料索引》載：「滕康（1085-1132），字子濟，應天府采城人。崇寧五年進士，政和三年舉詞學兼茂，累官中書舍人。高宗即位，屢上封事，擢端明殿學士，同

簽書樞密院事，坐事貶永州，改提舉明道宮。紹興二年九月卒，年四十八。有
《文集》。」未著錄此書。睢陽，即應天府宋城，今河南商丘縣南。

鐵圍山叢談五卷

《鐵圍山叢談》五卷，蔡絛撰。謫鬱林博白時所作。

　　廣棪案：《四庫全書總目》卷一百四十一〈子部〉五十一〈小說家類〉二著錄：
「《鐵圍山叢談》六卷，浙江鮑士恭家藏本。宋蔡絛撰。絛字約之，自號百衲居
士，興化仙遊人。蔡京之季子也。官至徽猷閣待制。京敗，流白州以死。《宋史》
附載〈京傳〉末。稱宣和六年京再起領三省，目昏眊不能視事，悉決於絛。凡
京所判，皆絛為之。且代京入奏，由是恣為姦利，竊弄威柄。宰臣白時中、李
邦彥惟奉行文書，其罪蓋與京等。曾敏行《獨醒雜志》則載絛作《西清詩話》，
多稱引蘇、黃諸人，竟以崇尙元祐之學，為言者論列。蓋雖盜權怙勢，而知博
風雅之名者。陳振孫《書錄解題》稱《西清詩話》乃絛使其客為之。殆以蔡攸
領袖書局，懵不知學，為物論所不歸，故疑絛所著作亦出假手。然此書作於竄
逐之後，黨羽解散，誰與捉刀。而敘述舊聞，具有文采。則謂之驕恣紈袴則可，
不能謂之不知書也。書中稱高宗為今上。『謝石相字』一條，稱『中原傾覆後二
十一年』，為紹興十七年。『徽宗買茴香』一條，『中興歲戊辰』，為紹興十八年。
又趙鼎卒於紹興十七年，而此書記鼎卒後王趯坐調護鼎被劾罷官，過白州見絛
之事。是南渡後二十餘年尙謫居無恙，亦可云倖逃顯戮矣。絛所作《北征紀實》
二卷，述伐燕之事，陳振孫謂其歸罪童貫、蔡攸，為蔡京文飾。此書所敘京事，
亦往往如是。如史稱京患言者議己，作御筆密進，乞徽宗親書以降。絛則稱政
和三、四年上自攬權綱，政歸九重，皆以御筆從事。史稱京由童貫以進，又稱
宦官過之不得，更反折角。史稱范祖禹、劉安世皆因京遠竄。絛則謂京欲復安
世及陳瓘而不能，己則與祖禹子溫最相契。其巧為彌縫，大抵類此。惟於其兄
攸無恕詞，蓋以攸嘗劾絛，又請京殺絛故也。至於元祐黨籍，不置一語，詞氣
之間，頗與其父異趣。於三蘇尤極意推崇，而『丁仙現』一條，乃深詆王安石
新法，則仍其《西清詩話》之旨也。他如述九璽之源流，元圭之形製，九鼎之
鑄造，三館之建置，大晟樂之宮律，及徽宗五改年號之義，公主初改帝嬴，後
改帝姬之故，《宣和書譜》、《畫譜》、《博古圖》之緣起，記所目睹，皆較他書為
詳核。以及辨禁中無六更之例，宮花有三等之別，俗諺包彈之始，粵人雞卜之
法，諸葛氏筆，張滋墨，米芾研山，大觀端研，玻璃母，龍涎香，薔薇水，沈

水香，合浦珠，鎮庫帶，藕絲鐙，百衲琴，建溪茶，姚黃花諸條，皆足以資考證，廣異聞。又如陳師道《後山詩話》稱蘇軾詞如教坊雷大使舞，諸家引爲故實，而不知雷爲何人。觀此書，乃知爲雷中慶，宣和中以善舞隸教坊。《三經新義》宋人皆稱王安石。觀此書，乃知惟《周禮》爲安石親筆，《詩》、《書》二經實出王雱。又徽宗繪事世稱絕藝。觀此書，乃知皆畫院供奉代爲染寫，非眞自作，尤歷來賞鑒家所未言。其人雖不足道，以其書論之，亦說部中之佳本矣。《文獻通考》作五卷，此本實六卷，《通考》爲傳寫之誤歟？」足資參證。

萍洲可談三卷

《萍洲可談》三卷，吳興朱彧無彧撰。中書舍人服行中之子。宣和元年序。萍洲老圃，其自號也，在黃州，蓋其喬廣桉案：「喬」應作「僑」。寓之地，事見《齊安志》。而「彧」作「彧」，字無惑，未詳孰是。

廣桉案：《宋史》卷二百六〈志〉第一百五十九〈藝文〉五〈子類・小說類〉著錄：「朱無惑《萍洲可談》三卷。」是彧字作「無惑」。《四庫全書總目》卷一百四十一〈子部〉五十一〈小說家類〉著錄：「《萍洲可談》三卷，《永樂大典》本。宋朱彧撰。彧字無惑，烏程人。是書《文獻通考》著錄三卷。而左圭刻入《百川學海》，陳繼儒刻入《祕笈》者，均止五十餘條，不盈一卷。陶宗儀《說郛》所錄更屬寥寥。蓋其本久佚，圭等特於諸書所引，掇拾殘文，以存其概，皆未及睹三卷之本也。惟《永樂大典》徵引頗繁，裒而輯之，尚可復得三卷。謹排纂成編，以還其舊。雖散佚之餘，重爲綴緝，未必毫髮無遺。然較左、陳諸家所刊，幾贏四倍。約略核計，已得其十之八九矣。彧之父服，元豐中以直龍圖閣歷知萊、潤諸州。紹聖中嘗奉命使遼，後又爲廣州帥。故彧是書多述其父之所見聞，而於廣州蕃坊市舶，言之尤詳。考之《宋史》，服雖坐與蘇軾交遊貶官，然實非元祐之黨。嘗有隙於蘇轍，而比附於舒亶、呂惠卿。故彧作是書，於二蘇頗有微詞，而於亶與惠卿則往往曲爲解釋。甚至元祐垂簾，有政由帷箔之語。蓋欲回護其父，不得不回護其父黨，既回護父黨，遂不得不尊紹聖之政而薄元祐之人。與蔡絛《鐵圍山叢談》同一用意，殊乖是非之公。然自此數條以外，所記土俗民風、朝章國典，皆頗足以資考證。即軼聞瑣事，亦往往有裨勸戒，較他小說之侈神怪，肆詼嘲，徒供談噱之用者，猶有取焉。」足資參證。服字行中，湖州烏程人。《宋史》卷三百四十七〈列傳〉第一百六有傳。哲宗元祐時，召爲中書舍人。彧，生平無可考。

硯岡筆志二卷

《硯岡筆志》一卷，唐稷撰。自號硯岡居士。

　　廣棪案：《宋史》卷二百五〈志〉第一百五十八〈子類・雜家類〉著錄：「唐稷
　　《硯岡筆志》一卷。」著錄與此同。稷，《宋史》無傳，胡銓《澹庵集》卷二十
　　五〈墓誌銘〉有〈編修唐君墓誌銘〉，記其生平事蹟甚詳。《宋人傳記資料索引》
　　載：「唐稷（1088-1163），字堯弼，贛州會昌人，徙居雩陽硯岡，自號硯岡居士。
　　政和二年進士，授撫州宜黃縣丞，遷知江陵府監利縣。宣和五年授潮州司士曹
　　事，於冤獄多所平反。建炎三年，擢江西運判官，紹興十年差諸王宮大小學教
　　授，除樞密院編修官。後歷任湖南、湖北、江西諸路安撫司主管機宜文字，得
　　祠歸。隆興元年卒，年七十六。有《硯岡集》五十二卷。」可知其梗概。

泊宅編十卷

《泊宅編》十卷，方勺仁聲撰。泊宅在烏程，相傳張志和泊舟浮家泛宅之所，
勺買田卜築，號泊宅翁。本嚴瀨人。

　　廣棪案：《宋史》卷二百六〈志〉第一百五十八〈藝文〉五〈子類・小說類〉著
　　錄：「方勺《泊宅編》十卷。」著錄與此同。《四庫全書總目》卷一百四十一〈子
　　部〉五十一〈小說家類〉二著錄：「《泊宅編》三卷，內府藏本。宋方勺撰。勺
　　有《青溪寇軌》，已著錄。勺家本婺州，後徙居湖州之西溪。湖有張志和泊舟處，
　　後人以志和有泛宅浮家之語，謂之泊宅村。勺寓其閒，因自號泊宅村翁。是編
　　蓋即是時所作也。《宋史・藝文志》載勺《泊宅編》十卷。此本僅三卷，乃商濬
　　載入《稗海》者。明人傳刻古書，每多臆為竄亂，今無別本可校，不知其為原
　　帙否矣。所載皆元祐迄政和閒朝野舊事，於王安石、張商英輩皆有不滿之詞，
　　蓋亦公論。至宗澤乃其鄉里，而徽宗時功名未盛，故勺頗譏其好殺，則是非未
　　必盡允。又袁文《甕牖閒評》據《欽宗實錄》，知欽宗即位之日，王黼入賀，已
　　敕閤門使勿納，即貶崇信軍節度使，賜死於路。而勺乃記其有從幸龍德宮獻詩，
　　識者指以為讖事，則記載亦或失實。然其閒遺聞軼事，掇拾甚多，亦考古者所
　　不廢。書中閒有附註，如『教授誤據建版坤為金』一條，言不欲顯其姓名，而
　　條下註曰：『姚祐尚書也。』又『秦觀贈妓陶心詞』一條，條下註曰：『此乃誤
　　記東坡詞。』云云，似非勺之自註。然詳其詞氣，當亦宋人筆也。」可資參證。
　　勺，《宋史翼》卷三十六〈列傳〉第三十六〈隱逸〉有傳，曰：「方勺字仁聲，

金華人。潘良貴稱其超然遐舉,神情散朗,如晉末間高士。其詩文雄深雅健,追古作者。《萬歷金華府志》。喜交當世名士,士亦樂從之游。《建康集》。寓烏程泊宅村。閱金石遺文,昔張志和浮家泛宅,往來苕、霅間,此乃志和泊舟之所也。《泊宅編》。號泊宅翁。扁舟苕、霅之上,興之所至,輒悠然忘歸。著《泊宅編》。洪興祖〈泊宅編序〉。徙西溪,因誦杜子美詩,至『何時一茅屋,送老白雲邊』,欣然以為與其意合,乃名其居曰雲茅庵,因東岡為小亭,號茅墩。欲傍溪開水檻,久無資,會郡守有饋之酒五十壺,不飲,逛易之,乃克成。平生詩文甚多,隨手散去,著有《雲茅漫錄》。《建康集》。」可知其生平概況。

卻掃編三卷

《卻掃編》三卷,吏部侍郎睢陽徐度敦立撰。

　　廣校案:《讀書附志》卷上〈雜說類〉著錄:「《卻掃編》三卷。右睢陽徐度所著也。度,字中立,丞相處仁之子。嘗為吏部侍郎。」《宋史》卷二百三〈志〉第一百五十六〈藝文〉二〈史類·傳記類〉著錄·「徐虔《卻掃編》三卷。」是主讀書附志》作「字中立」及〈宋志〉作「徐虔」,均誤。《四庫全書總目》卷一百二十一〈子部〉三十一〈雜家類〉五著錄:「《卻掃編》三卷,河南巡撫採進本。宋徐度撰。度字敦立,穀熟人。南渡後官至吏部侍郎。書中屢稱先公,蓋其父處仁,靖康中嘗知政事,故家遺俗俱有傳聞。故此編所紀,皆國家典章、前賢逸事,深有裨於史學。陸游《渭南集》有是書〈跋〉曰:『此書之作,敦立猶少年,故大抵無紹興以後事。』蓋其書成於高宗初年也。王明清《揮麈後錄》載明清訪度於霅川,度與考定創置右府,與揆路議政,分合因革,筆於是書。又載其論《哲宗實錄》及論秦檜刊削《建炎航海以後日歷》、《起居注》、《時政記》諸書二事,則度之究心史學,可以概見。至謂《新唐書》載事倍於《舊書》,皆取小說,因欲史官博採異聞,則未免失之泛溢。此書上卷載『葉夢得所記俚語』一條,中卷載『王鼎嘲謔』一條,下卷載『翟巽詼諧』一條。為例不純,自穢其書,是亦嗜博之一證矣。然大致纂述舊聞,足資掌故,與《揮麈》諸錄,《石林燕語》可以鼎立。而文簡於王,事核於葉,則似較二家為勝焉。」可供參考。度,《宋史》無傳。《宋元學案》卷二十七〈和靖學案〉「侍郎徐惇立先生度」條載:「徐度,字惇立,睢陽人,太宰處仁子也。太宰在政府,晚譽不終,先生獨刻意為學。嘗問和靖曰:『某有意于學,而未知所以為問。』和靖曰:『果有此意,歸而求之,有餘師。』又嘗以蘇氏『戰栗』之說為問,和靖怫然曰:『訓經

而欲新奇，則亦何所不至矣。』先生官至吏部侍郎，寓居吳興之弁山，嘗與汪
文定公謨上光堯尊號，長于典故之學。雲濛謹案：『先生嘗著《卻掃編》三卷，陸
放翁《劍南集》有是書跋語。』梓材謹案：『先生又有《國記》五十八卷，陳直齋曰：
「其書詳明，頗得中，而不大行于世。鄞學有魏邸舊書，傳得之。」是吾鄞藏書之最
先者。』」可知其生平及治學梗概。

聞燕常談三卷

《聞燕常談》三卷，董弅令升撰。取士相與談仁義於閒燕之義。

　　廣棪案：董弅，或作董棻，逌之子。《宋史翼》卷二十七〈列傳〉第二十七〈文
苑〉附〈董逌〉。〈逌傳〉載：「子棻字令升，……著有《廣川家學》二十卷、《燕
談》三卷。《直齋書錄解題》。」所載《燕談》三卷，即此書也。閒燕者，休息之
時也。《續資治通鑑》：「宋哲宗元祐六年甲寅，王巖叟言：『秋氣已涼，陛下閒
燕之中，足以留意經史。』《續通鑑》「閒燕」之取義與弅書同。

唐語林八卷

《唐語林》八卷，長安王讜正甫撰。以唐小說五十家，倣《世說》分門三十
五，又益十七，為五十二門。《中興書目》十一卷，而闕〈記事〉以下十五門；
又云一本八卷。今本亦止八卷，而門目皆不闕。

　　廣棪案：《郡齋讀書志》卷第十三〈小說類〉著錄：「《唐語林》十卷。右未詳撰
人。效《世說》體分門，記唐世名言，新增〈嗜好〉等十七門，餘皆仍舊。」
是此書晁〈志〉作十卷，而謂「未詳撰人」。《宋史》卷二百六〈志〉第一百五
十九〈藝文〉五〈小說類〉著錄：「王讜《唐語林》十一卷。」則與《中興館閣
書目》著錄同。《四庫全書總目》卷一百四十一〈子部〉五十一〈小說家類〉二
著錄：「《唐語林》八卷，《永樂大典》本。宋王讜撰。陳振孫《書錄解題》云：『長
安王讜正甫撰，以唐小說五十家，倣《世說》分三十五門，又益十七門為五十
二門。』晁公武《郡齋讀書志》云：『未詳撰人，效《世說》體，分門記唐世名
言，新增〈嗜好〉等十七門，餘皆仍舊。』馬端臨〈經籍考〉引陳氏之言，入
〈小說家〉。又引晁氏之言，入〈雜家〉。兩門互見，實一書也。惟陳氏作八卷，
晁氏作十卷，其數不合。然陳氏又云：『《館閣書目》十一卷，闕〈記事〉以下
十五門。另一本亦止八卷，而門目皆不闕。』蓋傳寫分併，故兩本不同耳。讜

之名不見史傳。考書中『裴佶』一條，佶字空格，註云御名。宋惟徽宗諱佶，
則謚爲崇寧、大觀閒人矣。是書雖倣《世說》，而所紀典章故實、嘉言懿行，多
與正史相發明，視劉義慶之專尙清談者不同。且所採諸書，存者亦少。其裒集
之功，尤不可沒。」足資參證。

道山青話一卷

《道山青話》一卷，^{廣棪案：《文獻通考》作「清」，盧校本同。}不知何人。〈跋〉語
稱：「大父國史在館閣久，多識前輩，著《館祕錄》、^{廣棪案：盧校本「館」下加}
「閣」字。《曝書記》，與此而三，兵火散失。近得此書於曾仲存家。」末題朝
奉大夫暐，亦不著姓。

廣棪案：《四庫全書總目》卷一百四十一〈子部〉五十一〈小說家類〉二著錄：
「《道山清話》一卷，^{內府藏本。}不著撰人名氏。《說郛》摘其數條刻之，題曰
宋王暐。案書末有暐〈跋語〉云：『先大父國史在館閣最久，多識前輩，嘗以聞
見著《館祕錄》、《曝書記》，並此書爲三。仍歲兵火，散失不存。近方得此書於
南豐曾仲存家，因手鈔藏，示子孫。』後題『建炎四年庚戌、孫朝奉大夫主管
亳州明道宮、賜紫金魚袋暐書』。則撰此書者乃暐之祖，非暐也。周輝《清波雜
志》稱：『〈成都富春坊火詩〉，乃洛中名德之後，號道山公子者所作。』亦不言
其姓氏。書中記元祐五年，其父爲賀遼國正旦使，論范純仁、呂公著事，歸奏
哲宗。哲宗命寄書純仁。後純仁再相，哲宗問曾見李某書否？則撰此書者李姓，
非王姓也。然考李燾《通鑑長編》，是年八月庚戌命吏部郎中蘇注、戶都郎中劉
昱爲正旦使，供備庫使郭宗顏、西京左藏庫副使畢可濟副之。後郭宗顏病，改
遣西頭供奉官閣門陸孝立，無李姓者在其閒。而所稱去年范純仁出守穎昌，呂
公著卒於位事。考二人本傳，均在元祐四年。則五年字又不誤，不審其何故也。
或蘇字、劉字，傳寫訛爲李歟？所記終於崇寧五年，則成書當在徽宗時。書中
頗詆王安石之姦，於伊川程子及劉摯亦不甚滿。惟記蘇、黃、晁、張交際議論
特詳。其爲蜀黨中人，固灼然可見矣。其書皆記當代雜事，王士禎《居易錄》
嘗譏其誤以兩張先爲一。今考《歐陽修集・張子野墓誌銘》、《蘇軾集・張子野
詩集跋》及〈定風波引〉，士禎之說信然。又所記陳彭年對眞宗墨智墨允出《春
秋少陽》事，稱上令祕閣取此書，既至，彭年令於第幾版尋檢，果得之云云。
其說頗誣。案《春秋少陽篇》，〈隋〉、〈唐志〉已不著錄，彭年安得見之，宋祕
閣又何自有之。今考皇侃《論語疏》、陸德明《經典釋文》、邢昺《論語疏》皆

引《春秋少陽》此條。其時尙未有焄《疏》,彭年所舉,非陸氏書,則皇氏書耳。
是則傳聞者失實,此書因而誤載也。」是則此書之撰人,或作王暐,或疑暐姓
李氏,又謂暐之祖所撰,莫衷一是。張宗泰《魯巖所學集》卷六〈三跋書錄解
題〉云:「《書錄解題》失考者亦復不一而足,……《道山清話》王暐撰,而云
不著姓。」是宗泰亦以此書爲王暐撰,惟宗泰之說誤,《四庫全書總目》早駁正
之矣。曾仲存,其人無可考。

復齋聞記四卷

《復齋聞記》四卷,承議郎歷陽龔相聖任撰。待制原之孫,頤正之父也。

廣棪案:相,《宋史》無傳,《宋元學案補遺》卷九十八〈荊公新學略補遺·龔
氏續傳〉「祕丞襲先生頤正父相」條載:「龔頤正字養正,本名敦頤,元祐黨人,
原之曾孫也。父相字聖任,知華亭縣,甚著聲績,遂家吳中。嘗著《符祐本末》
三十卷,又著《元祐黨籍三百九人列傳》,所佚者六人而已。淳熙末,洪丞相邁
領史院,奏授下州文學。光宗立,用薦歷宗正簿,遷樞密院編修官。嘉泰元年,
詔頤正學問該博,賜進士出身,兼實錄院檢討官,預修《光孝二宗實錄》,未幾
遷祕書丞,卒。周益公稱其博通史學,嫻於辭章。所著又有《中興忠義錄》三
卷、《續稽古錄》、《續釋常談》。《姑蘇志》。」是相乃頤正之父,原之孫也。原,
《宋史》卷三百五十三〈列傳〉第一百一十二有傳,其除寶文閣待制在徽宗時。
相撰此書,無可考。

鄞川志五卷

《鄞川志》五卷,中書舍人龍舒朱翌新仲撰。寓居四明,故曰鄞川。

廣棪案:《宋元學案補遺》卷二十二〈景迂學案補遺·景迂門人〉「祕監朱灊
山先生翌」條載:「朱翌字新仲,舒州灊川人,以太學賜第,初爲溧水簿。高
宗南渡,爲秘書監,屬預修《徽宗實錄》。時范元長沖領史局,先生刪潤功居
多。秦檜逐趙豐公鼎,先生以豐公黨,貶韶州,後召還,朝廷憫其饑寒,計
貶所四十年,衣俸悉予之。遂卜居鄞,嘗作信天緣堂。周益公必大論其詩似
杜牧之,而出處亦相類,號省事老人,文集四十卷。《延祐四明志》。」《宋史翼》
卷二十七〈列傳〉二十七〈文苑〉二〈朱翌〉載:「朱翌字新仲,鄞縣人,自
號灊山居士,漢桐鄉嗇夫邑之後,世家安慶之懷甯,晚卜居於鄞。父載,上

司農卿，嘗從蘇軾、黃庭堅遊。翌爲學淵源出晁說之，著作有《元祐遺風》。政和八年，年二十三，以太學生賜第。初任溧水主簿，爲江甯王彥昭幕官。高宗南渡，爲祕書監屬。建太學，載韓厥於祀典，皆翌發之。預修《徽宗實錄》，時范沖領史局，翌以文詞進，刪潤功居多。高宗屢獎之，歷官中書舍人，文采聲華，傾動一時。」是翌曾任中書舍人，而此書乃翌「晚卜居於郭」時作，惜書已佚。

窗間紀聞一卷

《窗間紀聞》一卷，稱陳子兼撰，未知何人。雜論詩文經傳，亦間述所聞事。
　　廣棪案：此書及撰人均無可考。

枕中記一卷

《枕中記》一卷，不著名氏。崇寧中人。所載多國初事。
　　廣棪案：程毅中《古小說簡目》載：「《枕中記》存。唐，沈既濟撰。《太平廣記》卷八二題作《呂翁》，出《異聞集》。亦見《文苑英華》卷八三三。《虞初志》、《唐人說薈》等署李泌撰，無據。李肇《國史補》下、房千里〈骰子選格序〉（《唐文粹》卷九四）均謂沈既濟撰。」是唐人沈既濟曾撰《枕中記》，惟與《解題》著錄者非同一書。

姚氏殘語一卷

《姚氏殘語》一卷，剡姚寬令威撰。又名《西溪叢話》，已版行。
　　廣棪案：《宋史》卷二百五〈志〉第一百五十八〈藝文〉四〈雜家類〉著錄：「姚寬《叢語》上、下三卷。」同書卷二百六〈志〉第一百五十九〈藝文〉五〈小說類〉著錄：「姚寬《西溪叢話》二卷。」二者應同屬一書，〈宋志〉重複著錄，一隸〈雜家類〉，另隸〈小說類〉，均作二卷，與《解題》著錄不同。《四庫全書總目》卷一百十八〈子部〉二十八〈雜家類〉二著錄：「《西溪叢語》三卷，江蘇巡撫採進本。宋姚寬撰。寬字令威，嵊縣人。父舜明，紹聖四年進士。南渡歷官戶部侍郎、徽猷閣待制。寬以父任補官，仕至權尚書戶部員外郎、樞密院編修官。其書多考證典籍之異同。如辨《文選·神女賦》

玉字爲王字之誤，辨劉攽論蕭何不爲功曹之誤，辨黃庭堅論徐浩詩瓌能字押
奴來切之誤，辨歐陽修論張繼半夜鐘之誤，辨王安石《詩經新義》彤管爲簫
笙之誤，皆極精審。至考〈感甄賦〉之始末，不辨其非。謂陶潛詩中之田子
春即《漢書‧劉澤傳》之田生，謂杜甫詩中之黃衫少年爲《霍小玉傳》之黃
衫客，又謂甫『俊逸鮑參軍』句爲譏李白，皆失之穿鑿附會。註劉禹錫詩『翁
仲』字，不知其不作於洛陽；註李白詩『唾井』字，不知其出於《玉臺新詠》；
王宋詩引秦嘉〈贈婦〉詩，誤以第一首爲徐淑作；引《詩品》誤改寶釵字。
皆爲疏舛。然大致瑜多而瑕少，考證家之有根抵者也。葉適《水心集》有〈西
溪集跋〉，其稱此書以易『肥遯』爲『飛遯』，以《孟子》『不若是恝』爲『不
若是恋』二條。又謂金海陵王南侵時，寬推論太乙，熒惑行次，決其必敗，
未幾果有瓜洲之事。又謂其著書二百卷，古今同異，無不該括。又謂其古樂
府流麗哀思，頗雜近體詩。長短皆絕去尖巧，乃全造古律，加於作者一等。
蓋亦一代博洽工文之士矣。」足資參考。程毅中《宋人詩話外編》云：「姚寬
（1105-1162），字令威，號西溪，嵊（今浙江嵊縣）人。《西溪叢話》二卷，
又名《姚氏殘語》。」是毅中所記，多據《解題》。寬，《宋史翼》卷二十八〈列
傳〉第二十八〈文苑〉三有傳，謂寬「所著有《西溪集》十卷，注司馬遷《史
記》一百三十卷，補注《戰國策》三十一卷，《五行秘記》一卷，《西溪叢話》
一卷，《玉璽書》一卷」，其中正有此書。

槁簡贅筆二卷

《槁簡贅筆》二卷，承議郎章淵伯深撰。

> 廣棪案：淵，《宋史》無傳。《宋詩紀事》卷四十八「章淵」條載：「淵字伯淵，
> 惇之後，用蔭入仕，不就，卜居長興之若溪，有《槁簡贅筆》。」疑淵以「用蔭
> 入仕」者，乃爲承議郎。《宋詩紀事》作字「伯淵」，應爲「伯深」之誤。

始得此書於程文簡氏，不知何人作，文簡題其後，以其中稱「先丞相申公」，
知其爲章子厚子孫也。

> 案：程文簡即程大昌，《宋史》卷四百三十三〈列傳〉第一百九十二〈儒林〉三
> 有傳。章子厚即章惇，《宋史》卷四百七十一〈列傳〉第二百三十〈姦臣〉一有
> 傳。其〈傳〉載：「哲宗親政，有復熙寧、元豐之意，首起惇爲尚書左僕射兼門
> 下侍郎。」又載：徽宗立，「遷惇特進，封申國公」。與《解題》所記合。

余又以其書考之，言「先祖光祿，元祐三年省試，東坡知舉，擢為第一」，則又知其為援之孫也。

　　案：章援，《宋史》無傳。《宋人傳記資料索引》載：「章援，字致平，浦城人，徙蘇州，居長興，惇子。元祐三年進士第一，兄持第十。時蘇軾知貢舉，屬意李廌，令人持一簡與之，值其出，僕受簡置几下。偶援兄弟來，取簡竊視，乃〈劉向優於揚雄論〉二篇，持去。已而果出此題，二章模倣軾作以進，軾取之，意必李廌，及揭榜，乃二章也。後授官校書郎。」可與《解題》相參證。

後以問諸章，始得其名字。其人博學有文，以場屋待士薄，如防寇盜，用蔭入仕，遂不就舉。居長興，故〈序〉稱若溪草堂。淵自號懲窒子。
〈序〉言錄為五卷，今此惟分上、下卷。

　　案：《宋人傳記資料索引》載：「章淵，字伯深，自號懲窒子，浦城人，居長興，徙蘇州，惇曾孫。博學有文，以場屋待士薄，不就舉。後用蔭入仕，所居名若溪草堂，有《槁簡贅筆》。」所記與《解題》同。

老學庵筆記十卷

《老學庵筆記》十卷，陸游務觀撰。生識前輩，年登耄期，所記見聞，殊可觀也。

　　廣棪案：《宋史》卷二百三〈志〉第一百五十六〈藝文〉二〈傳記類〉著錄：「陸游《老學庵筆記》一卷。」《宋史》「一卷」，應為「十卷」之誤。《四庫全書總目》卷一百二十一〈子部〉三十一〈雜家類〉五著錄：「《老學庵筆記》十卷、《續筆記》二卷，江蘇巡撫採進本。宋陸游撰。游有《入蜀記》，已著錄。案《宋史‧藝文志‧雜史類》中載陸游《老學庵筆記》一卷，陳振孫《書錄解題》作十卷，與此本合，《宋史》蓋傳刻之誤。《續筆記》二卷，陳氏不著於錄，疑當時偶未見也。振孫稱其『生識前輩，年及耄期，所記見聞，殊有可觀』。《文獻通考》列之〈小說家〉中。今檢所記，如楊戩為蝦蟆精，錢遹叔落水神救之類，近怪異者僅一兩條。鮮于廣題《逸居集》、曾純甫對蘇鶚巴之類，雜諧戲者亦不過七八事，其餘則軼聞舊典，往往足備考證。惟以其祖陸佃為王安石客，所作《埤雅》多引《字說》，故於《字說》無貶詞，於安石亦無譏語。而安石龍睛事併述《埤雅》之謬談，不免曲筆。杜甫詩有『蔚藍天』字，本言天色，故韓駒承用其語，有『水色天光共蔚藍』句。游乃稱『蔚藍』為隱語天名。今考蔚藍天名，

別無所出,惟杜田註引《度人經》。然《度人經》所載『三十二天』有東方太黃皇曾天,其帝曰『鬱鑑玉明』,則是帝名『鬱鑑』,非天名『蔚藍』。游說反誤。又稱宋初人尚《文選》,草必稱『王孫』,梅必稱『驛使』,月必稱『望舒』,山必稱『清暉』。今考『驛使寄梅』出陸凱詩,昭明所錄,實無此作,亦記憶偶疏。不止朱國禎《湧幢小品》所糾『游岱之魂』一條不知引駱賓王〈請中宗封禪文〉,王肯堂《鬱岡齋筆塵》所糾『記諸晁謂婿爲借倩』一條,不知出郭璞《方言》註也。然大致可據者多,不以微眚而掩。《宋史·藝文志》又載游《山陰詩話》一卷,今其書不傳,此編論詩諸條,頗足見游之宗旨,亦可以補《詩話》之闕矣。」又李慈銘《越縵堂讀書記》載:「《老學庵筆記》,宋陸游撰。……放翁此書,在南宋時足與《猗覺寮雜記》、《曲洧舊聞》、《梁谿漫志》、《賓退錄》諸書並稱。其雜述掌故,間考舊文,俱爲謹嚴;所論時事人物,亦多平允。《四庫提要》譏其『以其祖左丞之故,於王氏及《字說》俱無貶辭,不免曲筆』。今考其書於荊公亦無甚稱述,如云輕沈文通以爲寡學,誚鄭毅夫不識字,又不樂滕元發,目爲『滕屠』、『鄭酤』,及裁減宗室恩數諸條,俱不置斷語,而言外似有未滿意。惟一條云:『先左丞言荊公有《詩正義》一部,朝夕不離手,字大半不可辨。世謂荊公忽先儒之說,蓋不然也。』則荊公本深於經學,所記自非妄說。其言《字說》亦衹一條,云:『《字說》盛行時,有唐博士耜、韓博士兼皆作《字說解》數十卷,太學諸生作《字說音訓》十卷,劉全美作《字說偏旁音釋》一卷、《字說備檢》一卷,又以類相從爲《字會》二十卷,以及故相吳元中、門下侍郎薛肇明等詩文之用《字說》。』而亦未嘗加論斷。至所舉『十目視隱爲直』,則本《說文》義也。其論詩數十條,亦多可觀。劍南於此事本深,尤宜其談言微中。」足資參考。

夷堅志甲至癸二百卷、支甲至支癸一百卷、三甲至三癸一百卷、四甲四乙二十卷,大凡四百二十卷

《夷堅志》甲至癸二百卷、支甲至支癸一百卷、三甲至三癸一百卷、四甲四乙二十卷,大凡四百二十卷,翰林學士鄱陽洪邁景盧撰。稗官小說,昔人固有爲之者矣。游戲筆端,資助談柄,猶賢乎已可也,未有卷帙如此其多者,不亦謬用其心也哉!且天壤間反常反物之事,惟其罕也,是以謂之怪。苟其多至於不勝載,則不得爲異矣。世傳徐鉉喜言怪,賓客之不能自通,與失意而見斥絕者,皆詭言以求合。今邁亦然。晚歲急於成書,妄人多取《廣記》

中舊事，改竄首尾，別為名字以投之。至有數卷者，亦不復刪潤，徑以入錄。雖敘事猥釀，屬辭鄙俚，不恤也。

廣棪案：《讀書附志・拾遺》著錄：「《夷堅志》四十八卷。右洪文敏公邁記異志怪之書也。其名蓋取《列子》所謂『大禹行而見之，伯益知而名之，夷堅聞而志之』。說者謂夷堅乃古之博物者云。」是《讀書附志》所著錄者乃一不完之本。《宋史》卷二百六〈志〉第一百五十九〈藝文〉五〈小說類〉著錄：「洪邁《隨筆五集》七十四卷，又《夷堅志》六十卷，甲、乙、丙〈志〉。《夷堅志》八十卷，丁、戊、己、庚〈志〉。」是〈宋志〉所著錄者，與《解題》恐非同一版本，直齋所得者，其卷帙多數倍也。黃虞稷、倪燦撰《宋史藝文志補・子部・小說家類》著錄：「洪邁《夷堅支志》七十卷，原一百卷，今存甲、乙、丙、丁、戊、庚、癸七集。《夷堅三志》三十卷，原一百卷，今存己、辛、壬三集。」是黃、倪二氏所補，仍未齊備也。《四庫全書總目》卷一百四十二〈子部〉五十二〈小說家類〉三著錄：「《夷堅支志》五十卷，編修汪如藻家藏本。宋洪邁撰。邁所著《容齋隨筆》，已著錄。是書所記皆神怪之說，故以《列子》夷堅事爲名。考《列子》謂：『大禹行而見之，伯益知而名之，夷堅聞而志之。』正謂珍禽異獸，如《山海經》之類，邁雜錄仙鬼諸事，而名取於斯，非其本義。然唐華原尉張愼素已有《夷堅錄》之名，則邁亦有所本也。陳振孫《直齋書錄解題》稱《夷堅志》甲至癸二百卷，支甲至支癸一百卷，三甲至三癸一百卷，四甲四乙二十卷，共四百二十卷。趙與峕《賓退錄》亦載《夷堅志》三十二編，凡三十一〈序〉，不相重複。各節錄其〈序〉之大略，頗爲詳備。此本僅存自甲至戊五十卷，標題但曰《夷堅志》。以其〈序〉文校與峕之所載，乃支甲至支戊，非其正集。惟與峕記支丙作支景，謂避其曾祖之嫌名。而此仍作丙，殆傳寫者所改歟？胡應麟《筆叢》謂所藏之本有百卷，核其卷目次第，乃支甲至三甲，共十一帙，此殆胡氏之本，又佚其半也。朱國禎《湧幢小品》不知爲〈志〉中之一集，乃云：「《夷堅志》本四百二十卷，今行者五十一卷，蓋病其煩蕪刪之。」則誤之甚矣。陳振孫談邁爲謬用其心。其說頗正。陳櫟《勤有堂隨錄》則謂：『邁欲修國史，借此練習其筆。』似乎曲爲之詞。然其中詩詞之類，往往可資採錄，而遺聞瑣事，亦多足爲勸戒，非盡無益於人心者。小說二家，歷來著錄，亦何必拘於方隅，獨爲邁書責歟？」可資參證。至阮元《揅經室外集》卷三〈四庫未收書提要〉著錄：「《夷堅甲志》二十卷、《乙志》二十卷、《丙志》二十卷、《丁志》二十卷，宋洪邁撰。影宋鈔本。案《夷堅志》十集，每集二十卷，《支志》十集，每集十卷。《三志》十集，每集十卷。《四志》甲乙二集二十卷。共四百二十卷。小說

家唯《太平廣記》為卷五百，然卷帙雖繁，乃搜輯眾書所成者。其出于一人之手，而卷帙遂有《廣記》十之七八者，唯有此書，亦可謂好事之尤者矣。邁每集各自為之〈序〉。唯《四乙》未成，不及〈序〉。計〈序〉三十一篇，篇各出新意。趙與時嘗撮各〈序〉大指，載于《賓退錄》。此本《甲志‧序》已佚，餘三〈序〉存，與《賓退錄》所舉相合。每卷之下注明若干事，每事亦必注明某人所說，以著其非妄。書中神怪荒誕之談居其大半。然而遺文軼事可資考鏡者，亦往往雜出于其間。《四庫全書》所收者乃《支志》五十卷，與此不相涉。此本卷首有元人沈天祐〈序〉，稱『建學所存舊刻閩本殘闕，承本路府判張紹先之命，以浙本補全者』。邁與兄适、遵，皆皓之子，名位著述皆相埒，世所稱『鄱陽三洪』是也。邁亦有弟二人，一景裴名邃，一景何，不知其名，皆見于此書。」是阮元猶見及《夷堅》影宋鈔本甲、乙、丙、丁四〈志〉四百二十卷，應與直齋所見者同。又《解題》此條云：「世傳徐鉉善言怪，賓客之不能自通與失意而見斥者，皆詭言以求合。」考《宋史》卷四百四十一〈列傳〉第二百〈文苑〉三鉉本傳載：「鉉性簡淡寡欲，質直無矯飾，不喜釋氏而好神怪，有以此獻者，所求必如其請。……所著《稽神錄》，多出於其客蒯亮。」所記與《解題》暗合。檢《宋史》卷二百六〈志〉第一百五十九〈藝文〉五〈小說類〉正著錄有徐鉉《稽神錄》十卷。

睽車志五卷

《睽車志》五卷，知興國軍歷陽郭彖次象撰。取〈睽〉上六「載鬼一車」之語。

廣校案：《周易》之《睽》，作☲，乃下〈兌〉上〈離〉之象，其上爻為陽爻，應稱上九。其爻辭曰：「上九，睽孤見豕負塗，載鬼一車，先張之弧，後說之弧，匪寇，婚媾，往遇雨則吉。」故《解題》謂「取〈睽〉上六『載鬼一車』之語」，其作「上六」，實誤。《宋史》卷二百六〈志〉第一百五十九〈藝文〉五〈小說類〉著錄：「郭彖〈睽車志〉一卷。」其「睽」字從「日」，誤，而卷數亦不同。《四庫全書總目》卷一百四十二〈子部〉五十三〈小說家類〉三著錄：「〈睽車志〉六卷，內府藏本。宋郭彖撰。彖字伯象，和州人。由進士歷官知興國軍。是書皆紀鬼怪神異之事，為當時耳目所見聞者。其名〈睽車志〉，蓋取《易‧睽卦》上六『載鬼一車』之語也。張端義《貴耳集》曰：『憲聖在南內，愛神鬼幻誕等書，郭彖《睽車志》始出，洪景盧《夷堅志》繼之。』

似此書嘗經進御矣。《宋史‧藝文志‧小說家類》載有是書一卷。陳振孫《書錄解題》作五卷。而明商維濬刻入《稗海》者又作六卷，參錯不一。考《夷堅志》載『趙三翁得道事，有張儔朋父爲作傳，郭象伯象得其文，載於《睽車志》末』云云。今勘檢此本，惟張儔作張壽，傳寫異文。其在卷末，則與洪說相應，知猶舊本，特後人屢有分析，故卷目多寡互異耳。書中所載多建炎、紹興、乾道、淳熙閒事，而汴京舊聞亦閒爲錄入。各條之末悉分註某人所說，蓋用《杜陽雜編》之例。其大旨亦主於闡明因果，以資勸戒。特摭拾既廣，亦往往緣飾附會，有乖事實。如米芾本北宋名流，而疑爲蟒精。程迥亦南渡宿儒，多所著述，而以爲其家奉玉眞娘子，由此致富。張鼐能斥姦平亂，志操甚正，身後尙廟食邵武，而以爲挾嫌殺人，白晝見鬼而卒。皆灼然可知其妄，其他亦多涉荒誕。然小說家言，自古如是，不能盡繩以史傳，取其勉人爲善之大旨可矣。」可供參考。

經鋤堂雜志八卷

《經鋤堂雜志》八卷，倪思正甫撰。

廣棪案：《四庫全書總目》卷一百二十四〈子部〉三十四〈雜家類存目〉一著錄：「《經鋤堂雜志》八卷，江西巡撫採進本。宋倪思撰。思有《班馬異同》，已著錄。是編乃晚年箚記之文。其學雜出於釋、老，務爲恬退高曠之說。然如謂妻子無論賢不肖，皆當以冤家視之。害理殊甚，其他亦皆淺陋無味。明代陳繼儒一派，發源於此。又議論空疏，多無根據。如顏髑生王死士之論，與安步晚食之語，同出一時。而思引髑前王前一段，附論其下曰：『此即晚食以當肉，安步以當車之顏髑耶？抑別一人耶？』是併《戰國策》未讀也。賈誼謫長沙王傅，作〈鵩賦〉之後，年餘而死。而思謂：『賈誼陳治安之策，乃在於〈鵩賦〉之後，豈其涉歷世故，於事理講明尤更深究耶？』是併《漢書》、《史記》亦未詳考也。《宋史》思本傳載：『陳晦草〈史彌遠制詞〉，用「昆命元龜語」。思以爲類董賢策文用「允執厥中」之文，上疏爭之。坐是罷去。』考劉克莊《後村詩話》稱：『思駁論時，晦累疏，援引唐人及宋代累朝命相皆用此語，以駁思。思遂削秩。』則晦雖曲貢諛詞，而轉據典文。思雖力持正論，而疏於考證。是書之陋，固其宜矣。」可供參考。思，《宋史》卷三百九十八〈列傳〉第一百五十七有傳。

續釋常談二十卷

《續釋常談》二十卷，秘書丞龔頤正_{廣棪案：《唐宋叢書》本作龔熙正，誤。}養正撰。

廣棪案：《宋元學案補遺》卷九十八〈荊公新學略補遺・龔氏續傳〉「秘丞龔先生頤正父相」條載：「龔頤正字養正，本名敦頤，元祐黨人原之曾孫也。……周益公稱其博通史學，嫻於辭章，所著又有《中興忠義錄》三卷、《續稽古錄》、《續釋常談》、《姑蘇志》。」是頤正撰有此書。

昔有《釋常談》一書，不著名氏，家藏亦缺此書，今故以「續」稱。凡常言俗語皆注其所出。

案：《釋常談》一書，《宋史》卷二百六〈志〉第一百五十九〈藝文〉五著錄作三卷，不知作者。《四庫全書總目》卷一百二十六〈子部〉三十六〈雜家類存目〉三亦著錄：「《釋常談》三卷，_{兵部侍郎紀昀家藏本。}不著撰人名氏。考陳振孫《書錄解題》曰：『《續釋常談》二卷，秘書丞龔頤正養正撰。_{案王楙《野客叢書》作二十卷，此蓋誤脫『十』字。}昔有《釋常談》一書，不著名氏，今故以續稱。凡常言俗語皆著其所始。』然則此書之作，在龔頤正之前，當出北宋人手矣。原〈序〉稱：『隨日註解，總得二百事。』而此本僅一百二十六事，殆後人病其冗濫，有所刊除歟？明謝肇淛《文海披沙》云：『《釋常談》一書，作者不著名氏。其中援引蕪陋，極有可笑。至以鵝爲右軍，筯爲趙達，盲爲小冠子夏，瘦爲智囊，醉爲倒載，覓食爲彈鋏，五遷爲盤庚，子死爲喪明，聾爲虺繢，皆謬誤不經，似村學究所爲。其引負荆一段，尤似打鼓上場人語也。』云云。今核其書，如謂程普爲程據，謂夫婦不睦爲參商，謂戴帽爲張蓋，卸帽爲傾蓋，謂鳳兮鳳兮爲孔子之語，謂屣步爲不乘鞍馬，謂膏肓之疾爲晉悼公，謂秦醫爲盧醫，謂董宣封強項侯，謂飲酒燭滅爲絕纓，請自稱己善爲自媒。〈齊策〉之語，展卷皆是，尚不止肇淛之所摘，而災梨禍棗，流傳五六百年，亦事之不可理詰者矣。」可知其書蕪陋可笑。《續釋常談》，《解題》著錄作「二十卷」，《四庫全書總目》作三卷，卷數不同。至頤正之書，方回《桐江集》卷三有〈讀續釋常談跋〉，曰：「《釋常談》，古有此書而亡。歷陽龔頤正爲《續釋常談》，釋人所常道之語也。石湖爲之〈跋〉。然不皆常談，間有奇語。李密時民謠：『匙貴於杓，鹽貴於藥。』《成實論》：「兔角、龜毛、蛇足、鹽香。謂皆無者。」東漢光武詔語：『懸牛頭賣脯』；『西漢卒更，踐更，過更，更戍』；《左傳》『客氣』；《李陵傳注》『眼語』；《漢上題衿》『眉語』；《史記》『毛遂目笑』；《金鑾密記》『鼻笑』；皆不可謂常

語也。『細作』二字，予讀《左傳》奏諜注中有之，則晉杜預時已有此語。龔引
《北史・平鑒傳》及《報應錄》一出處爲始，則非也。」可供參考。

北山記事十二卷

《北山記事》十二卷，戶部侍郎濡須王遘少愚撰。

　　廣棪案：《宋史》卷二百六〈志〉第一百五十九〈藝文〉五〈小說類〉著錄：「王
　　渙《北山紀事》十二卷。」所著錄撰人名字與《解題》不同。遘，無可考。渙，
　　《宋史》所載二人，一爲王礪子，宋仁宗時人，官職爲翊善；另一爲宣和三年
　　時將領，均非曾任戶部侍郎者，恐亦非此書之撰者。濡須，今安徽含山縣。

雲麓漫鈔二十卷、續鈔二卷

《雲麓漫鈔》二十卷、《續鈔》二卷，通判徽州趙彥衛景安撰。《續》二卷乃
《中庸說》及《漢定安公補紀》也。

　　廣棪案：《宋史》卷二百五〈志〉第一百五十八〈藝文〉四〈雜家類〉著錄：「趙
　　彥衛《雲麓漫鈔》二十卷，又《雲麓續鈔》二卷。」著錄與此同。《四庫全書總
　　目》卷一百二十一〈子部〉三十一〈雜家類〉著錄：「《雲麓漫鈔》十五卷，浙
　　江巡撫採進本。宋趙彥衛撰。彥衛字景安，紹熙閒宰烏程，又通判徽州。此書有
　　開禧二年〈序〉，自署新安郡守，其所終則不可考矣。據〈自序〉，初名《擁鑪
　　閒記》，本止十卷，先刻於漢東學宮。後官新安，併刻後五卷，始易今名。案《文
　　獻通考》載《雲麓漫鈔》二十卷，又《續》三卷，與〈自序〉不符。豈其後此
　　十五卷之外又有所增，抑《通考》誤十卷爲二十卷，誤《續》五卷爲二卷也。
　　世傳朱彝尊曝書亭所鈔宋本，乃止十卷。是此書原非一本，未能斷其孰是矣。
　　書中記宋時雜事者十之三，考證名物者十之七。其記事於秦檜父子無貶詞。而
　　枉殺曲端一事，遺張浚而獨歸王庶；又稱勘端反狀，殊爲曲筆。其考證頗爲賅
　　博。中有偶然紕漏者，如謂《論語》『翔而後集』，當非一雉。不知《詩》『如集
　　于木』，《春秋外傳》『獨集于枯』，《家語》有『隼集于陳庭』，皆非群栖義也。
　　謂魏之如姬，乃取尊如王姬之意。不知古有如姓，而宋玉之賦神女，呂不韋之
　　奉異人，戰國之時，以姬爲媵侍美稱久矣。他如芙蓉花根爲斷腸草，乃陶宏景
　　《名醫別錄》之說，而引爲老圃之言，以解李白詩。《周禮・冬官》散在五官，
　　乃俞庭椿《復古》之說，而矜爲獨見。至於以孟婆爲元冥之配，以阿房宮之阿

為阿嬌阿連之阿。以詩『不顯文王』，證太宗派下趙不衰等命名之非。而『壽亭侯印』一條，與《三國志》刺謬。『米元章評書』一條，與所作《書史》互異。皆不能知其依託，均為瑕類。然而辨十八學士圖乃欽宗畫賜張叔夜、李綱，誤題為閻立本。又開元亦有十八學士，不止太宗。辨以黑為盧，即尚書盧弓之訓，非北方土語。辨行香非國忌之禮，辨《史記・龜策傳》諸兆之名，辨王獻之保母墓磚之偽，辨《博古圖》誤駁《三禮圖》，辨王莽律權石，辨〈羅靖碑〉非父子同名，辨墓祭已見《周禮》。辨蕭翼無賺蘭亭事，皆言有根據，足資考核。至於呂大防《長安圖》，原書已佚，此存其概。唐制科之名目，與宋送迎金使之經費，皆史志之所未詳。〈自序〉以為可敵葉夢得《避暑錄話》，殆不誣也。」可供參考。

彥衛，紹熙間宰烏程，有能名。

案：彥衛，《宋史》無傳。余嘉錫《四庫提要辨證》卷十五〈子部〉六〈雜家類〉二「《雲麓漫鈔》十五卷」條云：「嘉錫案：《宋史・宗室世系表》二十三，彥衛為魏王廷美第四子，廣陵郡王德雍六世孫。《說郛》卷十四有宋趙某^{號灌}園耐得翁。所著《就日錄》，引此書稱為《雲麓趙昂景安漫鈔》，字同而名異，未詳其故，豈彥衛一名昂歟？《書錄解題》卷十一云：『《雲麓漫鈔》二十卷、《續鈔》二卷，通判徽州趙彥衛景安撰。《續》二卷，乃《中庸說》及《漢定安公補紀》也。彥衛，紹熙間宰烏程，有能名。」《提要》所敘彥衛官爵，全出於此。錢大昕《潛研堂金石文跋尾・續》第五云：『〈同年酬唱詩〉，紹熙改元正月五日，提點浙西刑獄建安袁說友起嚴會同年之在吳下者於姑蘇臺，與集者凡十二人，人各賦七言律詩一篇，皆隆興元年木待問榜進士也。』原詩及〈序〉見《八瓊室金石補正》卷一百十。其十二人中有浚儀趙彥衛景安，本書卷一第二條即云：『慶元五年，^{疑當作二年。}余為天台倅。』勞格《讀書雜識》卷十一『趙彥衛』條云：『《赤城志》十〈秩官門・通判題名〉，慶元二年四月趙彥衛以朝奉大夫至，四年六月替。《攻媿集》三十四，〈朝奉郎知湖州烏程縣趙彥衛為鄉民訴水傷擁併死八人降一官制〉。《蘭亭考》十載詩一首，注趙徽州彥衛倅台日，常許蘭亭二三說，丙辰春因以詩扣之，此其次韻也。』據其所考，知彥衛又嘗通判台州，與本書合，可以補《提要》所未備。宋之徽州亦稱新安郡，見^{《輿地紀勝》卷二十。}彥衛蓋嘗兩官其地，前為通判，後為知州，否則陳直齋傳聞不審，誤以知州為通判也。《宋會要》第一百三冊〈職官〉第七十五。云：『慶元六年四月九日，朝請大夫主管建寧府武夷山沖佑觀劉

坦之、朝散大夫幹辦行在諸司糧料院趙彥衛並放罷，以監察御史林采言：「昔
台州之民，洪水蹂踐，死於非命，坦之為守，彥衛為倅，坐視不恤。今或祠
祿，或六院，公論未當。」』據此，則彥衛倅台州後，曾以罪罷官，其後復官
守倅，蓋起自謫籍也。又第一百六十六冊《刑法》二下。云：『嘉泰二年二月二
十八日，新差權知隨州趙彥衛言：「恭惟國家祖宗功德，超冠百主，真賢實能，
遠踰前代。史館成書有《三朝國史》、《兩朝國史》、《五朝國史》，莫不命大臣
以總提，選鴻儒以撰輯，秘諸金匱，傳寫有禁。近來忽見有《本朝通鑑長編》、
《東部事略》、《九朝通略》、《丁未錄》，與夫語錄、家傳，品目煩多，原作類
多。鏤板盛行於世。其間蓋有不曾徹聖聽者，學者亦信之，然初未嘗經有司之
訂正，乞盡行索取私史，下之史館，公共考核，或有裨於公議。即令存留，
仍不許刊行，自餘悉皆禁絕。原誤作盡絕。如有違戾，重真典憲。」從之。』
是彥衛未知徽州之前，嘗先知隨州，本書卷十二嘗記隨州山水。蓋已屢典州郡
矣。《宋史·寧宗紀》云：『嘉泰二年二月癸巳，禁行私史。』不言其所以然。
李心傳《建炎以來朝野雜記》甲集卷六曰：『頃秦丞相既主和議，始有私史之
禁，時李忠簡光嘗以此重得罪。秦相死，遂弛語言律。近歲私史益多，郡國
皆鋟木，人競傳之。嘉泰二年，言者因奏禁私史，且請取李文簡《續通鑑長
編》、王季平《東都事略》、熊子復《九朝通略》、李柄《丁未錄》及諸家傳等
書，下史官考訂，或有裨於公議，乞即存留，不許刊行，其餘悉皆禁絕，違
者坐之。』原注：『二月甲子。』按：較《宋史》僅差一日。所紀較《宋史》為詳，
然不書言者姓名，讀《宋會要》，乃知其人即彥衛也。彥衛以為諸家私史，有
不曾徹聖聽，亦未經有司之訂正者，故奏請禁絕。心傳則曰：『文簡所著《長
編》，凡九百餘卷，孝宗甚重之。季平、子復皆嘗上其書，除職遷官，仍付史
館。柄以父任監行在都鹽倉，乾道八年夏，上其所編《丁未錄》二百卷，自
治平四年至靖康元年，按：此兩年皆丁未。詔特改京官付國史院。』夫此四書
者，雖純駁不同，然皆嘗經宋朝祖宗之御覽，付之史官，加以特賞，而彥衛
乃請更下史館考核，豈當時史官之學識，果優於孝宗朝史臣李燾、洪邁輩乎？
《續通鑑長編》等，皆煌煌數百卷之書，紀本朝之政事，大抵以國史為本，
本書卷六，嘗引《長編》辨汪彥章集題陳文惠逸事，非是。彥衛悉請不許刊行，甚
者嚴加禁絕。乃其所著《漫鈔》，間載朝野之事，不過短書小說之流，亦未嘗
徹聖聽，經考核者，而竟一刻於漢東學宮，再刻於新安郡齋，此何說耶？然
則彥衛之奏禁私史，其必有故矣。按彥衛仕宦於慶元、嘉泰、開禧之間，皆
韓侂胄專權竊政之時也。雖蕞爾小官，未必與侂胄有何關涉，然嘗為御史林

采所劾罷。林采者，以攻擊偽學，久居言路者也，見《宋史‧侂胄傳》。則其不容於侂胄之黨明矣。乃居不二年，由慶元六年四月放罷，至嘉泰二年二月知隨州。已起徒步，縐郡符，當侂胄威福自恣，賄賂公行之日，果以何道而致此耶？私史雖多，於國計民生有何大關係，且亦何與外郡牧守事，而彥衛亟亟建言，惟恐煨滅之不盡，此必因當時人之語錄、家傳，紀述時事，為侂胄所惡，彥衛乃為此奏，以獻媚權姦耳。其涉及《續通鑑長編》等書者，特欲擴大其事，以示所言不專為時人發也。心傳記此事，先敘秦檜禁私史以為緣起，其意可知。此奏上後，即獲俞允，數年之間，彥衛又換守徽州矣。彥衛知徽州，不詳年月，《漫鈔》序題開禧二年重陽日，在上此奏後四年餘。隨乃邊境僻郡，南宋時隨與金為鄰境。徽則東南大藩，且中書堂除十五闕之一也。見《朝野雜記》甲集卷六。若非自結權臣，安能得此於廟堂乎？自此以後，彥衛姓名，遂不見簡牘，《蘭亭考》稱之曰趙徽州，蓋官止於此，疑其與侂胄俱敗矣。嗟夫！士大夫讀書稽古，亦欲垂聲名於後世，而不能忘情富貴，遂不惜以讒言邪說，取媚當時，方冀幸其事之弗傳，而不意七八百年之後，猶有人能發其覆於故紙堆中也。一時之所得無幾，尚不能必其無後患，而笑罵且至於無窮，若彥衛者，可以鑒矣。余讀《宋會要》，有感於彥衛之事，遂詳考之如此，亦欲垂空文以為世戒云爾。」是余氏不惟詳考彥衛之遺聞瑣事，亦抨擊彥衛自結權奸，以邪說取媚當時之失當也。

儆告一卷

《儆告》一卷，不著名氏。專敘報應。

　　廣棪案：此書無可考。

夷堅志類編三卷

《夷堅志類編》三卷，四川總領陳昱日華取《夷堅志》中詩文、廣棪案：《文獻通考》「詩文」作「書文」，誤。藥方，類為一編。

　　廣棪案：此書無可考。昱，《宋史》無傳，劉一止《苕溪集》卷四十六〈外制〉有〈陳昱大理寺丞〉，曰：「敕：具官某，獄董事也，人有智愚，官有上下，獄疑者讞，至移廷尉，則他無所控告矣。今命爾往為之處，以觀厥能，俾民自以為不冤，則為稱職。可。」是昱曾任四川總領，又調任大理寺丞。

山齋愚見十書一卷

《山齋愚見十書》一卷，稱灌圃耐得翁，不知何人。

廣棪案：此書無可考。疑《解題》之「灌圃」應爲「灌園」之誤。《說郛》卷十四載趙某號灌園耐得翁，著《就日錄》。又唐圭璋《全宋詞》第四冊「趙灌園」條載：「趙自號灌園耐得翁，有《都城紀勝》。」是灌園耐得翁即趙灌園。《全宋詞》收灌園〈滿江紅壽雲山章尚書〉詞曰：「看盡公卿，都輸與、雲山居士。肯掉了、龍章金印，歸來閭里。雲染筆頭成五色，山來胸次堆空翠。更結塵、近在白鷗邊，弄煙水。 祇恐怕，明天子。黃紙喚，先生起。教依前插腳，孔鸞叢裡。嚴壑煙沙眞作戲，貂蟬袞繡從茲始。酌鳳凰、池沼九天漿，三千歲。《截江網》卷四。」「雲山章尚書」，疑爲宋寧宗時任禮部尚書之章穎，《宋史》卷四百四〈列傳〉第一百六十三有傳。其〈傳〉稱「穎操履端直，生平風氣不爲窮達所移。雖仕多偃蹇，而清議與之」，「以嘉定十一年卒」，年七十八」。是則灌園耐得翁亦寧宗時人，而章穎號雲山居士。

桯史十五卷

《桯史》十五卷，岳珂撰。「桯史」者，猶言柱記也。原註：《說文》：「桯，床前几也。」

廣棪案：《四庫全書總目》卷一百四十一〈子部〉卷五十一〈小說家類〉二著錄：「《桯史》十五卷，浙江鮑士恭家藏本。宋岳珂撰。有《九經三傳沿革例》，已著錄。是編載南、北宋雜事，凡一百四十餘條。其間雖多俳優詼謔之詞。然惟『金華士人著命司』諸條不出小說習氣，爲自穢其書耳。餘則大旨主於寓襃刺，明是非，借物論以明時事，非他書所載徒資嘲戲者比。所記遺事，惟張邦昌、劉豫二冊文可以不存。又『康與之題徽宗畫』一條爲張端義《貴耳集》所駁。『敖陶孫譏韓侂胄詩』一條與葉紹翁《四朝聞見錄》互異，亦偶然失實。至於『石城堡寨』、『汴京故城』諸條，皆有關於攻取形勢。他如『湯岐公罷相』、『施宜生趙希先節概』、『葉少蘊內制』、『乾道受書禮』、『范石湖一言悟主』、『紫宸廊食』、『燕山先見』、『大散論賞書』、『秦檜死報』、『鄭少融遷除』、『任元受啓』、『陳了翁始末』、『開禧北征』、『二將失律』、『愛莫助之圖』、『慶元公議』、『黃潛善』諸條，皆比正史爲詳備。所錄詩文，亦多足以旁資考證，在宋人說部中，亦王明清之亞也。惟其以《桯史》爲名，不甚可解。考《說郛》載柳珵常侍言

旨，其第一條記明皇遷西內事，末云：『此事本在朱崖太尉所續《桯史》第十六條內。』則李德裕先有此名，案此書〈唐志〉不著錄，疑即德裕《次柳氏舊聞》之別名也。珂蓋襲而用之。然《考工記》曰：『輪人爲蓋，達常爲圍三寸，桯圍倍之。』註曰：『桯，車杠也。』《說文解字》曰：『桯，床前几也。』皆與著書之義不合。至《廣韻》訓爲碓桯，《集韻》訓與楹同，義更相遠。疑以傳疑，闕所不知可矣。」足資參考。考周中孚《鄭堂讀書記補逸》卷二十八〈子部‧小說家類〉著錄：「《桯史》十五卷，……陳氏云：『桯史者，猶言柱記也。』又注云：『《說文》：桯，床前几也。』此本前有嘉定甲戌倦翁〈自序〉，稱『其齋有桯焉，介几間，鬃表可書，余從搢紳間聞聞見見歸，倦理鉛槧，輒記其上，編已，則命小史錄藏去，月率三五以爲常』云云，則桯爲床前几，蓋無疑義。」珂，《宋史》卷三百六十五〈列傳〉第一百二十四附〈岳飛〉。史載：飛有子霖，「霖子珂，以淮西十五御札辯驗彙次，凡出師應援之先後皆可考。嘉定間，爲《籲天辯誣集》五卷、《天定錄》二卷上之。」而未載此書。

游宦紀聞十卷

《游宦紀聞》十卷，鄱陽張士南光叔撰。

廣棪案：《四庫全書總目》卷一百二十一〈子部〉三十一〈雜家類〉五著錄：「《游宦紀聞》十卷，兩江總督採進本。宋張世南撰。陳振孫《書錄解題》載其字曰光叔，鄱陽人，然其名則作士南，未詳孰是。其紀年稱嘉定甲戌，又稱紹定癸巳。蓋寧宗、理宗閒人。自稱嘗官閩中，多記永福縣事，亦不知永福何官也。世南與劉過、高九萬、趙蕃、韓淲諸人遊，而述程迥之說尤多。蓋其兄爲董焵婿，焵爲迥之婿，故聞之親串閒也。其書多記雜事舊聞，而無一語及時政。如記秦觀元祐刺字，記黃師尹解打字義，記張嵩先借紫，記諱名諱字，記蘇黃用一鷗字，記古書刀，記何致初搨〈岣嶁碑〉始末。皆足資考證。其駁黃伯思八十一首之說，及推闡王湜百六之義，尤極精核。其他如論犀角、龍涎、端研、古器之類，亦足以資博識。宋末說部之佳本也。」足資考證。

鼠璞一卷

《鼠璞》一卷，戴埴撰。

廣棪案：《四庫全書總目》卷一百十八〈子部〉二十八〈雜家類〉二著錄：「《鼠

璞》一卷，內府藏本。宋戴埴撰。埴字仲培，桃源人。仕履無考。書中『楮券源流』一條，歷陳慶元，開禧、嘉定之弊，知爲南宋末人。故《書錄解題》著錄，而《讀書志》不著錄也。是書皆考證經史疑義，及名物典故之異同，持論多爲精審。其論麟趾爲衰世之語，過泥〈序〉文。論性惡曲解荀子，以爲與孟子同功。論崖蜜字承惠洪之誤，不知《鬼谷子》實無此文。雖不免小疵。然如論彭祖房中、太公陰謀、蘇軾非武王，立說皆正大。其他辨正，如謂《詩序·絲衣篇》引高子靈星之言，知有講師附益之類。率皆確實有據，足裨後學。其曰《鼠璞》者，蓋取周人、宋人間同名異物之義。《文獻通考》列之〈小說家〉，失其倫矣。」可供參考。然有關戴埴之祖籍及仕履，余嘉錫《四庫提要辨證》卷十五〈子部〉六〈雜家類〉二「《鼠璞》一卷」條嘗考之，曰：「嘉錫案：陸心源《儀顧堂題跋》卷八〈鼠璞跋〉云：『埴，鄞縣人。祖機，字伯度，紹興初以特恩補官，爲金華主簿。父璲，亦進士，見《攻媿集·戴機墓志》。兄埍，紹定五年進士，官太府卿。埴，嘉熙二年進士，持節將漕，見《寶慶四明志》。王伯厚〈戴氏桃源世譜引〉，余初疑桃源爲埴之原貫，但〈世譜引〉謂爲晉戴逵之後，遠望譙國，後居剡川，與桃源無涉。蓋鄞有桃源鄉，宋張即之居之，著有《桃源志》，戴氏亦居鄞之桃源鄉，故《譜》稱桃源戴氏。然則桃源乃鄉名，非縣名也。埴爲四明人，故書中多辨正四明事。新修《鄞縣志》采摭甚備，埴附〈機傳〉，而不知即著《鼠璞》之戴埴。〈進士表〉既無其名，〈藝文志〉亦無此書，亦缺典也。』又近人王榮商《容膝軒文稿》卷四〈書鼠璞後〉云：『是書刻左圭《百川學海》中，題曰桃源戴埴仲培父。《四庫提要》以桃源爲縣名，故不詳其仕履。余觀書中辨「大人堂」、「伏飛廟」二條，皆四明掌故，乃知桃源實鄞之鄉名，非縣名也。案《鄞志·選舉表》，埴嘉熙二年上舍，〈戴機傳〉埴與兄埍先後持節將漕爲衣冠光，語本王應麟〈桃源戴氏譜引〉。是戴氏本桃源鄉望族，埴之自署桃源者以此。而埴爲埍弟，與仲培父之字正合。左圭鄞人，故是書見收於《學海》，而志傳反不著錄，則亦誤以桃源爲縣爾，世固有同時而同名者，如是書之撰，其出於鄞人無疑也。載考《鄞志·藝文》據程端學《春秋本義》引用書目有四明戴培父《春秋志》，因歎曰：「此則埴書之見收於邑志者。」蓋埴字仲培父，而稱培父，猶劉原父、貢父之例，而程氏明云四明人，則桃源之爲鄉名，更無疑矣。』二家所考，彼此暗合。足以互相補，故并錄之。然《攻媿集》卷一百六〈戴伯度 即戴機 墓誌銘〉云：『戴氏世爲鄞人，居桃源鄉。』其言明白如此，則亦不待旁徵博引矣。《經義考》卷一百九十三云：『戴氏培父《春秋志》，佚。』

程端學曰『四明人』，亦不知培父名埴。得王氏之說，知其與《鼠璞》同出一人，又可知埴之留心經學，是書特其緒餘耳。」余氏引陸心源、王榮商之說，以考戴埴之祖籍、仕履與著述甚詳明，足補《四庫全書總目》之未及。

周盧注博物志十卷、盧氏注六卷

《周盧注博物志》十卷、《盧氏注》六卷，晉張華撰。其書作奇聞異事。

廣棪案：《郡齋讀書志》卷第十三〈小說類〉著錄：「《周盧注博物志》十卷、《盧氏注》六卷。右晉張華撰。載歷代四方奇物異事。兩本前六卷略同，無周氏注者稍多而無後四卷。周名曰用。〈西京賦〉曰：『小說九百，起自虞初。』周人也，其小說之來尙矣，然不過志夢卜，紀譎怪，記談諧之類而已。其後史臣務采異聞，往往取之。故近時爲小說者，始多及人之善惡，甚者肆喜怒之私，變是非之實，以誤後世。至於譽桓溫而毀陶侃，褒盧杞而貶陸贄者有之。今以志怪者爲上，褒貶者爲下云。」《玉海》卷第五十七〈藝文·志〉「晉《博物志》」條載：「〈張華傳〉：『著《博物志》十篇。』〈唐志·小說家〉：『十卷。』《隋志·雜家》：『十卷。』《書目》：『十卷。采錄雜說異聞，有周曰用、盧氏注釋聞見於下。』晁氏云：『載歷代四方奇物異事。』，首卷有〈地理略〉·後有〈讚文〉。」均足資參證。《文獻通考》卷二百十五〈經籍考〉四十二〈子小說家〉「《周盧注博物志》十卷、《盧氏注》六卷」條引殷文奎啓注曰：「晉張華讀三十車書，作《博物志》四百卷，武帝以爲繁，只作十卷。」《四庫全書總目》卷一百四十二〈子部〉五十二〈小說家類〉三著錄：「《博物志》十卷，內府藏本。舊本題晉張華撰。考王嘉《拾遺記》稱：『華好觀祕異圖緯之部，捃采天下遺逸，自書契之始，考驗神怪及世間閭里所說，造《博物志》四百卷，奏於武帝。帝詔詰問：「卿才綜萬代，博識無倫，然記事采言，亦多浮妄，可更芟截浮疑，分爲十卷。」云云。』是其書作於武帝時。……書中間有附註，或稱盧氏，或稱周曰用。案《文獻通考》載《周盧註博物志》十卷，又《盧氏註博物志》六卷。此所載寥寥數條，殆非完本，或亦後人偶爲摘附歟？」是則華之《博物志》，初本四百卷，後「芟截浮疑，分爲十卷」。周、盧合注本仍作十卷，盧氏獨注本作六卷。至《四庫全書》所據之內府藏本，其中周、盧之注僅寥寥數條，雖仍分十卷，實乃一至不完之本。

華能辨龍鮓，識劍氣，其學固然也。

案：《晉書》卷三十六〈列傳〉第六〈張華〉載：「惠帝中，人有得鳥毛長三丈，
以示華。華見，慘然曰：『此謂海鳧毛也，出則天下亂矣。』陸機嘗餉華鮓，于
時賓客滿座，華發器，便曰：『此龍肉也。』眾未之信，華曰：『試以苦酒濯之，
必有異。』既而五色光起。機還問鮓主，果云：『園中茅積下得一白魚，質狀殊
常，以作鮓，過美，故以相獻。』武庫封閉甚密，其中忽有雉雛。華曰：『此必
蛇化爲雉也。』開視，雉側果有蛇蛻焉。吳郡臨平岸崩，出一石鼓，槌之無聲。
帝以問華，華曰：『可取蜀中桐材，刻爲魚形，扣之則鳴矣。』於是如其言，果
聲聞數里。初，吳之未滅也，斗牛之間常有紫氣，道術者皆以吳方強盛，未可
圖也，惟華以爲不然。及吳平之後，紫氣愈明。華聞豫章人雷煥妙達緯象，乃
要煥宿，屏人曰：『可共尋天文，知將來吉凶。』因登樓仰觀。煥曰：『僕察之
久矣，惟斗牛之間頗有異氣。』華曰：『是何祥也？』煥曰：『寶劍之精，上徹
於天耳！』華曰：『君言得之。吾少時有相者言，吾年出六十，位登三事，當得
寶劍佩之。斯言豈效與？』因問曰：『在何郡？』煥曰：『在豫章豐城。』華曰：
『欲屈君爲宰，密共尋之，可乎？』煥許之。華大喜，即補煥爲豐城令。煥到
縣，掘獄屋基，入地四丈餘，得一石函，光氣非常，中有雙劍，並刻題，一曰
龍泉，一曰太阿。其夕，斗牛間氣不復見焉。煥以南昌西山北巖下土以拭劍，
光芒艷發。大盆盛水，置劍其上，視之者精芒炫目。遣使送一劍并土與華，留
一自佩。或謂煥曰：『得兩送一，張公豈可欺乎？』煥曰：『本朝將亂，張公當
受其禍。此劍當繫徐君墓樹耳！靈異之物，終當化去，不永爲人服也。』華得
劍，寶愛之，常置坐側。華以南昌土不如華陰赤土，報煥書曰：『詳觀劍文，乃
干將也，莫邪何復不至？雖然，天生神物，終當合耳！』因以華陰土一斤致煥。
煥更以拭劍，倍益精明。華誅，失劍所在。煥卒，子華爲州從事，持劍行經延
平津，劍忽於腰間躍出墮水。使人沒水取之，不見劍，但見兩龍各長數丈，蟠
縈有文章，沒者懼而反。須臾光照水，波浪驚沸，於是失劍。華歎曰：『先君化
去之言，張公終合之論，此其驗乎！』華之博物多此類，不可詳載焉。」直齋
所述，殆據此。

玄怪錄十卷

《玄怪錄》十卷，唐牛僧孺撰。〈唐志〉十卷，又言_{廣校案：盧校本無「言」字。}
李復言《續錄》五卷，《館閣書目》同。今但有十一卷，_{廣校案：盧校本作「十}
卷」。而無《續錄》。_{廣校案：盧校注：「又從唐人起疑，失其本第。」}

廣棪案：《新唐書》卷五十九〈志〉第四十九〈藝文〉三〈小說家類〉著錄：「牛僧孺《玄怪錄》十卷。李復言《續玄怪錄》五卷。」《解題》殆據〈新唐志〉。《郡齋讀書志》卷第十三〈小說類〉著錄：「《玄怪錄》十卷。右唐牛僧孺撰。僧孺爲宰相，有聞於世，而著此等書，《周秦行紀》之謗，蓋有以致之也。」《四庫全書總目》卷一百四十四〈子部〉五十四〈小說家類存目〉二著錄：「《幽怪錄》一卷，《續幽怪錄》一卷，兩淮鹽政採進本。《幽怪錄》，唐牛僧孺撰。僧孺事蹟具《新唐書》本傳。《唐書‧藝文志》作《元怪錄》。朱國禎《湧幢小品》曰：『牛僧孺撰《元怪錄》，楊用修改爲《幽怪錄》。因世廟時重元字，用修不敢不避。其實一書，非刻之誤也。』然《宋史‧藝文志》載李德裕《幽怪錄》十四卷，則此名爲複矣。〈唐志〉作十卷。今止一卷，殆鈔合而成，非其舊本。晁公武《讀書志》云：『僧孺爲宰相，有聞於世，而著此等書，《周秦行紀》之謗，蓋有以致之也。』末附唐李復言《續錄》一卷。考〈唐志〉及《館閣書目》皆作五卷。《通考》則作十卷，云分〈仙術〉、〈感應〉二門。今僅殘篇數頁，並不成卷矣。然志怪之書，無關風教，其完否亦不必深考也。」《四庫全書總目》同卷又著錄：「《續元怪錄》四卷，浙江范懋柱家天一閣藏本。唐李復言撰。是書世有二本，其附載牛僧孺《幽怪錄》末者，蓋從《說郛》錄出，一即此本。凡二十三事，與〈唐志〉卷數亦不符，蓋從《太平廣記》錄出者。雖稍多於《說郛》本，亦非完帙也。」均足資參考。《宋史》卷二百六〈志〉第一百五十九〈藝文〉五〈小說類〉著錄：「牛僧孺《玄怪錄》十卷。」是《解題》謂「今但有十一卷」，其「十一卷」，仍作「十卷」爲合。

瀟湘錄十卷

《瀟湘錄》十卷，唐校書郎李隱撰，《館閣書目》爾云。廣棪案：《文獻通考》作「云爾」，盧校本同。

廣棪案：《中興館閣書目‧子部‧小說家》著錄：「《瀟湘錄》十卷，唐李隱撰。《書錄解題》十一。」趙士煒輯考本。是士煒輯考《中興館閣書目》此條仍據《解題》也。李隱，兩《唐書》無傳，《新唐書》卷七十二上〈表〉第十二上〈宰相世系〉二上載：「（李）絳字深之，相憲宗，生璆、頊、璋。璆，河南府司錄參軍，生隱，字巖士。」是則隱乃絳之孫、璆之子。絳，《舊唐書》卷一百六十四〈列傳〉第一百一十四、《新唐書》卷一百五十二〈列傳〉第七十七有傳。《舊唐書》載：「李絳字深之，趙郡贊皇人。」則隱亦爲贊皇人。《新唐書》卷五十

九〈志〉第四十九〈藝文〉三〈小說家類〉著錄：「李隱《大唐奇事記》十卷，_{咸通中人。}」是則隱乃懿宗咸通時人，另撰有《大唐奇事記》。

〈唐志〉作柳詳，_{廣棪案：盧校本作「柳祥」。}未知《書目》何據也？

案：《新唐書》卷五十九〈志〉第四十九〈藝文〉三〈小說家類〉著錄：「柳祥《瀟湘錄》十卷。」是〈新唐志〉作「柳祥」撰，《解題》及《文獻通考》恐均誤。柳詳或柳祥，生平均無可考。

龍城錄一卷

《龍城錄》一卷，稱柳完元撰。龍城，謂柳州也，羅浮梅花夢事出其中。〈唐志〉無此書，蓋依託也。或云王銍性之作。

廣棪案：《文獻通考》卷二百十五〈經籍考〉四十二〈子小說家〉「《龍城錄》一卷」條引朱子《語錄》曰：『柳文後《龍池錄雜記》，王銍所爲也。子厚敘事，文字多少筆力，此〈記〉衰弱之甚，皆寓古人詩文中不可曉知底於其中，似暗影出。』」是朱子《語錄》雖稱此書爲《龍池錄雜記》，實與《解題》著錄者爲同一書。直齋謂此書「或云王銍性之作」，殆據朱子《語錄》也。此書《四庫全書總目》卷一百四十四〈子部〉五十四〈小說家類存目〉二亦著錄，曰：「《龍城錄》二卷，_{浙江巡撫採進本。}舊本題唐柳宗元撰。宋葛嶠始編之《柳集》中。然〈唐・藝文志〉不著錄。何薳《春渚紀聞》以爲王銍所僞作。朱子《語錄》亦曰：『柳文後《龍城錄雜記》，王銍之爲也。子厚敘事，文字多少筆力。此〈記〉衰弱之甚，皆寓古人詩文中不可知者於其中，似暗影出。』今觀《錄》中所載帝命取盡百事，似爲韓愈〈調張籍詩〉『天官遣六丁，雷電下取將』二句作解。趙師雄羅浮夢事，似爲蘇軾〈梅花詩〉『月下縞衣來扣門』作解。朱子所論，深得其情。莊季裕作《雞肋編》，乃引此《錄》駁《金華圖經》。季裕與銍爲同時人，或其書初出，僞迹未露，故不暇致詳歟？然自南宋以來，詞賦家已沿爲故實，不可復廢。是亦王充所謂『俗語不實，流爲丹青』者矣。」是《四庫全書總目》亦以此書爲王銍僞作。《四庫提要辨證》卷十九〈子部〉十〈小說家存目〉二「《龍城錄》二卷」條載：「嘉錫案：《夷堅志》支戊卷五云『柳子厚《龍城錄》，蓋劉無言所作，皆寓言也。』又與何薳以爲出於王銍者不同。蓋傳聞異詞，未詳孰是也。然因《提要》未引《夷堅志》，今人遂只知爲王銍僞作，不知有劉無言之說矣。無言名熹，劉誼次子，元祐三年蘇軾知貢舉中甲科。尤善書，在館

中詔修《閣帖》十卷，有《遺文》五十卷，號《見南山集》。見《萬姓統譜》卷五十九。」是此書洪邁《夷堅志》作劉燾作。

樹萱錄一卷

《樹萱錄》一卷，不著名氏。〈序〉稱「纂尚書滎陽公所談」者，亦不知何人。又云：「普聖圜丘之明年。」「普聖」者，僖宗由普王踐位也。書誰見〈唐志〉，今亦未必本真，或云劉燾無言所為也。

廣棪案：《郡齋讀書志》卷第十三〈小說類〉著錄：「《樹萱錄》一卷。右〈序〉謂纂尚書滎陽公所談。」與《解題》同。《新唐書》卷五十九〈志〉第四十九〈藝文〉三〈小說家類〉著錄：「《樹萱錄》一卷。」不著名氏。《宋史》卷二百六〈志〉第一百五十九〈藝文〉五〈小說類〉著錄作三卷，亦云不知作者。惟何薳《春渚紀聞》卷五〈雜記〉「古書託名」條云：「先君為武學博士日，被旨校正武舉孫吳等七書。先君言《六韜》非太公所作，內有考證處，先以稟司業朱服。服言此書行之已久，未易遽廢也。又疑《李衛公對問》亦非是，後為徐州教授，與陳無已為交代。陳云嘗見東坡先生言：世傳王氏《元經薛氏傳》、《關子明易傳》、《李衛公對問》皆阮逸著撰，逸嘗以草示奉常公也。非獨此，世傳《龍城記》載六丁取易說事，《樹萱錄》載杜陵老、李太白詩人賦詩事，詩體一律。而《龍城記》乃王銍性之所為；《樹萱錄》，劉燾無言自撰也。至於書刻亦然，小字《樂毅論》實王著所書，《李太白醉草》則葛叔忱戲欺其婦公者。山谷道人嘗言之矣。」是《解題》謂此書「或云劉燾無言所為」，殆指《春渚紀聞》耶？

雲仙散錄一卷

《雲仙散錄》一卷，稱唐金城馮贄撰。天復元年〈敘〉。馮贄者，不知何人。自言：「取家世所蓄異書，撮其異說。」而所引書名，皆古今所不聞；且其記事造語，如出一手，正如世俗所行東坡《杜詩注》，之類。然則所謂馮贄者，及其所蓄書，皆子虛烏有也，亦可謂枉用其心者矣。

廣棪案：《宋史》卷二百六〈志〉第一百五十九〈藝文〉五〈小說類〉著錄：「馬贄《雲仙散錄》一卷。」「馬贄」應為「馮贄」之誤。《文獻通考》卷二百十五〈經籍考〉四十二〈子小說家〉「《雲仙散錄》一卷」條引容齋洪氏《隨筆》曰：「俗閒所傳淺妄之書，如所謂《雲仙散錄》、《老杜事實》之類，皆絕可笑。然

士大夫或信之，孔傳《續六帖》採摭唐事，殊有工巧，悉載《雲仙錄》中事，自穢其書。近世南劍州學刊《散錄》，可毀。」可供參考。《四庫全書總目》卷一百四十〈子部〉五十〈小說家類〉一著錄：「《雲仙雜記》十卷，兩淮馬裕家藏本。舊本題唐金城馮贄撰。贄，履貫無可考。其書雜載古今逸事，如所稱戴逵雙柑斗酒往聽黃鸝之類，詩家往往習用之。然實僞書也。無論所引書目，皆歷代史志所未載。即其〈自序〉稱天復元年所作，而〈序〉中乃云天祐元年退歸故里，書成於四年之秋，又數歲始得終篇。年號先後，亦復顛倒，其爲後人依託，未及詳考明矣。案陳振孫《書錄解題》有馮贄《雲仙散錄》一卷，亦有天復元年〈序〉。振孫稱其記事造語如出一手，疑贄爲子虛烏有之人。洪邁《容齋隨筆》、趙與旹《賓退錄》所說亦皆相類，然不能指爲何人作。張邦基《墨莊漫錄》云：『近時傳一書，曰《龍城錄》，乃王性之僞爲之。又作《雲仙散錄》，尤爲怪誕。又有李歜《註杜甫詩》、《註東坡詩》，皆性之一手，殊可駭笑。』然則爲王銍所作無疑矣。惟陳振孫稱《雲仙散錄》一卷，此乃《雲仙雜記》十卷，頗爲不同。然孔傳《續六帖》所引《散錄》，驗之皆在此書中。其爲一書無疑。卷數則陳氏誤記，書名則後人追改也。此本爲葉盛菉竹堂所刊，較《說郛》諸書所載多〈原序〉一篇。其書未經刪削，較他本獨爲完備，今據以著錄焉。」是《雲仙散錄》與《雲仙雜記》乃同書異名，《四庫全書總目》據張邦基《墨莊漫錄》所考，以此書爲王銍撰。然余嘉錫不以爲然，《四庫提要辨證》卷十七〈子部〉八「《雲仙雜記》十卷」條云：「案此書〈新唐志〉、《崇文總目》、《郡齋讀書志》皆不著錄。《容齋隨筆》卷一云：『孔傳《續六帖》，采摭唐事殊有功，而悉載《雲仙錄》中事，自穢其書。』是最初引用其書者爲孔傳，考《續六帖》成於建炎、紹興之際，見卷首韓駒〈序〉。而已引用《雲仙錄》，則當出於南宋以前。然《讀書志》作於紹興二十一年，據衢本〈自序〉。尚未見其書，疑其時猶未盛行。至淳熙時，修《中興館閣書目》，始收入之。《館閣書目》修於淳熙五年，見《書錄鑄題》卷八。其著錄此書作一卷，見郭應祥〈跋〉。其後《遂初堂書目》、《直齋書錄解題》、《宋史·藝史志》，遂並著於錄矣。王銍生於北宋之末，卒於紹興中，《老學菴筆記》卷二云：『王性之既卒，秦熺方恃其父氣焰熏灼，欲取其所藏書。』案秦檜死於紹興二十五年，銍卒時，檜猶未死，知其卒於紹興中矣。陸心源《宋史翼》卷二十七有〈王銍傳〉。平生藏書甚富。《老學菴筆記》卷六云：『王姓之記問該洽，其藏書數百篋，無所不備。』此書或出於其家，故張邦基以爲即銍所作。邦基說見《墨莊漫錄》卷二。然邦基既無所考證，又不言其何所據。以洪邁、陳振孫、趙與旹之博洽，尚不能得其作僞者之主名，則邦基之說，恐亦出於臆測，未可使

據爲定讞也。如何薳《春渚紀聞》及《朱子語類》，皆以《龍城錄》爲王銍所僞作，而洪邁《夷堅支志》以爲劉無言作。詳見《龍城錄》條下辨證。薳又謂《樹萱錄》爲劉燾無言自撰，見《春渚紀聞》卷五。而邦基以爲蓋唐人之善詩者爲之。見《漫錄》卷八。薳、邁、邦基與銍皆南、北宋間同時之人，薳、邦基時代均見《提要》。邁生於宣和五年，見《年譜》及《疑年錄》。去劉燾時亦不遠，燾，元祐三年進士。而其說之參差不一如此。然則此事正未易論定也，闕疑焉可矣。」是余氏不以此書爲王銍作，多聞闕疑，遠較《四庫全書總目》審愼矣。

葆光錄三卷

《葆光錄》三卷，陳纂撰。自號襲明子。所載多吳越事，當是國初人。

廣棪案：《秘書省續編到四庫闕書目》卷二〈子類‧小說〉著錄：「《葆光錄》二卷，闕。輝按：〈宋志〉、陳《錄》三卷，云陳纂撰。」葉德輝考證本。《宋史》卷二百六〈志〉第一百五十九〈藝文〉五〈小說類〉著錄：「陳纂《葆光錄》三卷。」是《祕書省續編到四庫闕書目》所著錄卷數，與《解題》不同。陳纂生平無可考。

稽神錄六卷

《稽神錄》六卷，廣棪案：盧校本作「一卷」，注曰：「晁〈志〉十卷，《通考》六卷，今云無卷第，恐『六』字當作『一』。」盧注是。南唐徐鉉撰。元本十卷。今無卷第，總作一卷，當是自他書中錄出者。

廣棪案：《郡齋讀書志》卷第十三〈小說類〉著錄：「《稽神錄》六卷。右南唐徐鉉撰。記怪神之事。〈序〉稱：『自乙未歲至乙卯，凡二十年，僅得百五十事。』楊大年云：『江東布衣蒯亮好大言夸誕，鉉喜之，館於門下。《稽神錄》中事，多亮所言。』」《四庫全書總目》卷一百四十二〈子部〉五十二〈小說家類〉三著錄：「《稽神錄》六卷，內府藏本。宋徐鉉撰。鉉字鼎臣，廣陵人，仕南唐爲翰林學士，隨李煜歸宋，官至直學士院、給事中、散騎常侍。淳化初，坐累謫靜難軍司馬，卒於官。事蹟具《宋史》本傳。是編皆記神怪之事。晁公武《讀書志》載其〈自序〉，稱：『自乙未歲至乙卯，凡二十年』。則始於後唐廢帝清泰二年，迄於周世宗顯德二年，猶未入宋時所作。書中惟乾寧、天復、天祐、開成、同光書其年號，自後唐明宗以後則但書甲子。考馬永卿《懶眞子》，稱南唐

自顯德五年用中原正朔，士大夫以為恥，碑文但書甲子。此書猶在李璟去帝號前三年，殆必原用南唐年號，入宋以後追改之。其稱楊行密曰偽吳，稱南唐曰江南，其官亦稱偽某官，亦入宋以後所追改歟？《讀書志》云：『所載一百五十事。』陳振孫《書錄解題》云：『元本十卷，此無卷第，當是他書中錄出者。』案今本止六卷，而反有一百七十四事。末又有〈拾遺〉十三事，與晁氏、陳氏所云卷數、條數俱不合。案《楓窗小牘》云：『太宗命儒臣修《太平廣記》，時徐鉉實與編纂。《稽神錄》，鉉所著也。每欲採擷，不敢自專，輒示宋白，使問李昉。昉曰：「詎有徐率更言無稽者。」於是此錄遂得見收。』疑是錄全載《太平廣記》中，後人錄出成帙。而三大書徵引浩博，門目叢雜，所列諸事，凡一名疊見者，《太平御覽》皆作又字，《文苑英華》皆作前名字，《廣記》皆作同上字。其間前後相連，以甲蒙乙者，往往而是。或緣此多錄數十條，亦未可知也。《讀書志》又云：『楊大年云：「江東布衣蒯亮好大言誇誕，鉉喜之，館於門下。《稽神錄》中事，多亮所言。」考鉉《騎省集》中有〈送蒯參軍亮詩〉，前四句云：『昔年聞有蒯先生，二十年來道不行。抵掌曾談天下事，折腰猶忤俗人情。』則鉉客實有蒯亮，然不言及說鬼事。又書中載〈破瘤得棋子得鍼〉二章云：『聞之於亮。』則不題亮名者，似非亮語。趙與峕《賓退錄》備載洪邁《夷堅志》諸〈序〉，稱其〈三志庚集序〉，考徐鉉《稽神錄》辨楊文公《談苑》所載蒯亮之事非是。其說必有所考，今不得而見之矣。」可供參考。至此書卷數，孫猛《郡齋讀書志校證》嘗考之，曰：「《稽神錄》六卷，袁本『六』作『十』。諸衢本、〈經籍考〉卷四十三同原本。按此書《鉉集》附〈徐公墓誌銘〉云二十卷，《崇文總目》卷三、〈宋志〉卷五、《通志‧藝文略》卷三〈傳記類〉作十卷，《書錄解題》卷十一作六卷。後世所傳多作六卷，通行本又有〈拾遺〉一卷，唯《述古堂書目》著錄鈔本十卷。《書錄解題》云：『元本十卷，今無卷第，總作一卷，當是自他書中錄出者。』」是則此書分卷或作六卷，或作十卷，或稱二十卷，而直齋所得者則無卷第，「總作一卷」。惟各本所收必有所差異。

啟顏錄八卷

《啟顏錄》八卷，不知作者。雜記詼諧調笑事。〈唐志〉有侯白《啟顏錄》十卷，未必是此書，然亦多有侯白語，但訛謬極多。

　　廣棪案：《新唐書》卷五十九〈志〉第四十九〈藝文〉三〈小說家類〉著錄：「侯白《啟顏錄》十卷。」是〈新唐志〉實著錄有侯書。考劉銘恕編《斯坦因劫經

錄》著錄：「〇六一〇《啓顏錄》。題記：『開元十年（723）八月五日寫了，劉丘子投二舅。』說明：《新唐書·藝文志》載有隋侯白《啓顏錄》十卷，書久佚，此卷猶存〈辯捷〉、〈昏忘〉、〈嘲誚〉等項，每條故事約在十項左右，中有若干條見於《太平廣記》。惟此卷與《太平廣記》所引者，同爲唐人增訂續補之本，因其中兼有侯白故事與唐代故事。」據「題記」，則敦煌卷子本之《啓顏錄》必撰就於開元十一年前。據「說明」，則侯白爲隋人。敦煌本既「兼有侯白故事與唐代故事」，則敦煌本與《解題》所著錄者疑爲相同之本。侯白之傳，《隋書》卷五十八〈列傳〉第二十三附〈陸爽〉、《北史》卷八十三〈列傳〉第七十一〈文苑〉附〈李文博〉。《隋書》載：「爽同郡侯白，字君素，好學有捷才，性滑稽，尤辯俊。舉秀才，爲儒林郎。通悅不恃威儀，好爲誹諧雜說，人多愛狎之，所在之處，觀者如市。楊素甚狎之。素嘗與牛弘退朝，白謂素曰：『日之夕矣。』素大笑曰：『以我爲牛羊下來邪？』高祖聞其名，召與語，甚悅之，令於秘書修國史。每將擢之，高祖輒曰：『侯白不勝官。』而止。後給五品食，月餘而死，時人傷其薄命。著《旌異記》十五卷，行於世。」然未記白曾撰此書。

清異錄二卷

《清異錄》二卷，稱翰林學士陶穀撰。凡天文、地理、花木、飲食、器物，每事皆制爲異名新說。其爲書殆似《雲仙散錄》，而語不類國初人，蓋假託也。

廣棪案：《四庫全書總目》卷一百四十二〈子部〉五十二〈小說家類〉三著錄：「《清異錄》二卷，浙江巡撫採進本。宋陶穀撰。穀字秀實，邠州新平人。本唐彥謙之孫。避晉諱，改陶氏。仕晉爲知制誥、倉部郎中。仕漢爲給事中。仕周爲兵部侍郎，翰林承旨。入宋仍原官，加戶部尙書。事蹟具《宋史》本傳。是書皆採摭唐及五代新穎之語，分三十七門，各爲標題，而註事實緣起於其下。陳振孫《書錄解題》以爲不類宋初人話，胡應麟《筆叢》嘗辨之。今案穀雖入宋，實五代舊人。當時文格不過如是。應麟所云良是。惟穀本北人，僅一使南唐，而『花品九命』一條云：『張翊者，世本長安，因亂南來，先主擢置上列。』乃似江南人語，是則稍不可解耳。豈亦雜錄舊文，刪除未盡耶？所記諸事如出一手，大抵即穀所造，亦《雲仙散錄》之流，而獨不僞造書名，故後人頗引爲詞藻之用。樓鑰《攻媿集》有〈白醉軒詩〉，據其〈自序〉亦引此書，則宋代名流，即已用爲故實，相沿既久，遂亦不可廢焉。」是《四庫全書總目》據應麟《筆叢》，以此書爲陶穀撰。惟《四庫提要辨證》卷十八〈子部〉九「《清異錄》

二卷」條辨之，曰：「嘉錫案：王國維《觀堂外集·庚辛之間讀書志》云：『《清異錄》二卷，舊題宋陶穀撰，直齋謂此書似《雲仙散錄》，而語不類國初人，蓋假託也。惟胡應麟《少室山房筆叢》三十二。謂此書命名造語，非穀不能。《四庫提要》亦右其說。惟疑其『花品九命』一條，似江南人作。今以本書證之，陳說良是。按《宋史·陶穀傳》，穀以開寶三年卒。原注云：〈學士年表〉亦云開寶三年十二月卒。而南唐之亡，在開寶八年。今此書第一條，即云「李煜在國時作《祈雨文》」云云，明明作于煜入宋之後，去穀之卒已五年。餘如書中稱宋太祖之謚，達命侯之封，及鄭文寶、陳喬、張佖之子等，皆在南唐亡國之後，或更遠在太宗時，則陳氏假託之說不誤，胡辨妄也。』」是余氏引王國維之考論，以證《筆叢》及《四庫全書總目》之妄，王說可信。

歸田錄二卷

《歸田錄》二卷，歐陽修撰。或言公為此《錄》，未傳而〈序〉先出，裕陵索之，其中本載時事及所經歷見聞，不敢以進，旋為此本，而初本竟不復出。未知信否？公自為〈序〉，略曰：「《歸田錄》者，朝廷之遺事，史官之所不記，與夫士大夫談笑之餘而可錄者，錄之以備閒居之覽也。」又曰：「唐李肇《國史補序》云：『言報應、敘鬼神、述夢卜，近怪異廣校案：盧校本「怪異」為「惟薄」。悉去之；記事實、辨疑惑、示勸戒、采風俗，助談笑則書之。』余之所錄，大抵以肇為法，而小異於肇者，不書人之過惡，以為職非史官，而掩惡揚善，君子之志也。覽者詳之。」

廣校案：《宋史》卷二百三〈志〉第一百五十六〈藝文〉二〈傳記類〉著錄：「歐陽修《歸田錄》八卷。」《四庫全書總目》卷一百四十〈子部〉五十〈小說家類〉一著錄：「《歸田錄》二卷，兵部侍郎紀昀家藏本。宋歐陽修撰。多記朝廷軼事及士大夫談諧之言。〈自序〉謂以唐李肇《國史補》為法，而小異於肇者不書人之過惡。陳氏《書錄解題》曰：『或言公為此《錄》未成，而〈序〉先出，裕陵索之。其中本載時事及所經歷見聞，不敢以進，旋為此本，而初本竟不復出。』王明清《揮塵三錄》則曰：『歐陽公《歸田錄》初成未出，而〈序〉先傳，神宗見之，遽命中使宣取。時公已致仕在潁州，因其閒所記有未欲廣布者，因盡刪去之。又惡其太少，則雜記戲笑不急之事，以充滿其卷帙。既繕寫進入，而舊本亦不敢存。』二說小異。周煇《清波雜志》所記，與明清之說同。惟云：『原本亦嘗出。』與明清說又不合。大抵初稿為一本，宣進者又一本，實有此事。

其旋爲之說與刪除之說，則傳聞異詞耳。惟修歸潁上在神宗時，而《錄》中稱仁宗立今上爲皇子，則似英宗時語。或平時箚記，歸田後乃排纂成之，偶忘追改歟？其中『不試而知制誥』一條，稱宋惟楊億、陳堯叟及修三人。費袞《梁谿漫志》舉眞宗至道三年四月以梁周翰夙負詞名，令加獎擢，亦不試而知制誥，實在楊億之前，糾修誤記。是偶然疏舛，亦所不免。然大致可資考據，亦《國史補》之亞也。」足資參證。有關此書卷帙多寡不同，孫猛《郡齋讀書志校證》亦有所考，曰：「《歸田錄》六卷，按原本解題脫去，今存其目。……是書〈宋志〉卷二〈傳記類〉作八卷，《通志‧藝文略》卷六作五卷，《書錄解題》卷十一及今本俱作二卷，蓋二卷者爲歐陽修斫削之本，八卷、六卷、五卷者爲其原本。原本輾轉傳鈔，卷帙或有參差歟？」可參考。

歸田後錄十卷

《歸田後錄》十卷，朝請郎廬江朱定國興仲撰。熙、豐間人。竊取歐公舊《錄》之名，實不相關也。

廣棪案：《宋史》卷二百三〈志〉第一百五十六〈藝文〉二〈傳記類〉著錄：「朱定國《歸田後錄》十卷。」與此同。定國，《宋史》無傳。《宋人傳記資料索引》載：「朱定國（1011-1089），字興仲，廬江人。慶曆二年進士，授貴、池簿，遷饒州軍事判官，歷梓州觀察推官，知廣德、合肥二縣，以朝散郎致仕。元祐四年卒，年七十九。著詩數百首。」則定國乃仁、英、神、哲四朝人。宋人楊傑《無爲集》卷十三〈墓誌‧故朝散郎致仕朱君墓誌銘〉云：「君諱定國，字興仲，姓朱氏。其先成都人，世仕僞蜀。高祖贇僉預吏選。從曾祖某典宮門之禁，隨孟氏入皇朝，終京西轉運使，自是族人東徙。曾祖詢，祖益，皆自晦不仕。父杲，故任孟州河陰縣令，累贈銀青光祿大夫。母傅氏，累封清河郡夫人。銀青蚤世，清河夫人挈諸孤寓無爲郡之廬江。君方八歲，家貧，借書讀。兄弟自相傳授，敦尚節操，不妄與人交。慶曆二年，中進士第，授池州、貴州主簿，以平反死獄，遷饒州軍事判官。時太守暗酷，政出其子，官吏多憚之。君曰：『公則從，不公則不從，何憚之有？』守屢欲害君，君方正自持，終不能屈。浮梁邑劇訟多，吏貪令弱，部使者委君攝令事。君至而鋤其姦，境內稱治，於今稱之。官滿當改秩，銓吏曲爲沮抑，剡薦不如令，君詣銓長求直，長固執如吏議。且曰：『在官曷不多求薦？』君曰：『平生未嘗有所求，必以爲不可則已。』乃調梓州觀察推官，改著作佐郎，知廣德縣。民有訴旱，郡遣官按驗，民乃聚眾

持梃千餘來覘，勢若脅官吏。太守戒捕盜，官具甲兵以衛之。君曰：『愚民無知，妄意蠲賦爾，若過計張皇，恐因緣生事。』縣令請自行，於是輕騎從者數人以往，眾聞乃潰去。時按田官尚匿僧舍不敢出，君擒首謀數輩，送郡黥隸之，餘不問也。人服其識。境內有靈濟王祠，江左人欽事，歲殺牛數百以祀之。君至，且戒止。民未甚信，父老告於廷曰：『神禍福影響，苟易其牲，何以逃咎。』君曰：『牛者，稼穡之資。殺有常禁，神以庇民為惠，將陷民有罪而享其牲，神必不然。』父老益懇懼。君曰：『民欲殺牛而享，不聽者，令也。神之福宜歸民，譴宜歸令。必欲用牛當牲致於廟廷，官為貿錢以備祠費。』父老欣然從命，廣德不殺牛以享神，自君始也。未及代，丁清河憂，服除，改秘書丞，知廬州合肥縣。神宗登極，改太常博士，賜五品服，改尚書屯田員外郎，知六合縣。時朝廷方興水利，有建議開馬昌河通滁州者，提舉官從之。君以為壞民田廬甚眾，工費亦大，而所為利無幾，固以為不可。乃移君他局，屢委官覆視之，不能變君議。使者以君首沮所論，數移他局以困之，君因請於朝，願得管庫，以便其私。而他使者知君奏，留不行。君嘆曰：『居可以仰祿，而不知我者數見困；去可以遠害，而知我者反見留。吾命其窮哉！直道以利民，殆不可為；枉道以全身，非我志也。』因請致其政而歸，時年六十有一，齒髮未衰，筋力猶壯，士大夫高之。元豐四年官制行，改朝奉郎。今上即位，覃恩改朝散郎，賜三品服，著令京朝官致仕，歷任有勞績，則以全倖寵之。公以貴、池雪活之故，可應格。或勸君自陳，君曰：『吾勤勞職事，夙夜匪懈，猶懼無以報廩祿之賜。今竊半俸老田里，又得一子祿養，恩已厚矣，敢較其他乎！』竟不言。以元祐四年七月初一日終於私第之正寢，享年七十有九。娶王氏，封太原縣君。子男三人，長曰袞，壽州壽春縣令，先公一年卒。其二人皆早喪。女三人，長適鄉貢進士建安張思，次適通直郎延平葉唐懿，次適陽武主簿太原王營。孫男三人，長曰耆，次曰某，次曰某。女孫二人尚幼。以是年九月乙酉，葬於臨潛鄉申家山之西，近先塋也。君質直信道，篤於孝友，所至以公廉稱；言行莊重，非義者憚之。至老手不釋卷，凡論漢魏以下，至國朝人物，賢愚忠佞言行之迹，歷歷可聽，尤好為詩，喜慍悲憂一於詩發之。格尚平淡，在編軸者數百首。著《歸田後錄》，皆耳目所接朝野可載事，以備史氏之遺，士大夫多傳之。又取近世禍福之應，其理可推者百餘事次之，以警俗，謂之《幽明雜警》云。君初與其兄巢門先生某，及其弟秘書丞某，皆以文行、清節著聞。至致政時，巢門先生尚康強，兄弟白首，文酒相從於鄉里者二十年，搢紳慕焉。銘曰：『賢哉興仲，諒直自守。篤學從仕，材不命偶。聽獄求生，宜其有後。祠牛不享，利溥且久。知止不辱，

勇於解綬。浩歌歸來，兄弟耆壽。燕樂田里，益敦孝友。道有通塞，名也不朽。』」
可詳悉定國之生平行事，又知其所撰除此書外，另有《幽明雜警》云。

清夜錄一卷

《清夜錄》一卷，沈括撰。

廣棪案：《四庫闕書目》著錄：「沈括《清夜錄》一卷，闕。」徐松編輯本。《祕
書省續編到四庫闕書目》卷二〈子類‧小說〉著錄：「《清夜錄》一卷。輝按：〈宋
志〉、陳《錄》云：『沈括撰。』」葉德輝考證本。《宋史》卷二百六〈志〉第一百
五十九〈藝文〉五〈小說類〉著錄：「沈括《筆談》二十五卷，又《清夜錄》一
卷。」均與此著錄同。括，《朱史》卷三百三十一〈列傳〉第九十附〈沈遘〉。《宋
史》載：「括字存中。……括博學善文，於天文、方志、律曆、音樂、醫藥、卜
算，無所不通，皆有所論著。又紀平日與賓客言者爲《筆談》，多載朝廷故實、
耆舊出處，傳於世。」而未載此書。

續清夜錄一卷

《續清夜錄》一卷，王銍性之撰

廣棪案：《宋史》卷二百六〈志〉第一百五十九〈藝文〉五〈小說類〉著錄：「王
銍《續清夜錄》一卷。」著錄與此同。銍，《宋史翼》卷二十七〈列傳〉第二十
七〈文苑〉二有傳。《宋人傳記資料索引》載：「王銍，字性之，汝陰人，莘子。
居剡中，自稱汝陰老民。記問賅洽，尤長宋代故事，嘗撰《七朝國史》。紹興初，
詔給札奏御，爲樞密院編修官，會秦檜柄國，中止，書竟不傳。有《雪溪集》、
《補侍兒小名錄》、《默記》、《四六話》、《談苑》等。」而闕此書。

王原叔談錄一卷

《王原叔談錄》一卷，翰林學士南京王洙之子錄其父所言。

廣棪案：《宋史》卷二百六〈志〉第一百五十九〈藝文〉五〈小說類〉著錄：「《釋
常談》三卷、《王洙談錄》一卷，並不知作者。」〈宋志〉之《王洙談錄》，與《解
題》著錄者應爲同一書。考洙，《宋史》卷二百九十四〈列傳〉第五十三有傳。
《宋史》載：「洙汎覽傳記，至圖緯、方技、陰陽、五行、算數、音律、詁訓、

篆隸之學，無所不通。及卒，賜諡曰文。御史吳中復言官不應得諡，乃止。預修《集韻》、《祖宗故事》、《三朝經武聖略》、《鄉兵制度》，著《易傳》十卷、雜文千有餘篇。子欽臣。欽臣字仲至，清亮有志操，以文贄歐陽脩，脩器重之，用蔭入官。文彥博薦試學士院，賜進士及第，歷陝西轉運副使。元祐初，爲工部員外郎。奉使高麗，還，進太僕少卿，遷秘書少監。開封尹錢勰入對，哲宗言：『比閱書詔，殊不滿人意，誰可爲學士者？』勰以欽臣對。哲宗曰：『章惇不喜。』乃以勰爲學士，欽臣領開封。改集賢殿修撰，知和州，徙饒州，斥提舉太平觀。徽宗立，復待制，知成德軍。卒，年六十七。欽臣平生爲文至多，所交盡名士，性嗜古，藏書數萬卷，手自讎正，世稱善本。」此書應爲欽臣所錄。《四庫全書總目》卷一百二十〈子部〉三十〈雜家類〉四著錄：「《王氏談錄》一卷，_{浙江范懋柱家天一閣藏本。}不著撰人名氏。《說郛》載之，題曰王洙撰。《書錄解題》則以爲『翰林學士南京王洙之子錄其父所言』。今觀此書凡九十九則，而稱先公及公者七十餘則，則非洙所著明甚。蓋編此書者見卷尾有『編錄觀覽書目』一則，末題云王洙敬錄，遂以爲全書皆出洙手。不知此一則乃嘉祐以前人所爲，洙特錄而跋之，其子附載書末耳。世無自著書而自標敬錄者也。其解『繪事後素』一條，朱子《集註》取之。其論校書當兩存，解經不可改字就義，皆爲有識。其稱校書之註，二字以上謂之一云，一字謂之一作，亦深有理。洙字原叔，應天宋城人。中甲科。官終侍讀學士兼侍講學士。卒諡曰文。子欽臣，字仲至，賜進士及第。官終待制，知成德軍。據本傳及《東都事略》，洙子惟欽臣一人。則此書即欽臣所錄也。」可供參考。

延漏錄一卷

《延漏錄》一卷，不著名氏。其間稱伯父郇父，知其爲章得象之姪也。後題此書，疑章望之作，然未敢必。望之者，字表民，用郇公廕入官，歐陽公爲作《字說》者也。以宰相嫌，遂不仕。《錄》中又記皇祐中與滕元發同試，滕首冠而己被黜。藉令非望之，亦當時場屋有聲者。章氏雋才固多也。

　　廣校案：章得象字希言，《宋史》卷三百一十一〈列傳〉第七十有傳。史載得象「慶曆五年，拜鎮安軍節度使、同平章事，封郇國公，徙判河南府，守司空致仕，薨。」此書稱「郇公」者，蓋指得象也。望之，《宋史》卷四百四十三〈列傳〉第二百二〈文苑〉五有傳。其〈傳〉載：「章望之字表民，建州浦城人。少孤，喜問學，志氣宏放。爲文辯博，長於議論。初由伯父得象廕，爲祕書省校

書郎，監杭州茶庫。逾年辭疾去，求舉賢良方正。得象在相位，以嫌扼之，乃上書論時政，凡萬餘言，不報。丁母憂，毀瘠過制。服除，浮游江、淮間，犯艱苦，汲汲以營衣食，不自悔；人勸之仕，不應也。其兄拱之，知晉江縣，忤其守蔡襄，襄怒，誣以贓，貶。望之號泣，歷訴於朝。時襄方貴顯，事久不得直。望之訴不已，章十餘上，起獄數年，朝廷爲再劾，卒脫拱之冤，復官如初，望之遂不復仕。覃恩遷太常寺太祝、大理評事。翰林學士歐陽脩、韓絳、知制誥吳奎、劉敞、范鎮同薦其才，宰相欲稍用之，除簽書建康軍節度判官，不赴。又除知烏程縣，趣令受命，固辭，遂以光祿寺丞致仕，卒。望之喜議論，宗孟軻，言性善，排荀卿、揚雄、韓愈、李翱之說，著《救性》七篇。歐陽脩論魏、梁爲正統，望之以爲非，著《明統》三篇。江南人李覯著《禮論》，謂仁、義、智、信、樂、刑、政皆出於禮，望之訂其說，著《禮論》一篇。其議論多有過人者。嘗北游齊、趙，南汎湖、湘，西至汧、隴，東極吳會，山水勝處，無所不歷。有歌詩、雜文數百篇，集爲三十卷。」可與《解題》相參證。若望之、拱之者，亦可謂「章氏雋才」也。《延漏錄》一卷，宛委山堂本《說郛》卷三十二收此書。

清虛居士隨手雜錄一卷

《清虛居士隨手雜錄》一卷，王鞏定國撰。

廣棪案：《四庫全書總目》卷一百四十〈子部〉五十〈小說家類〉一著錄：「《甲申雜記》一卷、《聞見近錄》一卷、《隨手雜錄》一卷，兩淮馬裕家藏本。並宋王鞏撰。鞏字定國，自號清虛先生，莘縣人。同平章事旦之孫、工部尚書素之子。嘗倅揚州，坐與蘇軾遊，謫監筠州鹽稅。後官至宗正丞。所記雜事三卷，皆紀東都舊聞。《甲申雜記》凡四十二條，甲申者，徽宗崇寧三年也。故所記上起仁宗，下訖崇寧，隨筆記載，不以時代爲先後。《聞見近錄》凡一百四條。所記上起周世宗，下訖宋神宗，而太祖、太宗、眞宗、仁宗事爲多。《隨手雜錄》凡三十三條。中惟『周世宗事』一條、『南唐事』一條、『吳越事』一條，餘皆宋事，止於英宗之初。二書事蹟在崇寧甲申前，而原本次《甲申雜記》後，蓋成書在後也。卷末有其從曾孫從謹〈跋〉，稱：『先世著書散佚，隆興元年乃得此三編於向氏，鈔錄合爲一帙。』前有張邦基〈序〉，言：『得其本於張由儀。由儀則少從其父得於鞏家敝篋中。』末題甲寅五月，爲高宗紹興三年。蓋向氏之本又出於張氏。當時親傳手迹，知確爲鞏撰，非依託矣。三書皆閒涉神怪，稍近稗

官，故列之〈小說類〉中。然而所記朝廷大事爲多，一切賢姦進退，典故沿革，多爲史傳所未詳，實非盡小說家言也。《甲申雜記》中『李定稱蘇軾』一條，費袞《梁谿漫志》駁其失實。今考袞謂：『軾詩自熙寧初始多論新法不便，至元豐三年有〈烏臺詩〉案，前後不過十年。定云二三十年所作，文字殊不相合。』其說是也。至謂：『能記二三十年作文之因，則人皆能之，似不足爲東坡道。』則其說未然。書中所載定語，乃云：『所作文字詩句，引證經傳，隨間即答，無一字差辨。』則是指其所引之書，非指其作詩之故。袞殆未審其語歟？」可供參考。

待制素子，

案：鞏，《宋史》卷三百二十〈列傳〉第七十九附其父〈王素〉。素，仁宗朝擢天章閣待制，以工部尚書致仕。而「鞏有雋才，長於詩，從蘇軾游。軾守徐州，鞏往訪之，與客游泗水，登魋山，吹笛飲酒，乘月而歸。軾待之於黃樓上，謂鞏曰：『李太白死，世無此樂三百年矣。』軾得罪，鞏亦竄賓州，數歲得還，豪氣不少挫。後歷宗正丞，以跌蕩傲世，每除官，輒爲言者所議，故終不顯。」可知鞏生平概況。

張安道之婿。

案：《宋會要輯稿》第九十二冊〈職官〉五五之五一載：「（乾道）六年二月十九日，詔建寧府張安道減價出糶米一萬四千一十石一斗，又設米粥救濟，與補下班祗應。」此記載之張安道乃南宋孝宗時人，是宋世有兩張安道。

石渠錄十一卷

《石渠錄》十一卷，校書郎昭武黃伯思長睿撰。

廣棪案：伯思，《宋史》卷四百四十三〈列傳〉第二百二〈文苑〉五有傳。其〈傳〉載：「黃伯思字長睿，其遠祖自光州固始徙閩，爲邵武人。」邵武即昭武。又載：「元符三年，進士高等，調磁州司法參軍；久不任，改通州司戶。丁內艱，服除，除河南府戶曹參軍，治劇不勞而辦。秩滿，留守鄧洵武辟知右軍巡院。……又二年，除詳定《九域圖志》所編修官，兼《六典》檢閱文字，改京秩。尋監護崇恩太后園陵使司，掌管牋奏。以修書恩，升朝列，擢祕書省校書郎。未幾，遷祕書郎。縱觀冊府藏書，至忘寢食。自《六經》及歷代史書、諸子百家、天官地理、律曆卜筮之說，無不精詣。凡詔講明前世典章文物、集古器考定眞贗，

以素學與聞，議論發明居多，館閣諸公自以爲不及也。」考石渠，即石渠閣，蕭何所建，漢時藏圖籍、秘書之地。此書以《石渠錄》命名，殆徽宗崇寧間伯思擢校書郎，遷秘書郎時所撰耶？

避暑錄話二卷

《避暑錄話》二卷，葉夢得紹興五年所作。

廣棪案：《讀書附志》卷上〈雜說類〉著錄：「《避暑錄》十五卷。右葉夢得少蘊之說也。少蘊，蘇州吳縣人，紹聖四年進士。建炎初爲翰林學士，拜戶書，遷尚書左丞，終於崇信軍節度使。自號石林云。」所著錄書名、卷數均與《解題》不同。《四庫全書總目》卷一百二十一〈子部〉三十一〈雜家類〉五著錄：「《避暑錄話》二卷，兩江總督採進本。宋葉夢得撰。案晁公武《讀書志》載此書作十五卷，與此本卷數多寡懸殊，疑今所行者非完帙。然《文獻通考》已作二卷。毛晉〈津逮祕書跋〉云：『得宋刻迥異坊本，亦作二卷。』則宋代亦即此本。考諸書所引《避暑錄話》，亦具見此本之中，無一條之佚脫，知《讀書志》爲傳寫之謬矣。夢得在南渡之初，巋然耆宿。其藏書至三萬餘卷，亦甲於諸家。故通悉古今，所論著多有根柢。惟本爲蔡京之門客，不免以門戶之故，多陰抑元祐而曲解紹聖。如『論詩賦』一條，爲王安石罷詩賦解也。『葉源』一條，爲蔡京禁讀史解也。『王姬』一條，爲蔡京改公主曰帝姬解也。至深斥蘇洵〈辨姦論〉，則尤其顯然者矣。然終怵於公論，隱約其文，尚不似陳善《捫蝨新話》顛倒是非，黨邪醜正，一概肆其狂詆。其所敘錄，亦多足資考證而裨見聞。故善書竟從屏斥，而是編則仍錄存焉。」可供參考。惟《四庫全書總目》此條所言之「晁公武《讀書志》」云云，實乃趙希弁《讀書附志》，《四庫全書總目》失考。

臺省因話錄一卷

《臺省因話錄》一卷，兵部尚書新昌公弼國佐撰。

廣棪案：此書無可考。臺省，唐三省之總稱。公弼，《宋史》卷三百四十八〈列傳〉第一百七有傳。《宋人傳記資料索引》載：「石公弼，初名公輔，字國佐，越州新昌人，景衡子。元祐六年進士。大觀中，累官御史中丞，劾蔡京罪惡，章數十上，始罷京。及劉逵主國柄，公弼復論其廢紹述良法，啓用元祐邪黨學術，人頗以是譏之。進兵部尚書，以樞密直學士知襄州。京再輔政，謫台川安

置。遇赦歸，卒。」是公弼於徽宗大觀時進兵部尚書，此書或其時作。

思遠筆錄一卷

《思遠筆錄》一卷，翰林學士九江王寓撰。^{廣棪案}：《宋史》「寓」作「寀」。寓以靖康元年七月，以禮部尚書入翰苑，雜記當時聞見，凡二十七條。寓父易簡以布衣召為說書，遂顯用。寓後拜左轄，使金辭行，謫散官嶺表，父子俱南下，沒於盜。

> 廣棪案：寓，《宋史》卷三百五十二〈列傳〉第一百一十一附〈耿南仲〉。《宋史》載：「王寓字元忠，江州人。父易簡，資政殿大學士兼侍講。寓歷校書郎、著作佐郎、度支員外郎兼充編修宮、國子司業，為起居舍人，改中書舍人兼蕃衍宅直講。欽宗立，以給事中命兼邇英殿經筵侍講，轉吏部侍郎，升禮部尚書、翰林學士。康王之使金也，以寓為尚書左丞副之。寓憚行，假夢兆丐免，易簡亦上書以請。上震怒，追毀左丞命，降單州團練副使，新州安置，并易簡宮祠黜之。建炎四年，賊馬進破江州，易簡等三百人俱被害。」可與《解題》相參證。此書無可考。

秀水閒居錄三卷

《秀水閒居錄》三卷，丞相汝南朱勝非藏一撰。寓居宜春時作。秀水者，袁州水名也。

> 廣棪案：勝非字藏一，蔡州人。《宋史》卷三百六十二〈列傳〉第一百二十一有傳。〈傳〉稱紹興二年，勝非「再除兼侍讀，尋拜尚書右僕射、同中書門下平章事」。又載：「（紹興）五年，應詔言戰守四事，起知湖州，引疾歸。勝非與秦檜有隙，檜得政，勝非廢居八年，卒，諡忠靖。勝非，張邦昌友壻也。始，邦昌僭位，勝非嘗械其使。及金人過江，勝非請尊禮邦昌，錄其後以謝敵。苗、劉之變，保護聖躬，功居多。既去，力薦張浚。然李綱罷，勝非受黃潛善風旨草制，極言其狂妄。再相，忌趙鼎。鼎宣撫川、陝，欲重使名以制吳玠，勝非曰：『元樞出使，豈論此耶？』蓋因事出鼎而輕其權，人以此少之。及著《閒居錄》，亦多其私說云。」是則此書蓋紹興五年至十三年間「勝非廢居八年」時所撰。《宋史》卷二百三〈志〉第一百五十六〈藝文〉二〈故事類〉著錄：「朱勝非《秀水閒居錄》二卷。」所著錄卷數與《解題》不同，未知孰是。

閒見後錄二十卷

《聞見後錄》二十卷，廣棪案：盧校本作「三十卷」。邵某撰。　廣棪案：盧校本「某」
為「博」。並注曰：「據《雜史門》改。」

　　廣棪案：《四庫全書總目》卷一百四十一〈子部〉五十一〈小說家類〉二著錄：
　　「《聞見後錄》三十卷，江西巡撫採進本。宋邵博撰。博字公濟，伯溫子也。是
　　編蓋續其父書，故曰《後錄》。其中『論復孟后』諸條，亦有與《前錄》重出者。
　　然伯溫所記多朝廷大政，可裨史傳。是書兼及經義、史論、詩話，又參以神怪、
　　俳諧，較《前錄》頗為瑣雜。又伯溫書盛推二程，博乃排程氏而宗蘇軾。觀所
　　記游酢、謝良佐之事，知康節沒後，程氏之徒欲尊其師而抑邵，故博有激以報
　　之。蓋怙權者務爭利，必先合力以攻異黨，異黨既盡，病利之不獨擅，則同類
　　復相攻。講學者務爭名，亦先合力以攻異黨，異黨既盡，病名之不獨擅，則同
　　類亦相攻。固勢之必然，不足怪也。至其彙輯『疑孟』諸說，至盈三卷；證《碧
　　雲騢》真出梅堯臣手；記王子飛事，稱佛法之靈；記湯保衡事，推道教之驗；
　　論晏殊薄葬之非：詆趙鼎宗洛學之謬；皆有乖邵子之家法。他若以元稹詩作黃
　　巢之類，引據亦頗疏略。惟其辨宣仁之誣，載司馬光集外章疏之類，可資考訂。
　　議《通鑑》削屈原之非，駁王安石取馮道之謬，辨伊川《易傳》非詆垂簾，證
　　紹興玉璽實非和璧。論皆有見。談詩亦多可採。宋人說部，完美者稀，節取焉
　　可矣。」可供參考。

侍兒小名錄一卷、續一卷

《侍兒小名錄》一卷、《續》一卷，〈序〉題朋谿居士而不著名氏。始洪炎玉
父集為此書，王銍性之、溫豫彥幾續補。今又因三家而增益之，且為分類，
其中多用古字。或云董彥遠家子弟所為也。

　　廣棪案：《郡齋讀書志》卷第十四〈類書類〉著錄：「《侍女小名錄》一卷。右
　　皇朝王銍纂。〈序〉云：『大觀中居汝陰，與洪炎玉父遊，讀陸魯望《小名錄》，
　　戲徵古今女侍名字，因盡發所藏書纂集，踰月而成焉。』凡稗官小說所記，
　　采之且盡，獨是正史所載，反多脫略，子弟之學，其弊如此。」是晁氏以此
　　書為王銍纂，所考與《解題》不盡同。《宋史》卷二百六〈志〉第一百五十九
　　〈藝文〉五〈小說類〉著錄：「洪炎《侍兒小名錄》一卷。」則〈宋志〉以此
　　書為洪炎撰。考《四庫全書總目》卷一百三十七〈子部〉四十七〈類書類存

目〉一著錄：「《侍兒小名錄拾遺》一卷，_{內府藏本}。舊本題宋晉陽張邦幾撰。前有邦幾〈自序〉曰：『少蓬洪公作《侍兒小名錄》，好事者多傳焉。王性之《補錄》一卷，意語盡矣。余友溫彥幾復得一卷，以授余曰：「他日觀書有可采錄之，乃作〈拾遺〉。」』與晁公武《讀書志》合。然公武稱舊本但題朋溪先生，不著名氏。又稱或云董彥遠家子弟爲之。彥遠，乃董逌之字，其子弟則不知爲誰。此本爲明商濬所刊，獨題爲邦幾，不知何據？考濬刻《稗海》，此書與張邦基《墨莊漫錄》相連，豈因彼而誤作邦基，又訛基爲幾耶？錢希言《戲瑕》引作張邦畿，則愈訛愈遠矣。《讀書志》謂此書多用古字。今不盡然，蓋後人所改。所載不甚簡擇，如江蓮、王魁二事，皆猥鄙不足道。又如大喬、小喬乃孫策、周瑜之妻，以爲侍兒，尤舛謬也。」孫猛《郡齋讀書志校證》亦曰：「按〈宋志〉卷五〈小說家類〉有洪炎〈侍兒小名錄〉一卷，《書錄解題》卷十一〈小說類〉亦云：『始洪炎玉父集爲此書。』然今本多題洪遂。據溫豫〈續補侍兒小名錄序〉稱，洪、王二書所載共一百七十六條，猶未備，故續之。據張邦幾〈侍兒小名錄拾遺序〉云：「豫書授邦幾，邦幾又續之。而《書錄解題》謂續洪，王、溫三家之錄，其『〈序〉題朋谿居士而不著名氏，……或云董彥遠弟子所爲也。』吳騫《拜經樓藏書題跋記》卷四以爲即董逌之子弅，弅嘗僑居宜興朋谿，故號。明商濬刊入《稗海》，易其名爲〈拾遺〉，題撰者爲晉陽張邦幾，已非原本。」均足資參考。然《四庫全書總目》誤《解題》所述者爲《郡齋讀書志》，則紀氏之失愼也。

紀談錄十五卷

《紀談錄》十五卷，稱傳密居士，不著名氏。蓋晁公邁伯咎也。

　　廣棪案：公邁，《宋史》無傳。《宋人傳記資料索引》載：「晁公邁，字伯皋，一字伯咎，號傳密居士，鉅野人，詠之季子。以蔭補將仕郎。靖康初，黨禁解，爲開封府刑曹，豪強無所避。性狷介，雖臨事盡職，少拂意便去，傲視憂患，卒不動心，官至提舉廣東常平。有《詩集》。」惟未載此書。《紀談錄》，見《說郛》宛委山堂本卷十四。

賢異錄一卷

《賢異錄》一卷，亦無名氏。所記四事，其一曰鬼傳者，言王靂家子弟所遇，

與世傳王子高事大同小異，當是一事耳。

廣棪案：《祕書省續編到四庫闕書目》卷二〈子類‧小說〉著錄：「《賢異錄》一卷，闕。」當是同一書。王隨，《宋史》卷二百九十一〈列傳〉第五十有傳。《宋人傳記資料索引》載：「王隨，字總之，趙州臨城人。七歲喪父，哀毀過人。真宗時舉進士，後以樞密直學士知益州。為政有大體，不為苛察。寶元二年，累遷工部侍郎，知樞密院事。天聖中，再入樞密。元昊反，帝數問邊事，不能對。及西征失利，議刺鄉兵，又久未決。帝怒，罷知河南府。卒年六十四，贈尚書，諡忠穆。」有關其家子弟及王子高事，皆無可考。

能改齋漫錄十三卷

《能改齋漫錄》十三卷，太常寺主簿臨川吳曾虎臣撰。

廣棪案：《讀書附志》卷上〈雜說類〉著錄：「《能改齋漫錄》二十卷，右吳曾虎臣所纂也。曰〈事始〉，曰〈辨誤〉，曰〈事實〉，曰〈沿襲〉，曰〈地里〉，曰〈議論〉，曰〈記詩〉，曰〈紀事〉，曰〈記文〉，曰〈類對〉，曰〈方物〉，曰〈樂府〉，曰〈神僊詭怪〉，曰〈詼諧戲謔〉，一一載之。曾，臨川人，嘗主奉常簿，入玉牒為檢討官。能改齋乃其自謂云。終於吏部郎。」《宋史》卷二百六〈志〉第一百五十九〈藝文〉五〈小說類〉著錄：「吳會《能改齋漫錄》十三卷。」其「吳曾」，誤作「吳會」。《四庫全書總目》卷一百十八〈子部〉二十八〈雜家類〉二著錄：「《能改齋漫錄》十八卷，浙江巡撫採進本。宋吳曾撰。曾字虎臣，崇仁人。秦檜當國時，曾上所業得官。紹興癸酉，自敕局改右承奉郎，主奉常簿，為玉牒檢討官。遷工部郎中，出知嚴州，致仕卒。此書末有葉子復〈跋〉，稱：『所記凡二千餘條，釐為十八卷。』自元初以來，刊本久絕。此本乃明人從祕閣鈔出，原闕首尾二卷。焦竑家傳寫之本，遂以第二卷、第十七卷各分為二，以足其數，實非完帙。又書中分〈事始〉、〈辨誤〉、〈事實〉、〈沿襲〉、〈地理〉、〈議論〉、〈記詩〉、〈謹正〉、〈記事〉、〈記文〉、〈方物〉、〈樂府〉、〈神仙鬼怪〉十三類。而諸家傳本，或分卷各殊，或次序顛倒，或併為十五卷，或以第十一卷分作兩卷，而併第九卷入第八卷內。或無〈謹正〉一類，而併入〈記事〉類中。或多〈類對〉一門，〈詼諧戲謔〉一門。蓋輾轉繕錄，不免意為改竄，故參錯百出，莫知孰為原帙也。趙彥衛《雲麓漫鈔》又記秦檜卒後，曾不敢出其第十九卷。則當日已無定本，無怪後來之紛紛矣。是書考證頗詳，而當時殊為眾論所不滿。劉昌詩《蘆浦筆記》嘗摘其

舛誤十一條。又稱其〈比事〉門中案今本無〈比事〉之名。多所漏略，舉《史記》八事以例其餘。趙彥衛《雲麓漫鈔》亦摘其中『論佛法與天地並原』一條，為所學之誣妄。併稱其詆訾前賢不少，如詩人得句偶有相犯，即以為蹈襲。及恃記博，妄有穿鑿。周煇《清波雜志》則謂其記荊王元儼戲劇批判及宗室子好尚之僻諸事，有論其不應言者，旋被旨毀版。盛如梓《恕齋叢談》又載當日有知麻城縣鄭顯文者，遣其子翰赴御史臺論曾事涉訕謗。有旨曾、顯文各降兩官。臣僚繳奏乃黜顯文，送其子汀州編管。後京鏜愛其書，始版行。與煇所記不同，未詳孰是。王士禎《池北偶談》以為曾書多不滿王安石，顯文殆又襲黨人故智。今觀其書，以荀彧為漢之忠臣，以馮道為大人。其是非甚為乖剌。又如孫仲鼇〈賀秦檜詩〉，曾惇〈上秦檜書事十絕句〉，皆臚載無遺。是其黨附權姦，昭然可見。併其書遭人攻擊，蓋由於此，士禎偶未詳考也。然曾記誦淵博，故援據極為賅洽，辨析亦精核。當時雖惡其人，而諸家考證之文，則不能不徵引其說，幾與洪邁《容齋隨筆》相捋，置其人品而論其學問，棄其瑕纇而取其英華，在南宋說部之中，要稱佳本，則亦未可竟廢矣。」均足資參考。惟此書卷帙另有十八卷與二十卷，恐直齋所得，及〈宋志〉所著錄者，均為不完之本。曾，《宋史翼》卷二十九〈列傳〉第二十九〈文苑〉四載：「吳曾字虎臣，崇仁人。由上舍獻書授官，累遷至吏部郎中。太史局欲徙紹興殯宮內士民墳墓，曾謂：『坤道尚靜，恐傷旺氣。』事得止。又言：『辛巳、壬午歲俱日食正，朝當主兵，請豫為備。』除知金州，去貪吏，恤良民，善政著聞，改嚴州致仕。所著有《君臣論》、《負暄策》、《毛詩辨疑》、《左傳發揮》、《新唐書糾繆》、《得閒文集》、《待試詞》、《學千一策》、《南征北伐編年》、《南北事類》、《能改齋漫錄》，近二百卷，悉收入祕府。《江西通志》。參《浙江通志》。」孫猛《郡齋讀書志校證》載：「紹興三十年十一月己卯，太常丞吳曾兼權吏部郎官；十二月戊午，殿中侍御史陳俊卿劾之，詔曾與在外宮觀，詳《建炎以來繫年要錄》卷一八七。」所記曾之仕履、人品，與《四庫全書總目》所考殊不相類，可供參證。

揮塵錄三卷、後錄十一卷、第三錄三卷、餘話一卷

《揮塵錄》三卷、《後錄》十一卷、《第三錄》三卷、《餘話》一卷，朝請大夫汝陰王明清仲言撰。明清，銍之子，曾紆公袞之外孫。故家傳聞、前言往行多所憶。《後錄》，〈跋〉稱六卷，今多五卷。

廣梭案:《讀書附志》卷上〈雜說類〉著錄:「《揮麈錄》、《後錄》、《第三錄》、《揮麈餘話》二十三卷。右王明清仲言之說也。明清,汝陰人。載朝廷典故、賢哲言行爲多。」《四庫全書總目》卷一百四十一〈子部〉五十一〈小說家類〉二著錄:「《揮麈前錄》四卷、《後錄》十一卷、《第三錄》三卷、《餘話》二卷。河南巡撫採進本。宋王明清撰。明清字仲言,汝陰人。慶元中寓居嘉興。《書錄解題》稱其官曰『朝請大夫』,《宋詩紀事》則曰『泰州倅』。未詳孰是也。是編皆其箚記之文。《前錄》爲乾道丙戌奉親會稽時所紀,多國史中未見事。〈自跋〉謂:『記憶殘闕,以補冊府之遺』是也。末附沙隨程迥、臨汝郭九惠二〈跋〉,李壼一〈簡〉,及慶元二年實錄院移取《揮麈錄》牒文二道。《後錄》爲紹熙甲寅武林官舍中所紀。有海陵王禹錫〈跋〉。《第三錄》爲慶元初請外時所紀,於高宗東狩事獨詳。《餘話》兼及詩、文、碑、銘,補前三錄所未備,有浚儀趙不譾〈跋〉。晁公武《讀書志》云總三十三卷。今止二十卷。《文獻通考》云《前錄》三卷。今四卷。《後錄》〈自跋〉云:『釐爲六卷。』今多五卷。蓋久經後人分併,故卷帙不齊如此。明清爲王銍之子、曾紆之外孫。紆爲曾布第十子,故是《錄》於布多溢美。其記王安石沒,有神人幢蓋來迎;而於米芾極其醜詆,尤不免軒輊之詞。趙彥衛《雲麓漫鈔》嘗議其載張耆宴侍從諸臣事,爲不近事理。王士禎《古夫于亭雜錄》亦議其載歲祀黃巢墓事,爲不經之談。然明清爲中原舊族,多識舊聞。要其所載,較委巷流傳之小說終有依據也。」可供參考。黃虞稷、倪燦撰《宋史藝文志補·子部·小說家類》著錄:「王明清《揮麈前錄》四卷、《後錄》十一卷、《第三錄》三卷、《餘話》二卷。」所著錄者與《四庫》本同,而異於《解題》。誠如《四庫全書總目》所云,此書「蓋久經後人分併,故卷帙不齊如此」。明清,《宋史翼》卷二十七〈列傳〉第二十七〈文苑〉二〈王銍〉載:「次子明清,字仲言,紹熙乙酉簽書寧國軍節度判官《玉照新志》。著有《揮麈三餘》、《玉照新志》、《投轄錄》。」同書卷二十八〈列傳〉第二十八〈文苑〉三〈王明清〉載:「王明清字仲言,汝陰人。《至元嘉禾志》。明清甫十歲,朱希眞、徐敦立過其父,因詢以國史中數事,應之無遺,由是受知。慶元間,居甥館於嘉禾,官至朝散郎,與其父雪溪、兄仲信,俱有史才,當時諸公欲收置史館,不果。嘗剴切上封事,是時南渡以來,簡冊散亡,老成凋謝,明清裒集軼事遺聞,編爲《揮麈錄》及《玉照新志》《檇李詩繫》。」曾紆,《宋史翼》卷三十六〈列傳〉第二十六〈文苑〉一有傳。其〈傳〉曰:「曾紆字公袞,號空青,世家撫之南豐,丞相布之第四子也。……紆才高識明,博極書史。其謫永州也,黃庭堅魯直得其詩而

愛之，手書於扇。紆之叔父肇不妄許可人，嘗曰：『文章得天才，當省學問之半，吾文力學至此耳，吾家阿紆所得，超然未易量也。』故詩文每出，人爭誦之。篆隷行艸，沈著痛快，得古人用筆意。《浮溪集・曾公墓誌》。著有《空青遺文》十卷。」可藉知王明清、曾紆生平及其爲學概況。惟《宋史翼》載明清有《揮麈三餘》一書，則「餘」爲「錄」之誤。

投轄錄一卷

《投轄錄》一卷，王明清撰。所記奇聞異事，客所樂聽，不待投轄而留也。

廣棪案：《四庫全書總目》卷一百四十〈子部〉五十一〈小說家類〉二著錄：「《投轄錄》一卷，內府藏本。宋王明清撰。是書乃其晚年所作。見於《書錄解題》者一卷，與此本相同。其以投轄爲名者，陳振孫謂：『所記皆奇聞異事，客所樂聽，不待投轄而留也。』所列凡四十四事，大都掇拾叢碎，隨筆登載，不能及《揮麈錄》之援據眩洽，有資考證。然故家文獻，所言多信而有徵，在小說家中，猶爲不失之荒誕者。惟第六條之首，原闕四行，乃傳寫者所脫佚，今已不可考矣。書中於每條之下多註所聞之人，今考其『江彥文』一條下，註聞之陸務觀，『任藎臣』、『虹縣良家子』二條下，註聞之僧祖秀。祖秀乃宣和舊人，即作《艮岳記》者，明清猶及見之，而又下見陸游。其稱『己未歲，金人歸我河南地』者，爲高宗紹興九年。又稱『甲戌歲』者，乃寧宗嘉定七年。則明清之老壽，可以概見，宜其於軼聞舊事，多所諳悉也。」足資參考。惟余嘉錫《四庫提要辨證》卷十七〈子部〉八「《投轄錄》一卷」條則曰：「嘉錫案：《說郛》卷三十九據涵芬樓排印明鈔本。有《投轄錄》四條，其前有明清〈自序〉一篇，末題『紹興己卯十月』，珹川吳氏舊鈔本《投轄錄》亦同。涵芬樓據江南圖書館藏本排印。明清生于建炎元年丁未，說見《揮麈錄》條下。至紹興己卯，年甫三十有三。其平生著作，此爲最早，而《提要》誤以爲晚年之作者，《四庫》本佚去此〈序〉也。〈序〉云：『屛跡杜門，居多暇日，記憶曩歲之所剟聆，遺忘之餘，僅存數十事，筆之簡編。因念晤言一室，親友情話，夜漏既深，互談所睹，皆側耳聳聽，使婦輩斂足，稚子不敢左顧，童僕顏變於外，則坐客愈忻怡忘倦，神躍色揚，不待投轄自然肯留，故命以爲名。』是則陳振孫之所言，即本之〈自序〉耳！」嘉錫所考，既訂正《四庫全書總目》之訛，又考出直齋《解題》所本也。

吳船錄一卷

《吳船錄》一卷，范成大至能撰。自蜀帥東歸紀遊，取「門泊東吳萬里船」
之語也。

廣棪案：《四庫全書總目》卷五十八〈史部〉十四〈傳記類〉二著錄：「《吳船錄》
二卷，<small>浙江鮑士恭家藏本。</small>宋范成大撰。成大於淳熙丁酉，自四川制置使召還，
取水程赴臨安，因隨日記所閱歷，作爲此書。自五月戊辰，迄十月己巳。於古
蹟形勝，言之最悉，亦自有所考證。如釋繼業紀乾德二年太祖遣三百僧往西方
求舍利貝多葉書路程，爲他說部所未載，頗足以廣異聞。又載所見蜀中古畫，
如伏虎觀孫太古畫李冰父子像，青城山丈人觀孫太古畫黃帝及三十二仙眞，長
生觀孫太古畫龍虎，及玩丹石寺唐畫羅漢一版，皆可補黃休復《益州名畫記》
所未及。又杜甫〈戎州詩〉『重碧拈春酒』句，印本拈或作酤。而成大謂敘州有
碑本乃作粘字。是亦註杜集者所宜引據也。」可資參考。至此條「門泊東吳萬
里船」一句，蓋杜甫〈絕句四首〉語也。

瑣碎錄二十卷、後錄二十卷

《瑣碎錄》二十卷、《後錄》二十卷，溫革撰。陳昱<small>廣棪案：《文獻通考》作「陳
曄」，盧校本同。</small>增廣之。《後錄》者，書坊增益也。

廣棪案：此書無可考。溫革，《宋史》無傳。《宋詩紀事補遺》卷之三十五「溫
革」條載：「溫革，原名豫，字叔皮，恥與劉豫同，改名革，福建惠安人。政和
五年進士，累官祕書郎。紹興初，被命使河南修山陵，歸奏以實，高宗爲泣下。
忤秦檜，出守延平，刻《五岳眞形圖》，後守漳州，終福建轉運使。」可知其生
平梗概。陳昱，《宋史》無傳。劉一止《苕溪集》卷四十六〈外制〉有〈陳昱大
理寺丞〉一篇，則昱曾任大理寺丞。《解題》同卷〈小說家類〉著錄：「《夷堅志
類編》三卷，四川總領陳昱日華取《夷堅志》中詩文、藥方，類爲一編。」是
昱字日華，曾任四川總領，又撰《夷堅志類編》者。此書《瑣碎錄》三十卷，
疑亦昱所增廣。至陳曄，《宋史》無傳。《宋詩紀事補遺》卷之五十四「陳曄」
條載：「陳曄，字日華，福州人。淳熙五年爲淳安令，時詔府州舉行義役，曄集
大姓于庭，多方諭之，眾皆聽命。」同書卷之六十「陳曄」條載：「陳曄，字日
華，慶元初知汀州，爲治精明，置田贍學，惠政甚多。」可知其宦歷。陳曄即
陳曄。陳昱與陳曄，均字日華，惟顯爲兩人。惟增廣此書之人，應屬陳昱，與

陳曄無涉。

鑑誡別錄三卷

《鑑誡別錄》三卷，廬陵歐陽邦基壽卿撰。周益公、洪景廬有〈序〉、〈跋〉。

> 廣棪案：《宋史》卷二百七〈志〉第一百六十〈藝文〉六〈類事類〉著錄：「歐陽邦基《勸戒別錄》三卷。」與此應同為一書，書名略異。周必大《文忠集》卷十九〈題跋〉六〈跋歐陽邦基勸戒別錄〉曰：「淳熙甲午秋，永新歐陽邦基壽卿攜書過予，滔滔千八百言，予愛歎其才，每以進修勉之。求予為〈序〉，予固未暇也。後十有六年，奉祠來歸，壽卿之《錄》益詳，凡經史百家所記，與夫近世士大夫善言善行，皆聚而筆之，析為三卷，總十五門。又刻〈鋤惡種德篇〉及〈勸修西方淨業文〉，散施于人，惟恐聞者不言，傳之不廣，視日休蓋鴻雁行也。連歲踵門申前請，予曰：『如子之志，雖克棟宇，汗馬牛，且不能盡，曾是三卷，安得謂之成書。以要言之，諸惡莫作，眾善奉行，兩言足矣。上士固不待勸，中士必知所擇，下士或思戒焉。彼誨諄諄而聽藐藐者，非所計也。』壽卿請題其後，不復求〈序〉云。紹熙二年四月二十六日。」是此書書名應作《勸戒別錄》，《解題》誤矣。洪邁〈序〉、〈跋〉無可考。

樂善錄十卷

《樂善錄》十卷，蜀人李昌齡伯崇撰。以《南中勸戒錄》增廣之，多因果報應之事。

> 廣棪案：《宋史》卷二百五〈志〉第一百五十八〈藝文〉四〈雜家類〉著錄：「李石《樂善錄》十卷。」所著錄撰人名字不同。考李昌齡，《宋史》卷二百八十七〈列傳〉第四十六有傳。其〈傳〉曰：「李昌齡字天錫，宋州楚丘人。」宋州，今四川古宋縣。是字天錫之李昌齡亦蜀人，惟與字伯崇之昌齡是否同屬一人，則未易定。至李石，字知幾，號方舟，資州人。《宋史翼》卷二十八〈列傳〉第二十八〈文苑〉三有傳。資州，今四川資中縣。則李石亦蜀人。《樂善錄》及《南中勸戒錄》二書，無可考。

神仙類 廣棪案：盧校本作卷三十六〈神仙類〉。校注曰：「有元本。」

列仙傳二卷

《列仙傳》二卷，漢劉向撰。凡七十二人。每傳有〈贊〉，似非向本書，西漢人文章不爾也。《館閣書目》：「三卷，六十二人。」《崇文總目》作二卷，七十二人，與此合。

廣棪案：《郡齋讀書志》卷第九〈傳記類〉著錄：「《列仙傳》二卷。右漢劉向撰。」《玉海》卷第五十八〈藝文·傳〉「漢《列仙》、《列士傳》」條載：〈隋志〉：『漢時阮倉作《列仙圖》，劉向典校經籍，始作《列仙》、《列士》、《列女》之傳。』……《列仙傳讚》二卷。〈舊唐志〉二卷。……《史記正義》：『《七略》云：「《列仙傳》二卷，劉向撰。」』〈唐志·神仙類〉卷同。《崇文目》同，凡七十二人。《書目》：『《列仙傳》三卷，劉向撰。凡六十三人。』」《宋史》卷二百五〈志〉第一百五十八〈藝文〉四〈道家附神仙類〉著錄：「劉向《列仙傳》三卷。」是此書或作二卷，或作三卷，所撰傳，或七十二人，或六十二人，據《解題》引《中興館閣書目》。或六十三人。據《玉海》引《中興館閣書目》。《四庫全書總目》卷一百四十六〈子部〉五十六〈道家類〉著錄：「《列仙傳》二卷，兩淮鹽政採進本。舊本題漢劉向撰。紀古來仙人自赤松子至元俗凡七十一人。人係以〈讚〉，篇末又為〈總讚〉一首。其體全仿《列女傳》。陳振孫《書錄解題》謂不類西漢文字，必非向撰。黃伯思《東觀餘論》謂：『是書雖非向筆，而事詳語約，詞旨明潤，疑東京人作。』今考是書，〈隋志〉著錄則出於梁前。又葛洪〈神仙傳序〉亦稱此書為向作，則晉時已有其本。然〈漢志〉列劉向所序六十七篇，但有《新序》、《說苑》、《世說》、《列女傳圖頌》，無《列仙傳》之名。又〈漢志〉所錄，皆因《七略》，其〈總讚〉引《孝經援神契》，為〈漢志〉所不載。〈涓子傳〉稱其《琴心》三篇有條理，與〈漢志·蜎子〉十三篇不合。〈老子傳〉稱作《道德經》上、下二篇，與〈漢志〉但稱《老子》亦不合，均不應自相違異，或魏、晉閒方士為之，託名於向耶？振孫又云：『《館閣書目》作二卷，七十二人。』」廣棪案：《解題》引作『三卷，六十二人』。李石《續博物志》亦云：『劉向傳列仙七十二人。』皆與此本小異。惟葛洪〈神仙傳序〉稱七十一人，此本上卷四十人，下卷三十人，內江妃二女應作二人，

與洪所記適合。檢李善《文選註》及唐初《藝文類聚》諸書所引，文亦相符，當爲舊本。其篇末之〈讚〉，今概以爲向作。〈隋志〉載《列仙傳讚》三卷，劉向，鬷續，孫綽讚。案鬷續上似脱一字，蓋有《續傳》一卷，故爲三卷也，今無從校補，姑仍舊文。又《列仙傳讚》二卷，劉向撰，晉郭元祖讚。此本二卷，較孫綽所讚少一卷。又劉義慶《世說新語》載孫綽作《商邱子胥讚》曰：『所牧何物，殆非眞豬。儻遇風雲，爲我龍擄。』此本商邱子胥《讚》亦無此語。然則此本之〈讚〉，其郭元祖所撰歟？以舊刻未列郭名，疑以傳疑，今亦姑闕焉。」則《四庫全書總目》作撰傳七十一人，書凡二卷。至此書是否劉向所撰，《四庫全書總目》所考，仍疑莫能明也。

周易參同契三卷

《周易參同契》三卷，後漢上虞魏伯陽撰。其書因《易》以言養生。後世言修鍊者祖之。

廣棪案：《玉海》卷第三十五〈藝文·易〉「《周易參同契》」條載：「〈唐志·五行類〉：『魏伯陽《周易參同契》二卷，後漢人。』《書目》：『明金丹之訣。篇題蓋倣緯書之目，詞韻皆古，奧雅難通。首言〈乾〉、〈坤〉、〈坎〉、〈離〉四卦，橐籥之外；其次即言〈屯〉、〈蒙〉六十卦，以見一日用功之早晚；又次即言納甲六卦，以見一月用功之進退；又次即言十二辟卦，以分納甲六卦而兩之，蓋內以詳理月節，外以兼統歲功。此書大要在〈坎〉、〈離〉二字。』《崇文目》：『道書有《參同契》、《太易志》、《圖丹書》各一卷。』《易釋文》：『虞翻注《參同契》，云字從日下月。』《三洞珠囊》：『魏伯陽撰《參同契》，其說以《周易》爻象論作丹之意，而世不知神丹之事，多作陰陽注之，殊失其旨。』朱子曰：『參同之說，見一息之閒有晦朔弦望。上弦者，氣之方息，自上而下也。下弦者，氣之方息，自下而上也。望者，氣之盈，日沈于下，而月圓于上也。晦朔之閒者，日月之合乎上，所謂舉水以滅火，金來歸，性初之類是也。』朱文公推策數之法，月以十二卦分之，卦得三日有半，各以本卦之爻，行本爻之策。又曰：『參同本不爲明《易》，借納甲之法寓行，持進退之候云。甲乙丙丁庚辛者，乃以月之昏旦出沒言之，非以分六卦之方也。上察《河圖》文，下序地形流，中稽於人心，參合考三才。』」足資參證。是此書或作二卷，因《易》以言養生者也。

參同契分章通真義三卷、明鏡圖訣一卷

《參同契分章通真義》三卷、《明鏡圖訣》一卷，

　　廣棪案：《郡齋讀書志》卷第十六〈神仙類〉著錄：「《彭曉注參同契》三卷。」
　　《祕書省續編到四庫闕書目》卷二〈子類・道書〉著錄：「彭曉《參同契明鏡訣》
　　一卷輝按：〈宋志〉同。陳《錄》作《明鏡圖訣》。《道藏目》入〈太玄部〉，作彭
　　曉《參同契鼎器歌明鏡圖》。」葉德輝考證本。《宋史》卷二百五〈志〉第一百五
　　十八〈藝文〉四〈道家附神仙類〉著錄：「彭曉《周易參同契分章通眞儀》三卷、
　　《參同契明鑑訣》一卷。」是此二書多異名。

真一子彭曉秀川撰。蜀永康人也。〈序〉稱「廣政丁未以《參同契》分十九章
而為之注，且為圖八環，謂之《明鏡圖》」。

　　案：吳任臣撰《十國春秋》卷第五十七〈後蜀〉十〈列傳・彭曉〉載：「彭曉字
　　秀川，永康人也。廣政初，授朝散郎，守尚書祠部員外郎，賜紫金魚袋，善修
　　煉養生之道，別號眞一子。常分魏伯陽《參同契》爲九十章而註之，以應火候
　　九轉，上卷分四十章，中卷分三十八章，下卷分十二章。餘〈鼎器歌〉一篇，以應
　　眞鉛得一。且爲圖八環，謂之《明鏡圖》。今有《參同契分章通眞義》三卷、《明
　　鏡圖訣》一卷行世。〈參同契分章通真義後序〉云：『《參同契》者，參，雜也；同，
　　通也；契，合也；謂與諸丹經理通而契合也。凡修金液還丹，先尋天地混元之根，次
　　究陰陽分擘之象，明水火克，復為夫妻，認金水相生，反為父子，故有男兼女體，則
　　鉛內產砂；女混男形，則砂中生汞。日者，陽也；日中有為，陽含陰也。月者，陰也；
　　月中有兔，陰含陽也。此天地顯垂真象，令達者則之，可謂真陰陽也。復有陰陽反覆
　　之道，水火相須之理，造化生成之徑。既知其徑，須原其根。根者，則天地混元之根
　　也。既得其根，須取其象。象者，則陰陽分擘之象也。既得其象，須循動靜；既循動
　　靜，須知其數；既知其數，須依刻漏；既依刻漏，須明進退；既明進退，須分龍虎；
　　既分龍虎，則南北之界定矣，金木之形全矣，大道之丹成矣。復有內外法象，內外水
　　火，有壇竈焉，有鼎室胞胎焉，有爻象焉，有水火之候焉，有抽添之則焉，有擣駕之
　　模範，有離合之形體，此皆頭頭俱備，闕一不可。志士又須徹聲色，去嗜慾，棄名利，
　　投靈山，絕常交，結仙友，隱密漕溪，晝夜無怠，方可期望。或不如是，則虛勞勤爾。
　　故陰真君曰：「莫辭得失，一志而修，還丹可冀也。」時孟蜀廣政十年，歲次丁未，九
　　月初八日，昌利化飛鶴山，真一子彭曉敍。』足資參證。據《十國春秋》，是曉分
　　《參同契》爲「九十章」而注之，非「十九章」，《解題》誤也。

曩在麻姑山傳錄。其末有《秀川傳》。

案：此處謂「曩在麻姑山傳錄」此書，其事則直齋任江西南城宰時。麻姑山在南城縣西南十里，山上有仙都觀，典藏神仙類書籍至爲富贍。余嘗詳考之，可參拙著《陳振孫之生平及其著述研究》第三章第四節。

汪綱會稽所刻本，其前題「祠部員外郎彭曉」，蓋據秘閣本云爾。麻姑本附〈傳〉亦言仕蜀爲此官。

案：汪綱，《宋史》卷四百八〈列傳〉第一百六十七有傳。《宋人傳記資料索引》載：「汪綱，字仲舉，號恕齋，黟縣人，義和子。淳熙十四年中銓試，累除外任，所至有政聲。歷知紹興府，主管浙東安撫司公事，尋除直龍圖閣。理宗立，授右文殿修撰，加寶謨閣待制。紹定初召赴行在，言臣下先利之心，過於徇義，爲身之計，過於謀國，宜有以轉移之。權戶部侍郎，越數月，上章致仕，特畀二秩，守戶部侍郎，仍賜金帶卒。綱學有本原，多聞博記，凡兵、農、醫、卜、陰陽、律曆諸書，靡不研究，機神明銳，遇事立決。有《恕齋集》、《左帑志》、《漫存錄》。」考會稽屬紹興府，則此書應刻於寧宗綱知紹興府時。至彭曉仕後蜀所任官職，《十國春秋》所記，亦與會稽刻本前題「祠部員外郎」同。

參同契考異一卷

《參同契考異》一卷，朱熹撰。以其詞韻皆古，奧雅難通，讀者淺聞，妄輒更改，比他書尤多舛誤，合諸本更相讎正，其諸同異，皆並存之。

廣棪案：《文獻通考》卷二百二十四〈經籍考〉五十一〈子神僊〉「《參同契考異》一卷」條引《朱子語錄》曰：「《參同契》所言坎、離、水、火、龍、虎、鉛、汞之屬，只是互換其名，其實只是精氣二者而已。精，水也；坎也，龍也；汞也。氣，火也；離也，虎也，鉛也。其法以神運精氣，結而爲丹。陽氣在下，初成水，以火鍊之，則凝神丹，其說甚異，內外異色，如鴨子卵，真箇成此物。《參同契》文章極好，蓋後漢之能文者爲之，讀得亦不枉。其用字皆根括古書，非今人所能解，以故皆爲人妄解，世間本子極多。其中有云：『千周粲彬彬兮，萬遍將可睹。神明或告人兮，魂靈忽自悟。』言誦之久，則文義要訣自見。」又曰：「『二用無爻位，周流行六虛。』二用者，用九用六，九六亦〈坎〉、〈離〉也。六虛者，即〈乾〉、〈坤〉之初、二、三、四、五、上六爻位也。言二用雖無爻位，而常周流乎〈乾〉、〈坤〉六爻之間，猶人之精氣，上下周流乎一身，而無定所也。世有《龍虎經》，云在《參同契》之先，季通亦以爲好。及得觀之，

不然，乃隱括《參同契》之語而爲之也。」又曰：「《參同契》爲艱深之詞，使人難曉，其中有『千周』、『萬遍』之說，欲令熟讀以得之也。大概其說以爲欲明言之，恐泄天機，欲不說來，卻又可惜。」足資參證。

金碧古文龍虎上經一卷

《金碧古文龍虎上經》一卷，不著名氏。

　　廣棪案：《文獻通考》卷二百二十四〈經籍考〉五十一〈子神僊〉「《金碧古文龍虎上經》一卷」條引《朱子語錄》曰：「曾景建謂：『《參同契》本是《龍虎上經》，果否？』先生曰：『不然，蓋是後人見魏伯陽有「龍虎上經」一句，遂僞作此經。大概皆是體《參同契》而爲，故其間有說錯了處。如《參同契》云：「二用無爻位，周流行六虛。」二用者，即《易》中用九用六也。〈乾〉、〈坤〉六爻上下，皆是有位，惟用九用六無位，故周流行於六虛。今《龍虎經》卻錯說作虛危去，蓋討頭不見，胡亂牽合一字來說。』」足資參證。

麻姑所錄本無「金碧」字。

　　案：此直齋自言宰南城時，於麻姑山仙都觀所錄之本，其書名無「金碧」兩字。是此書另名《古文龍虎上經》耶？

黃庭內景經一卷、外景經一卷

《黃庭內景經》一卷、《外景經》一卷，館臣案：《文獻通考》作三卷。**務成子注。**

　　廣棪案：《郡齋讀書志》卷第十六〈神仙類〉著錄：「《黃庭內景經》一卷。右題《大帝內書》，藏暘谷陰，三十六章，皆七言韻語。梁丘子〈敘〉云：『扶桑大帝命暘谷神王傳魏夫人，一名《東華玉篇》。黃者，中央之色；庭者，四方之中。外指事，即天、人、地中；內指事，即腦、心、脾中，故曰「黃庭」。』」《郡齋讀書志》同卷又著錄：「《黃庭外景經》三卷。右敘謂老子所作，與《法帖》所載晉王羲之所書本正同，而文句頗異。其首有『老子閒居，作七言解說身形及諸神』兩句，其末有『吾言畢矣勿妄陳』一句，且改『淵』爲『泉』，改『治』爲『理』，疑唐人誕者附益之。《崇文總目》云：『記天皇氏至帝嚳受道得仙事。』此本則無之。」足資參證。《秘書省續編到四庫闕書目》卷二〈子類・道書〉著錄：「《黃庭內景經》一卷。輝按：〈宋志〉、《道藏目》洞玄部本文類同。《崇文

目》作《太上黃庭內景玉經》。」_{葉德輝考證本}。又《宋史》卷二百五〈志〉第
一百五十八〈藝文〉四〈道家類〉著錄：「《黃庭外景經》一卷。」是《外景經》
或作一卷，或作三卷。至務成子，舜師，《荀子‧大略》曰：「舜學於務成昭。」
趙岐注：「《漢書‧藝文志》有《務成子》十一篇。昭，其名也。」此書謂務成
子注，蓋偽託也。

是南嶽魏夫人所受者，魏舒之女也。

案：魏舒字陽元，任城樊人也。《晉書》卷四十一〈列傳〉第十一有傳。其〈傳〉
曰：「子混字延廣，清惠有才行，為太子舍人。年二十七，先舒卒，朝野咸為
舒悲惜。舒每哀慟，退而歎曰：『吾不及莊生遠矣，豈以無益自損乎！』於是
終服不復哭。詔曰：『舒惟一子，薄命短折。舒告老之年，處窮獨之苦，每念
怛然，為之嗟悼。思所以散愁養氣，可更增滋味品物。仍給賜陽隧四望、繐
惚戶、皁輪車、牛一乘，庶出入觀望，或足散憂也。』以庶孫融桐。又早卒，
從孫晃嗣。」據是，則舒惟一子，且先舒卒。《解題》謂「南嶽魏夫人」為舒
之女，未知有據否？

真誥十卷

《真誥》十卷，梁華陽隱居陶弘景撰。述楊羲、許邁、許玉斧遇仙真傳受經
文等事。

廣棪案：《郡齋讀書志》卷第十六〈神仙類〉著錄：「《真誥》十卷。右梁陶弘景
撰。皆真人口授之誥，故以為名。記許邁、許謐、楊羲諸仙受道之說，本七卷：
〈運題〉一，〈象甄〉二，〈命授〉三，〈協昌期〉四，〈稽神樞〉五，〈握真輔〉
六，〈翼真檢〉七。後人析第一、第二、第四，各為上下。」《玉海》卷第六十
三〈藝文‧藝術〉「梁《真誥》」條載：「〈唐志‧道家〉：『十卷，陶弘景撰。』……
《書目》：『《真誥》十卷，陶弘景撰。載楊權、許長史口授仙真修鍊等術。』《道
書》。」是《解題》所述，多據《郡齋讀書志》與《中興館閣書目》，惟《郡齋
讀書志》「許玉斧」作「許謐」，《館閣書目》「楊羲」作「楊權」，未知孰是。《四
庫全書總目》卷一百四十六〈子部〉五十六〈道家類〉著錄：「《真誥》二十卷，
_{兩淮馬裕家藏本}。梁陶宏景撰。宏景有《刀劍錄》，已著錄。是書凡〈運象篇〉、
〈甄命授〉、〈協昌期〉、〈稽神樞〉、〈闡幽微〉、〈握真輔〉、〈翼真檢〉等七篇。
其〈運象篇〉，書末宏景〈敘錄〉又作〈運題象〉。前後必有一訛，然未詳孰是

也。《文獻通考》作十卷。此本乃二十卷,蓋後人所分析也。所言皆仙真授受真訣之事。《朱子語錄》云:「《真誥‧甄命篇》,卻是竊佛家《四十二章經》爲之。至如地獄託生妄誕之說,皆是竊佛教中至鄙至陋者爲之。」黃伯思《東觀餘論》則云:『《真誥》「眾靈教戒」條、「後方圓」諸條,皆與佛《四十二章經》同,後人所附。然二氏之書,亦存此一家於天地閒耳,固不必一一別是非,亦無庸一一辨真偽也。』伯思又云:『小宋〈太乙宮詩〉:「瑞木千尋聳,仙圖幾弔開。」註云:「《真誥》謂一卷爲一弔。」』殊不知《真誥》所云弓,即卷字,蓋從省文。《真誥》音亦爾,非弔字也。然則此書諸卷,皆原作弓字,陶宗儀《說郛》蓋本於此。今皆作卷幾,亦非宏景之舊矣。」足供參考。弘景字通明,自號華陽隱士,丹陽秣陵人。《梁書》卷五十一〈列傳〉第四十五〈處士〉、《南史》卷七十六〈列傳〉第六十六〈隱逸〉下均有傳。《南史》載:「初,弘景母夢青龍無尾,自己升天,弘景果不妻無子。從兄以子松喬嗣。所著《學苑》百卷,《孝經》、《論語集注》、《帝代年曆》、《本草集注》、《效驗方》、《肘後百一方》、《古今州郡記》、《圖像集要》及《玉匱記》、《七曜新舊術疏》、《占候》、《合丹法式》,共秘密不傳,及撰而未訖中又十部,唯弟子得之。」所載書甚多,惟闕此種。至此書七篇,《郡齋讀書志》所記書名誤,又闕〈闡幽微〉一篇,應以《四庫全書總目》所記爲合。

參同契解一卷

《參同契解》一卷,題紫陽先生。不知何人。

　　廣棪案:張宗泰《魯巖所學集》卷六〈三跋書錄解題〉曰:「《參同契》下,紫陽先生,張伯端也,而去『不知何人』。」考伯端,《宋史》無傳。《宋人傳記資料索引》載:「張伯端,字平叔,後改名用成,號紫陽,天台人。少好學,熙寧間遊蜀,遇劉海蟾,授金液還丹火候之訣。治平間,訪扶風馬處厚於河東,以所著《悟真篇》授處厚,曰:『願公流布此書,當有會意者。』元豐中,趺坐而化,年九十九。」直齋不知紫陽先生爲何人,蓋失考也。

內景中黃經一卷

《內景中黃經》一卷,館臣案:《文獻通考》作二卷。題九仙君撰,中黃真人注。亦名《胎藏論》。廣棪案:《文獻通考》作《胎臟經》。

廣棪案:《文獻通考》卷二百二十四〈經籍考〉五十一〈子神傳〉著錄:「《中黃經》二卷,晁氏曰:『題九仙君撰,中黃真人注。亦名《胎臟經》。』」是《通考》誤以此條爲《郡齋讀書志》所撰,《四庫》館臣則以此條隸《解題》。今《郡齋讀書志》無論衢本或袁本均闕此條,是《通考》原誤也。此書又稱《太清中黃真經》,任繼愈等主編《道藏提要》著錄:「《太清中黃真經》三卷,原題九仙君撰,中黃真人註。(五六八冊 洞神部方法類 盡)本書亦稱《中黃經》,又名《胎藏論》、《胎藏中黃經》。《文獻通考·經籍考》著錄《中黃經》二卷,《通考·道家》作九仙君撰《中黃經》一卷。《雲笈七籤》收載於卷十三,本書與《七籤》本大同小異,個別註文略有增多,然本書『釋題』無註,而《七籤》本則有。釋題云:『《中黃經》即《胎藏論》,乃九仙君黃(《七籤》本作「兼」誤。)真人所集,《七籤》本釋題註謂九仙、中黃皆爲九天之真(尊),且均自稱曰「余」,據此,本書撰註,殆爲一人。』書凡十八章,經文均七言韻語,篇目首尾相銜。書稱元氣凝結成質,魂魄入胎成形,諸神居位,神形相成,嬰兒在胞,無息善知,合於至理。既出胎腹、六識潛萌,口食五穀,貪慾並生。以五味傷身,多慾損命,致神形相離而亡。然五臟應五行,腹內有五行之正炁;七竅象七曜,體中爲修道之神宅。養生之道須內外兼忘,除慾養精神,禁食存命,絕五味以辟穀,食胎炁而不死。如能食炁胎息,辟穀存思,則三蟲自除,三田煮凝,五芽自見,治病役神,隱形飛昇。註博引群經,食炁之理法俱備,自謂『義精於成道,言盡於養生』。『食炁之理備載,歸天之道悉成』(釋題、頁二),爲胎息養生之專著。案《抱朴子·遐覽篇》有《九仙經》及《中黃經》二書,此則題九仙君撰《中黃經》,殆非葛洪所錄者。然《雲笈七籤》已收入此書,則當出於北宋以前。」可供參考。

靈樞金鏡神景內經十卷

《靈樞金鏡神景內經》十卷,稱扁鵲注。

廣棪案:此書無可考,稱扁鵲注,應僞託。扁鵲,《史記》卷一百五〈列傳〉第四十五有傳。

上清天地宮府圖經二卷

《上清天地宮府圖經》廣棪案:盧校本「宮」作「官」。二卷,唐司馬子微撰。

廣棪案：此書無可考。司馬子微名承禎，《舊唐書》卷一百九十二〈列傳〉第
一百四十二〈隱逸〉、《新唐書》卷一百九十六〈列傳〉第一百二十一〈隱逸〉
均有傳。《新唐書》子微本傳載：「司馬承禎字子微，洛州溫人。事潘師正，
傳辟穀導引術，無不通。師正異之，曰：『我得陶隱居正一法，逮而四世矣。』
因辭去，遍游名山，廬天台不出。武后嘗召之，未幾，去。睿宗復命其兄承
禕就起之，既至，引入中掖，廷問其術，對曰：『爲道日損，損之又損，以至
於無爲。夫心目所知見，每損之尚不能已，況攻異端而增智慮哉？』帝曰：『治
身則爾，治國若何？』對曰：『國猶身也，故游心於淡，合氣於漠，與物自然
而無私焉，而天下治。』帝嗟味曰：『廣成之言也！』錫寶琴、霞紋帔，還之。
開元中，再被召至都，玄宗詔於王屋山置壇室以居。善篆、隸，帝命以三體
寫《老子》，刊正文句。又命玉眞公主及光祿卿韋縚至所居，按金籙設祠，厚
賜焉。卒，年八十九，贈銀青光祿大夫，諡貞一先生，親文其碑。」可知其
生平概況。

中誠經一卷

《中誠經》一卷，稱黃帝、赤松子問答。蓋假託也。

廣棪案：《四庫闕書目·神仙類》著錄：「赤松子《中誠篇》一卷。」徐松編輯
本。《宋史》卷二百五〈志〉第一百五十八〈藝文〉四〈道家附神仙類〉著錄同。
是此書又稱《中誠篇》。任繼愈等主編《道藏提要》著錄：「《赤松子中誠經》
一卷。（七八冊　洞眞部戒律類　雨）是經託爲軒轅黃帝與赤松子問答，謂人
生各載一星，主人貧富生死，隨人言行善惡而禍福應之。以心爲善惡之根，
故曰：『夫人修持，善惡自起於心。』『行之爲溫良恭儉讓，仁義禮智信；背
之爲惡逆貪妒殺，兇暴亂欺誑詐佞。』『心欲行善，善未成而善神已應矣。心
起惡，惡雖未萌，兇神已知。』『天之報善也，過於響應聲，影應形。』（〈赤
松子中誠經序〉）『以人壽命皆百二十歲，合四萬三千二百日，爲惡則司命奏
上星辰奪壽。』司命常在人頭上，察其罪過，『若奪一年，頭上星無光。奪算
十年，星殘破，其人災病；奪算二十年，星光殞滅，其人困篤，或遭刑獄；
算盡則死，有餘罪者，殃及子孫。』書中謂有千善、千惡，所舉過犯八百餘
件。按《抱朴子·微旨篇》言《赤松子經》云：『天地有司過之神，隨人所犯
輕重，以奪其算，……算盡則死，諸應奪算者有數百事。』所敘內容與本經
相同，則是書蓋六朝故籍也。」足資參考。

幽傳福善論一卷

《幽傳福善論》一卷，唐孫思邈撰。

　　廣棪案：《新唐書》卷五十九〈志〉第四十九〈藝文〉三《神仙》著錄：「孫思
邈《幽傳福壽論》一卷。」應與此同。思邈，京兆華原人。《舊唐書》卷一百九
十一〈列傳〉第一百四十一〈方伎〉、《新唐書》卷一百九十六〈列傳〉第一百
二十一〈隱逸〉均有傳。《舊唐書》本傳載：「（思邈）永淳元年卒。遺令薄葬，
不藏冥器，祭祀無牲牢。經月餘，顏貌不改，舉屍就木，猶若空衣，時人異之。
自注《老子》、《莊子》，撰《千金方》三十卷，行於代。又撰《福祿論》三卷，
《攝生眞錄》及《枕中素書》、《會三教論》各一卷。」惟闕此書。

玄綱論一卷

《玄綱論》一卷，唐中岳道士吳筠撰。

　　廣棪案：《讀書附志·拾遺》著錄：「《玄綱》三卷、《神仙可學論》一卷、《形
神可固論》一卷。右唐中嶽嵩陽宮道士宗玄先生吳筠貞節所進修行之要旨也。
一日〈明道德〉，二日〈辨法教〉，三日〈析疑滯〉。玄宗批答云：『詞簡旨奧，
義博文精，足以弘闡格言，發明幽致。』」《道藏提要》著錄：「《宗玄先生玄
綱論》（附權德輿〈吳尊師傳〉）二篇同卷（七二七冊　太玄部　尊）《玄綱論》，
唐吳筠撰。《唐書·藝文志》、《宋史·藝文志》均著錄《玄綱論》一卷，《通
志》著錄三卷。篇首有天寶十三年（七五四年）吳筠〈進玄綱論表〉。篇末附
唐禮部尚書權德輿所撰〈吳尊師傳〉，其所述吳筠生平，與《宗玄先生文集》
權德輿〈序〉所言略有出入。此《論》總括道教理論之樞要，故名『玄綱』，
分上、中、下三篇，凡三十三章，乃唐代道教理論重要文獻之一。上篇〈明
道德〉，凡九章，闡釋道教教義之本『道德』大旨，略謂道乃『虛無之系，造
化之根，神明之本、天地之源』，德乃『天地所稟，陰陽所資』，『通而生之之
謂道，畜而成之之謂德』，天地、人物、靈仙鬼神，皆以道德爲生成之大本。
而『入有之末，出無之先，莫究其朕，謂之自然。自然者，道德之常，天地
之綱也』。人雖本道稟神以生，然性動爲情，情反於道，故壽夭去留不能自主。
若黜嗜欲，隳聰明，無爲無慮，至靜虛極，超乎動靜，神氣形全，則與道爲
一，與造物者爲儔，超脫生死之累。又謂政道須『內道德而外仁義，先素朴
而後禮智』。揚雄、班固之儔，以道家爲輕仁義、薄禮智而專任清虛者，乃世

儒不達玄聖之深旨也。中篇〈辯法教〉，凡十五章，述學道成仙之要旨。略謂道經『皆以至靜為宗，精思為用，齋戒為務，慈惠為先』。然後吐納導引，怡神潤骨，以陽鍊陰，使陽盛陰消，雖形動而不妨心靜，雖無為而不可不察；又須仁明貞靜，陰功陽過，功陰則善功可全，過陽則其過可改。五欲無動乎心，衣食任乎自然，食元和，晝夜不寐，自可得道成仙。下篇〈析凝滯〉，凡九章，設問答以解析對於修鍊成仙之各種凝滯，如善惡報應之不差，老、莊已明言仙道等。謂成仙與否，惟在學道之能否專精，宿稟仙骨者，雖為官治世，亦可成仙，所謂『特稟真氣，大庇群生者，則無妨於理世』。忠孝貞廉，有大功及物者，自得上擢天職。又謂獨以得性為妙，而不知鍊形為要者，『所謂清靈善爽之鬼，何可與高仙為比哉』？此蓋暗斥釋氏之說。」足資參考。

吳筠，字貞節，華州華陰人。《舊唐書》卷一百九十二〈列傳〉第一百四十二〈隱逸〉、《新唐書》卷一百九十六〈列傳〉第一百二十一〈隱逸〉均有傳。《新唐書》本傳載：「天寶初，召至京師，請隸道士籍，乃入嵩山依潘師正，究其術。南游天台，觀滄海，與有名士相娛樂，文辭傳京師。玄宗遣使召見大同殿，與語甚悅，敕待詔翰林，獻《玄綱》三篇。」是此書乃獻玄宗者。此書或作一卷，或作三卷。一卷者，疑合〈明道德〉、〈辨法教〉、〈析疑滯〉三篇為一卷；三卷者，以三篇各自為卷耳。

續仙傳三卷

《續仙傳》三卷，唐溧水令沈汾撰。或作「玢」。

廣棪案：《新唐書》卷五十九〈志〉第四十九〈藝文〉三〈神仙〉著錄：「沈汾《續神仙傳》三卷。」《玉海》卷第五十八〈藝文·傳〉「漢《列仙》、《列士傳》」條載：「《書目》：『沈汾《續仙傳》三卷，凡飛昇十六人，隱化二十人。』」《宋史》卷二百五〈志〉第一百五十八〈藝文〉四〈道家附神仙類〉著錄與〈新唐志〉同。《四庫全書總目》卷一百四十六〈子部〉五十六〈道家類〉著錄：「《續仙傳》三卷，兩淮鹽政採進本。舊本題唐溧水令沈汾撰。陳振孫《書錄解題》曰：『汾或作玢。』案吳淑《江淮異人錄》載有侍御沈汾游戲坐蛻事，亦道家者流，疑即其人。書中記及譚峭，而稱楊行密曰吳太祖，則所謂唐者南唐也。其書上卷載飛昇一十六人，以張志和為首。中卷載隱化十二人，以孫思邈為首。下卷載隱化八人，以司馬承禎為首。雖其中附會傳聞，均所不免。而大抵因事緣飾，不盡子虛烏有。如張志和見《顏真卿集》，藍采和見《南唐書》，謝自然見《韓

愈集》，許宣平見《李白集》，孫思邈、司馬承禎、譚峭各有著述傳世，皆非鑿空。他如馬自然、許碏、戚逍遙、許宣平、李昇、徐釣者、譚峭、李陽冰諸詩，亦頗藉其採錄。惟泛海遇仙使歸師司馬承禎事，上卷以爲女貞謝自然，下卷又以爲女貞焦靜眞，不應二人同時均有此異。是其虛構之詞，偶忘其自相矛盾者矣。』足資參證。沈汾，兩《唐書》無傳。

道教靈驗記二十卷

《道教靈驗記》二十卷，蜀道士杜光庭撰。

廣棪案：《秘書省續編到四庫闕書目》卷二〈子類·道書〉著錄：「杜光庭撰《道教靈驗記》二十卷。輝按：〈宋志〉同。《道藏目·洞玄部·記傳類》云十五卷。」葉德輝考證本。《四庫全書總目》卷一百四十七〈子部〉五十七〈道家類存目〉著錄：「《道教靈驗記》十五卷，兩淮鹽政採進本。蜀杜光庭撰。光庭有《了證歌》，已著錄。其書歷述奉道之顯應，以自神其教。凡《宮觀靈驗》三卷、《尊像靈驗》二卷、《天師靈驗》一卷、《眞人王母等神靈驗》一卷、《經法符籙靈驗》三卷、《鐘磬法物靈驗》一卷、《齋醮拜章靈驗》二卷。以光庭〈自序〉及宋徽宗〈序〉考之，尚闕五卷。張君房《雲笈七籤》亦載此書，僅六卷，一百十八條。又節刪之本，更非其舊矣。陶岳《五代史補》載：『光庭，長安人。僖宗時應九經舉，不第。嘗從道士潘尊師遊，會僖宗求可領蜀中道教者，潘薦光庭，遂奉詔披戴，賜號廣成先生。』而《青城山志》載元符中彭崇一〈序〉則云：『光庭字賓聖，京兆杜陵人，與鄭雲更應百篇舉不第，入天台爲道士。扈僖宗入蜀，留居青城以卒。』其說小異，未詳孰是？然其爲由儒入道則同，故所述皆嫺於文字，較他道家之書詞采可觀。惜其純爲神怪之說，不足據爲典要耳。舊本題曰唐人。考朱子《通鑑綱目》書王建以道士杜光庭爲諫議大夫，而光庭《廣成集》中又有〈謝戶部侍郎表〉，則非惟入蜀，且仕蜀矣。故今改題焉。」可供參證。

王氏神仙傳一卷

《王氏神仙傳》一卷，館臣案：《文獻通考》作四卷。杜光庭撰。當王氏有國時，為此書以媚之。謂光庭有道，吾不信也。

廣棪案：《郡齋讀書志》卷第九〈傳記類〉著錄：「《王氏神仙傳》四卷。右蜀杜光庭纂。光庭集王氏男眞女仙五十五人，以詔王建。其後又有王虛中續纂三十

人，附於後。」疑此書作四卷者，蓋合王虛中續纂三十人而言之。直齋所得者，僅光庭所撰之一卷耶？

西山群仙會真記五卷

《西山群仙會真記》五卷，九江施肩吾希聖撰。唐有施肩吾，能詩，元和中進士也。

　　廣棪案：《郡齋讀書志》卷第十六〈神仙類〉著錄：「《群仙會真記》五卷。右唐施肩吾集鍊養形氣，補毓精神，成內丹之法，凡二十五篇也。」是每卷各五篇也。《四庫全書總目》卷一百四十七〈子部〉五十七〈道家類存目〉著錄：「《西山群仙會真記》五卷，兩淮鹽政採進本。舊本題華陽真人施肩吾撰。肩吾字希聖，洪州人，唐元和十年進士。隱洪州之西山，好事者以為仙去。此書中引海蟾子語。海蟾子劉操，遼時燕山人，在肩吾之後遠矣。殆金、元閒道流所依託也。其書凡五卷，卷各五篇。曰〈識道〉、〈識法〉、〈識人〉、〈識時〉、〈識物〉。曰〈養生〉、〈養形〉、〈養氣〉、〈養心〉、〈養壽〉。曰〈補內〉、〈補氣〉、〈補精〉、〈補益〉、〈補損〉。曰〈真水火〉、〈真龍虎〉、〈真丹藥〉、〈真鉛汞〉、〈真陰陽〉。曰〈鍊法入道〉、〈鍊形化氣〉、〈鍊氣成神〉、〈鍊神合道〉、〈鍊道入聖〉。其大旨本於《參同契》，附會《周易》，參以醫經。戒人溺房帷，餌金石，收心斂氣，存神固命，有合於清淨之旨，猶道書之不甚荒唐者。」足資參證。肩吾，兩《唐書》無傳。

而曾慥《集仙傳》稱呂巖之後有施肩吾者，撰《會真記》，蓋別是一人也。

　　案：《解題》同卷著錄：「《集仙傳》十二卷，曾慥撰。自岑道願而下一百六十二人。」考《集仙傳》有〈施肩吾傳〉，見載〈呂岩傳〉後。其〈傳〉曰：「施肩吾，《說郛》曰：『施肩吾，字希聖，九江人也。授《真筌》于洞賓。』施君名肩吾，字希聖，號華陽，睦之分水人。世家嚴陵七里瀨。少舉進士，習《禮記》，有能詩聲，趣尚煙霞，慕神仙輕舉之學。唐憲宗元和十五年登進士第，主文太常卿李建賦〈大美不和詩〉『早春殘雪一榜如』，姚康元晦後皆頗以詩文顯，君獨不仕。張司業籍贈之詩云：『雖得空名不著身。』又〈送東歸詩〉有『折得高名到處閑』之句，故希聖詩自謂元和進士、長慶隱淪者，蓋登科之明年改元長慶，希聖遂遠引不復來。文宗太和中，乃自嚴陵入西山，訪道棲靜真矣。初，希聖遇旌陽，授以五種內丹訣，及外丹神方，後再遇呂洞賓，傳授內鍊金液還丹大道，於是終隱西山。今觀西一里許為芭蕉源，沿

山梯級而上，有書堂舊址，石室故在。希聖手植老柏，尚有一二存者，其所為詩文甚多。山中所傳，未十之四。」據是，則「別是一人」；惟未載及撰《會其記》事，《解題》應另有所本。

養生真訣一卷

《養生真訣》一卷，虞部員外郎耿肱撰。大中祥符時人。

廣棪案：《四庫闕書目‧神仙類》著錄：「耿肱《養生真訣》一卷。闕。」徐松編輯本。《宋史》卷二百五〈志〉第一百五十八〈藝文〉四〈神仙類〉著錄同。耿肱生平無法詳考。大中祥符，宋真宗年號。

雲笈七籤一百二十四卷

《雲笈七籤》一百二十四卷，館臣案：《文獻通考》作一百二十卷。集賢校理張君房撰。凡經法、符籙、修養、服食以及傳記，無不畢錄。祥符中，君房貶官，會推崇聖祖，朝廷以秘閣道書付杭州，俾戚綸等校正。王欽若薦君房專其事，銓次為此書。頃於莆中傳錄，纔二冊，蓋略本也。後於平江《天慶道藏》得其全，錄之。

廣棪案：《郡齋讀書志》卷第十六〈神仙類〉著錄：「《雲笈七籤》一百二十卷。右皇朝張君房等纂。君房，祥符中謫官寧海。時聖祖降敕，朝廷盡以秘閣道書付杭州，俾戚綸、陳堯佐校正。綸等同王欽若薦君房專其事。君房銓次，得四千五百六十五卷，於是掇其蘊奧，總萬餘條，成是書。仁宗時上之。」《玉海》卷第六十三〈藝文‧藝術〉「天禧《雲笈七籤》」條載：「《書目》：『一百三十卷，天禧中，張君房以《道藏》經書浩博，乃為類例，載其旨要。』」是此書始事於真宗天禧中，而成書後於「仁宗時上之」。《四庫全書總目》卷一百四十六〈子部〉五十六〈道家類〉著錄：「《雲笈七籤》一百二十二卷，浙江孫仰曾家藏本。宋張君房撰。君房，岳州安陸人。景德中，進士及第，官尚書度支員外郎，充集賢校理。祥符中，自御史臺謫官寧海，適真宗崇尚道教，盡以秘閣道書付杭州，俾戚綸、陳堯臣校正。綸等同王欽若薦君房主其事。君房乃編次得四千五百六十五卷，進之。復撮其精要，總萬餘條，以成是書。其稱《雲笈七籤》者，蓋道家之言，以天寶君說洞真為上乘，靈寶君說洞元為中乘，神寶君說洞神為下乘。又《太元》、《太平》、《太清》三部為輔經。

又正一法文遍陳三乘，別爲一部，統稱《三洞眞文》，總爲七部，故君房取以爲名也。其詮敘之例，自一卷至二十八卷，總論經教宗旨及仙眞位籍之事。二十九卷至八十六卷，則以道家服食鍊氣，內丹外丹，方藥符圖，守庚申，尸解諸術，分類纂載。八十七至一百二十二卷，則前人文字及詩歌、傳記之屬，凡有涉於道家者悉編入焉。大都摘錄原文，不加論說。其引用《集仙錄》、《靈驗記》等，亦多有所刪削。然類例既明，指歸略備，綱條科格，無不兼該，《道藏》菁華，亦大略具於是矣。《文獻通考》作一百二十卷，此本明中書舍人張萱所刊，中多二卷，蓋《通考》脫誤也。」是此書《郡齋讀書志》、《中興館閣書目》、《文獻通考》均作一百二十卷，直齋錄自平江《天慶道藏》者爲一百二十四卷，而明張萱所刊本則爲一百二十二卷。卷帙有所不同也。君房，《宋史》無傳。

靈樞道言發微二卷

《靈樞道言發微》二卷，朝議大夫致仕傅爕撰進。專言火候。

廣棪案：傅爕，《宋史》無傳。胡宿《文恭集》卷十二有〈睦州司法參軍前監溫州在城商稅務可大理寺丞制〉，蘇頌《蘇魏公文集》卷二十九有〈前監溫州在城商稅務傅爕可大理寺丞制〉，《東坡外制集》有〈傅爕知鄭州制〉及〈新差權發遣鄭州傅爕可江東提刑制〉。綜上資料，藉悉爕初以監溫州在城商稅務、睦州司法參軍，遷大理寺丞，繼知鄭州，再調江東提刑，而以朝議大夫致仕。爕一生宦歷，大抵如此。至所撰此書，則無可考。

金波還丹圖論一卷

《金液還丹圖論》一卷，不著名氏。自稱元真，當宣和中道流也。^{廣棪案：《文}獻通考》脫「中」字。

廣棪案：《秘書省續編到四庫闕書目》卷二〈子類・道書〉著錄：「李玄光撰《金液還丹論》一卷，闕。」^{葉德輝考證本。}惟書名闕「圖」字，未知爲一書否？李玄光，疑作李光玄。《道藏提要・編撰人簡介》載：「李光玄（光元），宋渤海人。撰《金液還丹百問訣》一卷（見本書）。案《金液還丹百問訣》，又名《海客論》，兩者文字略有出入。」可供參考。

悟真篇集注五卷

《悟真篇集注》五卷，天台張伯端平叔撰。一名用成。熙寧中遇異人於成都，所著五七言詩及〈西江月〉百篇，末卷為禪宗歌頌，以謂學道之人不通性理，獨修金丹，則性命之道未全。有葉士表、袁公輔者，各為之注。

　　廣棪案：伯端，《宋史》無傳。《宋人傳記資料索引》載：「張伯端，字平叔，後改名用成，號紫陽，天台人。少好學，熙寧間遊蜀，遇劉海蟾，授金液還丹火候之訣。治平間，訪扶風馬處厚於河東，以所著《悟真篇》授處厚，曰：『願公流布此書，當有會意者。』元豐中，趺坐而化，年九十九。」是伯端授馬處厚者，正此書。葉士表、袁公輔二人無可考。《四庫全書總目》卷一百四十六〈子部〉五十六〈道家類〉著錄：「《悟真篇註疏》三卷，附《直指詳說》一卷，浙江巡撫採進本。宋張伯端撰。翁葆光註，元戴起宗疏。伯端一名用成，字平叔，天台人。自云熙寧中遊蜀，遇異人傳授丹訣。元豐中卒於荊湖，世俗傳以爲仙，亦無可考驗也。是書專明金丹之要，與魏伯陽《參同契》，道家並推爲正宗。其中所云『要知產藥川源處，只在西南是本鄉』者，即《參同契》『三日出爲巽，震生庚西方』之旨。其云『藥重一斤須二八』者，即《參同契》『上弦兌數八，下弦艮亦八』之旨。其云『三五一都三個字，古今明者實然稀』者，即《參同契》『三五與一，天地至精，可以口訣，難以書傳』之旨。其云『木生於火本藏鋒，要須制伏覓金公』者，即《參同契》『河上姹女，得火則飛，將欲制之，黃芽爲根』之旨。其餘亦皆彼此闡發。然其書初出，第道家自相授受，儒家罕有傳述者。至乾道中，翁葆光始析爲三篇，作註以申釋其義，又附以《悟眞直指詳說》一篇。」可供參考。

還丹復命篇一卷

《還丹復命篇》一卷，毗陵僧道光撰。亦擬《悟真》詩篇。靖康丙午序。

　　廣棪案：《道藏提要》著錄：「《還丹復命篇》二篇同卷，薛道光撰。（742 冊　太玄部　婦）宋薛式（道光）撰，乃《還丹復命篇》與《丹髓歌》之合集。此二篇及薛之《悟眞篇註》，戴起宗、王陽明等皆以爲後人僞託。篇首有靖康丙午（1126）薛道光〈還丹復命篇序〉，略述金丹要旨及自己學道之概略。自謂宣和庚子得至人《金丹口訣》曰：『大道之祖，不出一氣而成變，喻之爲日月，名之爲龍虎，因之爲陰陽，託之爲天地。一陰一濁，金木間隔於戊己之門；

一情一性，陰陽會聚於生殺之戶。採二儀未判之氣，奪龍虎始媾之精，入於黃房，產成至寶。別有法象樞機，還返妙用，長生秘訣畢於此矣。』謂依師口訣成五絕十六首、七絕三十首，續添〈西江月〉九首。《丹髓歌》則由三十四首短歌組成，《修眞十書》收錄之。兩種丹訣，皆論內丹之理及採藥、抽添、火候之要，宗張伯端《悟眞篇》，然語託龍虎鉛汞，意多穩晦，尤喜以夫婦交合爲喻，故後世有人以薛式爲男女雙修。然細玩其詞，實主清修。如〈西江月〉有云：『竹破須還竹補，人衰須假鉛全，思量只是眼睛前，自是時人不見。』『長生妙藥在家園，一餉工夫便現。』其說大略以一氣含靈爲丹本，眞鉛汞爲藥物，陰陽配合、龍虎交媾爲鍛鍊，凝神入氣穴爲下手工夫。丹訣之中，亦偶露禪家口吻，如有云：『煙花柳陌頭頭是，穢濁馨香任所需。』。就丹法而言，《丹髓歌》所述，較前篇爲分明。」足資參證。

道樞二十卷

《道樞》二十卷，曾慥端伯撰。慥自號至游子，采諸家金丹、大藥、修錄、般運之術，爲百二十二篇。初無所發明，獨黜采御之法，以爲殘生害道云。

廣棪案：慥，《宋史》無傳。《宋人傳記資料索引》載：「曾慥（？-1155）字端伯，號至游子，亦號至游居士，晉江人，孝寬孫。初爲尚書郎，歷秘閣修撰，知虔州，再知荊南府，終右文殿修撰，知廬州，旋罷宮，紹興二十五年卒。有《類說》、《高齋漫錄》、《道樞》、《集仙傳》、《至游子》、《宋百家詩選》、《樂府雅詞》等。」是慥實撰有此書。《道藏提要》著錄：「《道樞》四十二卷，曾慥編。（六四一－六四八冊，太玄部，篤初誠美）慥於紹興六年（1136）編成《類說》六十卷。《道樞》乃其隱居銀峰編《類說》時所纂輯。《直齋書錄解題》著錄此書爲二十卷，一百二十二篇。《道樞》本爲四十二卷，一百零八篇，篇卷有出入。全書匯輯歷代道教修鍊之說，而曾慥本人之作亦並收入。其特點有三：其一，所輯著作時限遠長，上起漢魏，以迄北宋。如卷三十三〈參同契中篇〉爲草衣子所述，慥註草衣子曰：『世傳漢婁敬著《參同契》，自號草衣子云。』（頁一）卷三十四〈參同契下篇〉述雲牙子『著書十有八章』。慥註雲牙子曰：『魏翱字伯陽，漢人，自號雲牙子云。』漢以下直至北宋，歷代著作皆輯有之。卷十八《悟眞篇》輯張伯端詩詞二十三首，卷十三〈鴻濛篇〉輯張無夢〈還元詩〉十二首，皆爲北宋作品。其二，所輯以論述服氣、內丹爲多，兼及存想、坐忘、守一、導引、按摩、嗽嚥、朝眞、拜祝、虛心、

服霧、胎息、服食、閉息、呼魂喚魄、去三尸、法澡浴、戒慾等等，大道小術，莫不備載。各家各派，或互相發明，或彼此牴牾，或同中有異，皆兼收並蓄。如書中所輯內丹家有斥外丹為邪說者，但仍輯入〈大還金丹篇〉（卷二一）、〈上清金碧篇〉（卷二九）、〈七返篇〉、〈八瓊篇〉（卷三一）等外丹之篇。有斥吞霞、服氣為偽者，但仍輯入〈眞誥篇〉（卷六）、〈黃庭篇〉（卷七）、〈服霞篇〉（卷八）、〈四神篇〉（卷三十）等含吞霞、服氣術之文。同為修性，〈玄軸篇〉（卷一）主張冥心湛然，棄聖絕智，安守眞寂；〈坐忘篇〉（卷二）述心之五時七候，主張五門漸進，泰定神解；〈集要篇〉主張止念觀空，皆並存於《道樞》中。同為內丹，則輯有魏伯陽、崔希範、陳摶、鍾離權、呂洞賓、施肩吾、劉海蟾、張伯端等大小幾十家。卷三十一〈九仙篇〉有六通國師之說，慥註六通國師曰：『一行也。』卷三五《眾妙篇》有崑臺眞人、仇池先生、千歲沙門之說。慥註崑臺眞人曰：『世傳富文忠公為崑臺眞人。』註仇池先生曰：『蘇子瞻自號云。』千歲沙門當即佛教所云『千歲寶掌和尚』。全書中所輯釋子、儒士之說，尚不僅於此。亦足見慥之所收不拘門戶，廣收博採。其三，各篇長短亦頗為自由，或綜合一家系統之說，或匯輯數家相近之言，或僅述某一方術之一點。各篇或徑用原有篇名，如〈坐忘篇〉、〈陰符篇〉等。有另立篇名者，如〈水火篇〉、〈坎離篇〉等。亦有名同而實異者，如本書所收《參同契》上、中、下三篇，與魏伯陽《參同契》實為兩書。但無論何篇，皆經慥手剪裁，慥之見地及評議亦夾雜其中，以『至游子曰』標出。篇名下均有慥之題解十六字，為四言韻語，提綱挈領，點明旨要。部分篇文作者道號下，慥註明姓名、年代、籍貫等，可資考證，尤足珍視。如正一先生、崇玄子、朝元子、純粹子、含光子、亢龍子、華陽子、清虛子、棲眞子等。慥博學廣知，南宋初古籍多存，故其甄錄多有遺文僻典，亦為難得。要言之，《道樞》堪稱南宋前道教修鍊方術之百科全書。」足資參證。是此書《道藏》本作四十二卷、一百零八篇，與《解題》著錄者，其卷與篇均有出入。

集仙傳十二卷

《集仙傳》十二卷，曾慥撰。自岑道願而下一百六十二人。

廣棪案：《四庫全書總目》卷一百四十七〈子部〉五十七〈道家類存目〉著錄：「《集仙傳》十五卷，江蘇巡撫採進本。不著撰人名氏。《書錄解題》載《集仙傳》十二卷，曾慥撰。稱其書記『岑道願而下一百六十二人』。今《說郛》所載，雖

非完本，然與此書體例迥殊，知非慥作。焦竑《國史經籍志》載《集仙傳》十卷，亦不著撰人名氏。竑書鈔本、刊本皆多訛誤，豈『十』字下脫一『五』字歟？此書所載皆唐事，每條各註出典，如《太平廣記》之例。以《廣記》核之，無不符合。蓋即好事者從《廣記》鈔出耳。」是《四庫全書總目》著錄之《集仙傳》十五卷，乃好事者從《太平廣記》鈔出之書，其書體例與慥書迥殊，與《解題》著錄者非同屬一書。

肘後三成篇一卷

《肘後三成篇》一卷，稱純陽子，謂呂洞賓也。其言〈小成〉七、〈中成〉六、〈大成〉五，皆導引、吐納、修鍊之事。廣棪案：《文獻通考》此句下有「又有《金丹訣》一卷，即此書而微不同」諸語，《四庫全書》本脫。

廣棪案：《肘後三成篇》一卷，無可考。至《金丹訣》一卷，《郡齋讀書志》卷第十六〈神仙類〉著錄：「《金丹訣》一卷。右皇朝張瑾撰。治平中，授丹訣於榮中立，後因敘其事，以教後學。自此以下，皆非古今書目所載。以其世多傳者，不可不收也。至於《北斗經》之類，以爲永壽元年老子所說，尤鄙淺可笑，雖行於世，亦削去。」與《解題》著錄者恐非同一書。

日月玄樞篇一卷

《日月玄樞篇》一卷，稱劉知古。唐明皇時綿州昌明縣令。

廣棪案：《新唐書》卷五十九〈志〉第四十九〈藝文〉三《神仙》著錄：「劉知古《日月元樞》一卷。」《崇文總目》卷四〈道書類〉五著錄同。錢東垣輯釋本。《郡齋讀書志》卷第六〈神仙類〉著錄：「《日月元樞論》一卷。右唐劉知古撰。明皇朝，爲綿州昌明令。時詔求通丹藥之士，知古謂神仙大藥無出《參同契》，因著論上於朝。」《解題》所述，殆據《郡齋讀書志》。知古，兩《唐書》無傳。《全唐文》卷三百三十四「劉知古」條曰：「知古，元宗朝綿州昌明縣令。」與《解題》同。並載其〈進日月元樞論表〉，曰：「臣伏見近日累降詔書，委當道監軍使於諸觀內求精選丹兼通藥性者一二人，送赴上都，至闕下，試驗不精，亦不加罪。至哉精求宏告天地，若誠如此，山川豈祕其靈文，神明安隱其元象。臣自幼年，與道合虛，情性守一，頗歷歲月。至於留心藥物，向此二紀，意謂無出《周易參同契》。能尋究此書，即自見其道。

臣數年屬意於此，精覺開悟，尚猶未免朦朧。至於金石紀綱，亦略見其端緒。臣忽因閒暇，吟詠之餘，著《日月元樞論》一卷，本欲藏諸名山，傳之同好。今幸遇有道聖明之君，志慕元風，若沈默不言，實恐天下無好之志。今陛下若需還丹，切恐難遂其志。臣所著書，謹憑當道監軍使隨表進上。伏望聖慈討天下精通藥理之士考究，若以斯論可採，臣當無隱於陛下；若以為不可，臣自昧於風塵之外，亦不媿於不取。臣不揆庸瑣，輒獻芻蕘，伏增戰越之至。」可供參考。

太白還丹篇一卷

《太白還丹篇》一卷，稱清虛子太白山人。唐貞元時人。

　　廣棪案：此書及其撰人均無可考。貞元，唐德宗年號。《道藏提要·編撰人簡介》載：「太白山人，傳《神仙養生秘術》一卷。後趙永寧三年（352），黃門侍郎劉景先〈表〉稱：『臣遇太白山隱士，得此方。』」應非此太白山人。

太清養生上下篇二卷

《太清養生上下篇》二卷，稱赤松子甯先生。

　　廣棪案：《雲笈七籤》卷之三十四〈雜修攝〉收有《太清導引養生經》，凡十二事，及《甯間先生導引養生法》，蝦、蟇、龜、黿等氣法附。疑為此書。《太清導引養生經》載：「赤松子者，神農時雨師，能隨風上下，至高辛氏時猶存。《導引術》云：『導引除百病，延年益壽。朝起布蓆東向，為之息極乃止。不能息極，五通止。此自當日日習之，久久知益。』」又《甯先生導引養生法》載：「甯先生者，黃帝時人也。為陶正，能積火自燒，而隨煙上下，衣裳不灼。先生曰：『夫欲導引行氣，以除百病，令年不老者，常心念一，以還丹田。夫生人者丹，救人者還，全則延年，丹去尸存乃夭。所以導引者，令人肢體、骨節中諸邪氣皆去，正氣存處。有能精誠勤習，理行之動作、言語之間，晝夜行之，骨節堅強，以愈百病。若卒得中風病固，瘲瘲不隨，耳聾不聞，頭眩癲疾，欬逆上氣，腰背苦痛，皆可按圖視像，於其疾所在，行氣導引，以意排除去之。行氣者則可補於中，導引者則可治於四肢，自然之道，但能勤行，與天地相保。』」可供參考。

上清金碧篇一卷

《上清金碧篇》一卷，稱煙蘿子。

廣棪案：張宗泰《魯巖所學集》卷六〈三跋書錄解題〉曰：「《上清金碧篇》稱煙蘿子。煙蘿子，濟源縣王屋人也。」未知宗泰何所據？《宋史》卷二百五〈志〉第一百五十八〈藝文〉四〈神仙類〉著錄・「煙蘿子《內眞通玄歌》一卷。」恐與此非爲同一書。《道藏提要・編撰人簡介》載：「煙蘿子，五代人。姓燕，名字不詳。石晉天福年間（937-942）居王屋（河南濟源縣）陽臺宮側，修煉內丹。撰《內觀經》、《體殼歌》，收入《修眞十書》。（參見《道藏源流考・道藏箚記》煙蘿子條）。」所考較張宗泰爲詳。

金虎鉛汞篇一卷

《金虎鉛汞篇》一卷，稱元君。

廣棪案：此書及其撰人均無可考。

鉛汞五行篇一卷

《鉛汞五行篇》一卷，稱探玄子。

廣棪案：《宋史》卷二百五〈志〉第一百五十八〈藝文〉四〈神仙類〉著錄：「曹聖圖《鉛汞五行圖》一卷。」未知與此書異同何如？

以上七種共為一集。

案：七種者，指《肘後三成篇》一卷、《日月玄樞篇》一卷、《太白還丹篇》一卷、《太清養生上下篇》二卷、《上清金碧篇》一卷、《金虎鉛汞篇》一卷及此書。

玉芝書三卷

《玉芝書》三卷，朝元子陳舉撰。上卷論五篇，中為詩八十一首，下為賦九道。

廣棪案：《郡齋讀書志》卷第十六〈神仙類〉著錄：「《玉芝書》三卷。右皇朝陳舉撰。舉，字子埏，蘇州人。」足資參證。《宋史》卷二百五〈志〉第一百五十八〈藝文〉四〈神仙類〉著錄：「陳君舉《朝元子玉芝書》三卷。」亦即此書。

〈宋志〉作「陳君舉」，疑誤；或舉字君舉。

純陽真人金丹訣一卷

《純陽真人金丹訣》一卷，即前所謂《三成篇》，微不同。

　　廣桉案：純陽真人，或稱純陽子，即呂洞賓。《三成篇》，即《肘後三成篇》，呂
　　洞賓撰。洞賓名嚴。《道藏提要‧編撰人簡介》載：「呂嚴，亦作呂喦，字洞賓，
　　號純陽子，自稱回道人。其活動時代約在唐末至北宋初，河東永樂（山西永濟）
　　人。全真道尊其為北五祖之一。元代封為純陽演政警化孚佑帝君。（《歷世真仙
　　體道通鑑》卷四五，〈呂祖志〉等。）相傳其著作頗多，如《純陽真人混成集》、
　　《純陽呂真人藥石製》等，大抵均依託。」可供參考。

華陽真人秘訣一卷

《華陽真人秘訣》一卷，稱施肩吾。

　　廣桉案：此書無可考。撰人施肩吾，曾慥《集仙傳》有其傳，請參本章「《西山
　　群仙會真記》五卷」條。

呂真人血脈論一卷

《呂真人血脈論》一卷，稱傅婁景先生。

　　廣桉案：呂真人，或即呂洞賓，蓋洞賓稱純陽真人。此書及撰人均不可考。

遠山崔公入藥鏡三卷

《遠山崔公入藥鏡》三卷，不知何人。

　　廣桉案：此書及撰人均無可考。

四象論一卷

《四象論》一卷，稱老子。

　　廣桉案：老子即李耳，《史記》卷六十三〈列傳〉第三有傳。《道藏提要‧編撰

人簡介》載：「老子，春秋時思想家，即老聃。姓李名耳，字伯陽，楚國苦縣（河南鹿邑東）人。周守藏室之史，有《老子》五千言。（見《史記》卷六三〈老子韓非列傳〉）道教尊老子爲太上老君，《老子》書尊爲《道德眞經》。」惟未記及此書。

真仙傳道集一卷

《真仙傳道集》一卷。_{館臣案：此條疑脫解題。}

廣棪案：《宋史》卷二百五〈志〉第一百五十八〈藝文〉四〈神仙類〉著錄：「施肩吾《眞仙傳道集》二卷。」是此書施肩吾撰。疑《解題》此條書名下即脫「施肩吾撰」四字。此書〈宋志〉作二卷，與《解題》異，未知孰是。

參同契三卷

《參同契》三卷，即魏伯陽書。題九華子編。

廣棪案：《解題》同卷著錄有《周易參同契》三卷，云後漢上虞魏伯陽撰。與此書同。九華子，無可考。《道藏提要·編撰者簡介》載：「魏伯陽，東漢末會稽上虞人。一說名翱，字伯陽，號雲牙子。著《周易參同契》，爲道教丹經之祖。」伯陽既號雲牙子，此書題「九華子編」，則其非伯陽自編矣。

巨勝歌一卷

《巨勝歌》一卷，道士柳沖用撰。

廣棪案：《宋史》卷二百五〈志〉第一百五十八〈藝文〉四〈神仙類〉著錄：「玄明子柳沖用《巨勝歌》一卷。」是沖用道號玄明子。《道藏提要》著錄：「《巨勝歌》，二篇同卷。柳沖用撰。（五九七冊，洞神部眾術類　如）《巨勝歌》柳沖用撰。沖用蓋五代宋初人。《通志·藝文略·道家》、《宋史·藝文志·神仙》並著錄。是書〈序〉引陶植《還金術》云：『以水銀爲金丹者，妄人（言）也；言朱砂可駐年者，不知道人也。』（『言』、『也』二字原書顚倒。）謂朱砂水銀見火即飛，何由還返？故『應不用人間朱砂水銀』。還丹之要，厥在五行生剋，龍虎配合。『且龍虎者，陰陽之軸轄，造化之樞機，雖曰坎離，實亦天地。』謂『北方坎是陰，返而歸陽』，陰中含陽，象月中有蟾，爲虎爲鉛；

『南方離是陽，伏而爲陰』，陽中合陰，象日中有烏，爲龍爲汞。所謂坎離，龍虎、鉛汞、日月、天地等，皆一氣所生陰陽氣之異名。『凡有陰陽，即生人民禽獸草木』。『一氣既分，三才並列，六爻遞設，四象具陳，然可伏鍊丹砂』。又謂：『萬物因一氣而生，三才因萬物所育。又歌云：「一炁所失，猶如瓦礫」。』自稱『曾遇明師，獲傳要妙』，『爲《巨勝歌》十首，其間歌詠鉛汞五行之妙』。歌詞云：『九鼎何所自，都因一炁生。』『龜蛇體殊異，鉛汞共宗祖。』『眾石屬坎宮，假名皆不悟。』『乃知天地間，陰陽制樞轄。』『黃芽不是鉛，元向鉛中作』。『黃芽不是鉛，二物生丹田，若求巨勝法，鉛汞須自然。都非世間有，……識者皆神仙。』『修眞鍊形須守一。』『若能得一莫執一，妙法玄之又更玄』。皆可明此書所言非外丹而係內丹，其言隱晦，意頗難明。」又《道藏提要・編撰人簡介》載：「柳沖用，五代宋初人，題『玄明子』、『上清大洞道士』，有《巨勝歌》。」均足資參考。

逍遙子通玄書三卷

《逍遙子通玄書》三卷，不知姓名，但曰逍遙子。

　　廣棪案：《四庫闕書目・神仙類》著錄：「逍遙子《內指通元訣》三卷。」疑與此同書而異名。《道藏提要・編撰人簡介》載：「牛道淳，宋末元初人，號逍遙子、逍遙大師。（見〈析疑指迷論跋〉）有《文始眞經註》九卷，又著《析疑指迷論》一卷。」疑逍遙子即牛道淳，是此書亦牛道淳所撰。

百章集一卷

《百章集》一卷，廣棪案：盧校本此條列於《逍遙子通玄書》條前。稱魏伯陽。　館臣案：此條原本脫去，今據《文獻通考》補入，與後條所云「已上十八種」，其數乃符。

　　廣棪案：此書無可考。

許先生十二時歌一卷

《許先生十二時歌》一卷，不知其名。

　　廣棪案：此書無可考。

黃帝丹訣玉函秘文一卷

《黃帝丹訣玉函秘文》一卷，文林郎蒲庚進。

　　廣棪案：此書及撰人均無可考。

呂公窰頭坯歌一卷

《呂公窰頭坯歌》一卷，以陶器為喻也。

　　廣棪案：此書無可考。

太上金碧經一卷

《太上金碧經》一卷，題魏伯陽注。

　　廣棪案：此書無可考。《道藏提要・編撰人簡介》載：「魏伯陽，東漢末會稽上
　　虞人。一說名翱，字伯陽，號雲牙子。著《周易參同契》，為道教丹經之祖。《道
　　藏》中有《大丹記》，亦題魏伯陽撰。（見彭曉〈參同契通真義序〉、曾慥《道樞》
　　卷三四）。」而未載此書。

金鏡九真玉書一卷

《金鏡九真玉書》一卷，無名氏。

　　廣棪案：《宋史》卷二百五〈志〉第一百五十八〈藝文〉四〈神仙類〉著錄：「《金
　　鏡九眞玉書》一卷。」應與此同屬一書。

龍虎金液還丹通玄論一卷

《龍虎金液還丹通玄論》一卷，稱羅浮山蘇真人撰。

　　廣棪案：《四庫闕書目・神仙類》著錄：「《龍虎金液還丹通元論》一卷。」徐松
　　編輯本。「元」即「玄」字，避清聖祖諱改。《宋史》卷二百五〈志〉第一百五
　　十八〈藝文〉四〈道家附釋氏神仙類〉著錄：「青霞子《旨道篇》一卷，又《龍
　　虎金液還丹通玄論》一卷、《寶藏論》一卷。」是〈宋志〉以此書為青霞子撰。
　　考蘇眞人即蘇元朗，號青霞子。《道藏提要・編撰人簡介》載：「蘇元朗，元朗

一作元明，號青霞子。授《龍虎元旨》於董師元。《龍虎元旨》篇末云：『東岳董師元於貞元五年（789）受之於羅浮山隱士青霞子。』則元朗乃唐時人，或以蘇元朗爲隋時人，未確。」可供參考。

金碧上經古文龍虎傳

《金碧上經古文龍虎傳》，長白山人元陽子注。皆莫知何人。

廣棪案：《道藏提要・編撰人簡介》載：「元陽子，舊題『長白山眞人元陽子』，未詳何代人。《圖書集成》引《濟南府志》稱之爲晉人，曰元陽子得《金碧潛通》一書於伏生墓中，細爲註解，修眞於華陽宮，衍爲《還丹訣》，十九年仙去。陳國符《道藏源流考》據《邯鄲書目》，疑元陽子即羊參微。著有《元陽子五假論》、《元陽子金液集》、《還丹金液歌註》、《還丹歌訣》二卷與《黃帝陰符經頌》一卷。」可供參考。

已上十八種共爲一集。

案：十八種者，指《玉芝書》三卷、《純陽眞人金丹訣》一卷、《華陽眞人秘訣》一卷、《呂眞人血脈論》一卷、《遠山崔公入藥鏡》三卷、《四象論》一卷、《眞仙傳道集》一卷、《參同契》三卷、《巨勝歌》一卷、《逍遙子通玄書》三卷、《百章集》一卷、《許先生十二時歌》一卷、《黃帝丹訣玉函秘文》一卷、《呂公窰頭坯歌》一卷、《太上金碧經》一卷、《金鏡九眞玉書》一卷、《龍虎金液還丹通玄論》一卷及此書。

其中有《龍牙頌》及《天隱子》，各已見〈釋氏〉、〈道家類〉。

案：《解題》卷十二〈釋氏類〉著錄：「《龍牙和尙頌》一卷。」廣棪案：盧校注：「元本有。」《四庫全書》本《解題》闕此條。又《解題》卷九〈道家類〉著錄：「《天隱子》一卷，司馬子微作〈序〉，言不知其何許人，著書八篇，修鍊形氣，養和心靈，長生久視，無出此書。今觀其言，殆與《坐忘論》相表裏。豈『天隱』云者，託之別號歟？館臣案：洪興祖云：『司馬子微得天隱子之學。』未知何據。即指此二條。

群仙珠玉集一卷

《群仙珠玉集》一卷，其〈序〉曰：「西華眞人以金丹、刀圭之訣傳張平叔，

作《悟真篇》，以傳石得之、薛道光、陳泥丸，至白玉蟾。」

　　廣棪案：此書不可考。張平叔即張伯端，《宋史》無傳。《宋人傳記資料索引》載：「張伯端，字平叔，後改名用成，號紫陽，天台人。少好學，熙寧間遊蜀，遇劉海蟾，授金液還丹火候之訣。治平間，訪扶風馬處厚於河東，以所著《悟眞篇》授處厚，曰：『願公流布此書，當有會意者。』元豐中，趺坐而化，年九十九。」是以金丹、刀圭之訣傳平叔之西華眞人，即劉海蟾。石得之，即石泰，《宋史》無傳，《宋人傳記資料索引》載：「石泰（？-1158）字得之，號杏林子，又號翠元子，常州人，一作扶風人。初張紫陽眞人得道於海蟾，海蟾曰：『異日有爲汝脫韁解鎖者，當以此授之，餘皆不許。』其後紫陽三傳非人，三遭禍患，誓不妄傳，乃作《悟眞篇》行於世。曰：『使宿有仙風道骨者讀之自悟耳。』復罹鳳州太守怒，坐黥竄，經由邠境，會天大雪，紫陽與護送者俱飲酒村肆，遇泰，邀同席，泰問故，紫陽乃具以告。泰與邠守有故舊之好，因爲之先容。紫陽獲免，德之，遂授以丹法，道成。紹興二十八年八月尸解，著有《還元篇》。」是平叔以丹法授得之也。薛道光，《道藏提要‧編撰人簡介》載：「薛道光，又名式，一名道源，宋閬州（四川閬中）人，一說陝府雞足山（河南陝縣）人。初爲僧，法名紫賢，號毘陵禪師。後從石泰學內丹，傳其術於陳泥丸，有《還丹復命篇》、《悟眞篇註》、《丹髓歌》（《修眞十書》中）等。（《歷世眞仙體道通鑒》卷四九有傳）」是道光從得之學內丹，又傳其術於陳泥丸也。至白玉蟾，即葛長庚也。《宋人傳記資料索引》載：「葛長庚，字白叟，又字如晦，號蠙菴，一號海蟾，又號海瓊子，閩清人，家瓊州，後隱於武夷山。初至雷州，繼爲白氏子，名玉蟾。博洽群書，善篆隸草書，工畫梅竹，事陳翠虛九年，始得其道。時稱其入水不濡，逢兵不害。嘉定中，詔徵赴闕，對稱旨，命館太一宮。一日不知所往，每往來名山，神異莫測。詔封紫清眞人。有《海瓊集》、《道德寶草》、《羅浮山志》。」可知其生平。

玉蟾者，葛其姓，福之閩清人。嘗得罪亡命，蓋姦妄流也。余宰南城，有寓公稱其人云：「近嘗過此，識之否？」余言：「不識也。此輩何可使及吾門！」李士寧、張懷素之徒，皆般戡也，是以君子惡異端。

　　案：南城，宋時初爲江南西路建武軍治，後屬建昌軍治。直齋宰南城，約在宋寧宗嘉定十四年辛巳（1221）。直齋甚惡白玉蟾，比之於李士寧、張懷素，並視之爲異端。考李士寧，《宋史》無傳。《宋史》卷二百〈志〉第一百五十三〈刑法〉二載：「李士寧者，挾術出入貴人門，常見（趙）世居母康，以仁宗御製詩

上之。（范）百祿謂士寧熒惑世居致不軌，且疑知其逆謀，推問不服。（徐）禧乃奏：『士寧贈詩，實仁宗御製，今獄官以爲反因，臣不敢苟同。』百祿以士寧嘗與王安石爲善，欲鍛鍊附致妖言死罪，卒論士寧徒罪，而奏『禧故出之，以媚大臣』。詔詳劾理曲者以聞。百祿坐報上不實，落職。」至張懷素，《宋史》亦無傳。《宋史》卷十二〈本紀〉第二十〈徽宗〉二載：「朝散郎吳儲，承議郎吳侔，坐與妖人張懷素謀反，伏誅。」同書卷三百一十二〈列傳〉第七十一〈吳充〉載：「吳充字沖卿，建州浦城人。……子安詩、安持。……安詩子儲，安持子侔，官皆員外郎，坐與妖人張懷素通謀，誅死。」是士寧挾術熒惑大臣，懷素結黨通謀叛亂，皆直齋所惡，視爲異端。

釋氏類 廣棪案：盧校本作卷三十七〈釋氏類〉。校注曰：「有元本。」

金剛般若經一卷

《金剛般若經》一卷，姚秦三藏鳩摩羅什譯。

> 廣棪案：釋僧祐《出三藏記集》卷二〈新集撰作經律論錄〉第一著錄：「《金剛般若經》一卷。或云《金剛般若波羅蜜經》。……右三十五部，凡二百九十四卷。晉安帝時，天竺沙門鳩摩羅什以偽秦姚興弘治三年至長安，於大寺及逍遙園譯出。」是此書乃鳩摩羅什所譯三十五部佛經中之一部。鳩摩羅什，《出三藏記集》卷第十四有傳，其〈傳〉記什譯經事曰：「弘始三年，有樹連理生于廟庭，逍遙園葱變為薤。其年十二月二十日，什至長安，興待以國師之禮，甚見優寵。自大法東被，始於漢明，歷涉魏、晉，經論漸多。而支、竺所出，多滯文格義。興少崇三寶，銳志講集。什既至止，仍請入西明閣、逍遙園，譯出眾經。什率多闇誦，無不究達。轉解秦言，音譯流利。既覽舊經，義多乖謬，皆由先譯失旨，不與胡本相應。於是興使沙門僧肇、僧睿、僧遷等八百餘人諮受什旨，更令出《大品》。什持胡本，興執舊經，以相讎校。其新文異舊者，義皆圓通，眾心愜服，莫不欣讚焉。興宗室常山公顯、安成侯嵩，並篤信緣業，屢請什於長安大寺講說新經。續出小品《金剛般若》、《十住》、《法華》、《維摩》、《思益》、《首楞嚴》、《華首》、《持世》、《佛藏》、《菩薩藏》、《遺教》、《菩提》、《呵欲》、《自在王》、《因緣觀》、《無量壽》、《新賢劫》、《諸法無行》、《禪經》、《禪法要》、《禪要解》、《彌勒成佛》、《彌勒下生》、《稱揚諸佛功德》、《十誦律》、《戒本》、《大智》、《成實》、《十住》、《中》、《百》、《十二門》諸論三十三部，三百餘卷。並顯暢神源，發揮幽致。」惟所記部、卷數，前後略有差異。《宋史》卷二百五〈志〉第一百五十八〈藝文〉四〈釋氏類〉著錄：「鳩摩羅什譯《金剛般若波羅蜜經》一卷。」所著錄與《解題》同。

石本金剛經一卷

《石本金剛經》一卷，南唐保大五年壽春所刻。乾道中，劉岑季高再刻於建昌軍。不分三十二分，相傳以為最善。

廣棪案：保大，南唐中主李璟年號，五年（947），歲次丁未。劉岑，《宋史》無傳，《宋人傳記資料索引》載：「劉岑（1087-1167），字季高，晚號杼山老人，吳興人，遷居溧陽，嶠弟。登宣和六年進士，紹興三年除秘書少監，累遷左朝散大夫，降充徽猷閣待制，知信州軍州事，後以戶部侍郎奉祠，尋守上饒。乾道三年卒，年八十一。」又張嵲《紫微集》卷十六有《劉岑於鄰近建昌軍聽候指揮制》，是此書乃岑任官建昌軍時所刻。乾道，宋孝宗年號。

六譯金剛經一卷

《六譯金剛經》一卷，此經前後六譯，各有異同，有弘農楊顗廣棪案：盧校注：「『顗』音高，作『翶』非。」者集為此本。太和中，中貴人楊永和廣棪案：盧校本作「楊承和」。集右軍書，刻之興唐寺。

廣棪案：此書不可考。今人陳士強《佛典精解》八〈雜記部〉第二門〈經典傳習〉「第五品《金剛經》類之一：唐孟獻忠《金剛般若經集驗記》」條載：「《金剛經》是印度大乘佛教的早期經典——般若類佛經中的一種。前後有五次翻譯：姚秦鳩摩羅什的第一譯、北魏菩提留支的第二譯、陳代真諦的第三譯，皆名《金剛般若波羅蜜經》，隋代達摩笈多的第四譯，名《金剛能斷般若波羅蜜經》，唐代義淨的第五譯，名《能斷金剛般若波羅蜜多經》。」陳氏所記僅五譯。楊顗，生平不可考。楊永和，應作楊承和。兩《唐書》無傳。《全唐文》卷九百九十八載有楊承和〈邠國公功德銘〉一文，謂：「承和，穆宗時為內樞密使。」而太和乃唐文宗年號，則承和穆宗至文宗時皆貴顯也。

圓覺了義經十卷

《圓覺了義經》十卷，唐罽賓佛陀多羅譯。

廣棪案：贊寧《宋高僧傳》第二〈譯經篇〉第一之二〈唐洛京白馬寺覺救傳〉載：「釋佛陀多羅，華言覺救，北天竺罽賓人也。齎多羅夾，誓化脂那，止洛陽白馬寺，譯出《大方廣圓覺了義經》。此《經》近譯不委何年，且隆道為懷，務甄詐妄，但真詮不謬，豈假具知年月耶？救之行迹，莫究其終。」可供參證。

華嚴經八十一卷

《華嚴經》八十一卷，唐于闐實叉難陀廣棪案：盧校本作「寶叉難陀」，誤。譯。

廣棪案：《宋高僧傳》卷第二〈譯經篇〉第一之二〈唐洛京大徧空寺實叉難陀傳〉
載：「釋實叉難陀，一云施乞叉難陀，華言學喜，蔥嶺北于遁人也。智度恢曠，
風格不群，善大、小乘，旁通異學。天后明揚佛日，崇重大乘，以《華嚴》舊
經，處會未備，遠聞于闐有斯梵本，發使求訪，并請譯人。又與經夾同臻帝闕，
以證聖元年乙未於東都大內大徧空寺翻譯。天后親臨法座，煥發〈序〉文，自
運仙毫，首題名品。南印度沙門菩提流志、沙門義淨同宣梵本，後付沙門復禮、
法藏等於佛授記寺譯成八十卷。聖曆二年功畢。」可供參證。此書應作八十卷，
《郡齋讀書志》卷第十六〈釋書類〉「《華嚴經合論》一百二十卷」條，中曰：「唐
證聖元年，于闐沙門喜學再譯舊文，兼補諸闕，通舊總四萬五千頌，成八十卷，
三十九品。」與《宋高僧傳》所記同。實叉難陀（Siksananda），華言意譯作學
喜，或作喜學，均同屬一人。

萬行首楞嚴經十卷

《萬行首楞嚴經》十卷，唐天竺般刺密諦、廣棪案：盧校本「般剌密諦」後有「譯」
字。校注曰：「館本無上『譯』字，《通考》同。」烏長國彌迦釋迦譯語，宰相房融筆
受。所謂譯經潤文者也。

廣棪案：《宋高僧傳》卷第二〈譯經篇〉第一之二〈唐廣州制止寺極量傳〉載：
「釋極量，中印度人也，梵名般剌蜜帝，此言極量。懷道觀方，隨緣濟物，
展轉遊化，漸達支那，印度俗呼廣府為支那，名帝京為摩訶止那也。乃於廣州制
止道場駐錫。眾知博達，祈請頗多，量以利樂爲心，因敷秘賾。神龍元年乙
巳五月二十三日，於〈灌頂部〉中誦出一品，名《大佛頂如來密因修證了義
諸菩薩萬行首楞嚴經》，譯成一部十卷。烏萇國沙門彌伽釋迦釋迦稍訛，正云錄
佉，此曰雲峰。譯語，菩薩戒弟子、前正議大夫、同中書門下平章事、清河房
融筆受，循州羅浮山南樓寺沙門懷迪證譯。量翻傳事畢，會本國王怒其擅出
經本，遣人追攝，泛舶西歸。後因南使入京，經遂流布，有惟愨法師、資中
沆公各著《疏》解之。」可供參證。

維摩詰所說經一卷

《維摩詰所說經》一卷，_{館臣案：《文獻通考》作十卷。}鳩摩羅什譯。

　　廣棪案：《郡齋讀書志》卷第十六〈釋書類〉著錄：「《注維摩詰所說經》十卷。右天竺維摩詰撰。西域謂淨名曰維摩詰，廣嚴城處士也。佛聞其病，使十弟子、四菩薩往問訊，皆以不勝任固辭。最後遣文殊行，因共談妙道，遂成此《經》。其大旨明真俗不二而已。淨名演法要者，居世出世也。不以十弟子、四菩薩爲知法者，斥其有淨穢之別也。文殊大智，法身之體也。淨名處俗，法身之用也。俾體用相酬對，皆真俗不二之喻也。姚秦僧鳩摩羅什譯。按《開元釋教錄》云：『羅什者，華言童壽，天竺人也。苻堅遣呂光破西域，俘之以歸。姚興迎致長安，譯經於逍遙園。凡四十部，此其一也。本三卷十四品，其後什之徒僧肇、道生、道融等爲之注，釐爲十卷。』予得之董太虛家，蓋襄陽木本也。唐李繁頗言此注後人依託者。」可供參證。據《郡齋讀書志》，是此書「本三卷十四品」。《佛典精解》一〈經錄部〉第四門〈唐開元間眾經目錄〉「第四品玄逸《大唐開元釋教廣品歷章》」條，中云：「如姚秦鳩摩羅什譯的《維摩詰所說經》（一名《不可思議解脫經》。）簡稱《維摩經》三卷，下列佛國品，方便品、弟子品、菩薩品、文殊師利問疾品、不思議品、觀眾生品、佛道品、入不二法門品、香積佛品、菩薩行品、見阿閦佛品、法供養品、囑累品十四品。」是此書三卷十四品，《解題》作一卷，疑誤。《通考》作十卷者，乃注本也。

維摩經一卷

《維摩經》一卷，蘇轍所書。

　　廣棪案：轍字子由，《宋史》卷三百三十九〈列傳〉第九十八有傳。轍晚年皈依佛法，崇寧二年撰〈書楞嚴經後〉曰：「予自十年來，於佛法中漸有所悟，經歷憂患，皆世所希有，而真心不亂，每得安樂。崇寧癸末，自許遷蔡，杜門幽坐，取《楞嚴經》翻覆熟讀，乃知諸佛涅槃正路，從六根入。每趺坐燕安，覺外塵引起六根。根若墮去，即墮生死道中。根若不墮，返流全一，中中流入，即是涅槃真際。觀照既久，如淨琉璃，內含寶月。稽首十方三世一切佛菩薩、羅漢，僧慈悲哀愍，惠我無生法忍，無漏勝果，誓願心心護持，勿令退失。三月二十五日志。」癸末，乃崇寧二年（1103）。此《經》疑轍晚

年所書，惜已散佚矣。

楞伽經四卷

《楞伽經》四卷，有宋、魏、唐三譯。宋譯四卷，唐譯七卷。

廣棪案：《郡齋讀書志》卷第十六〈釋書類〉著錄：「《楞伽經》四卷。右宋天竺僧求那跋陀羅譯。楞伽，山名也。佛爲大慧演道於此山。元魏僧達磨以付僧慧可，曰：『吾觀中國所有經教，唯《楞伽》可以印心。』謂此書也。釋延壽謂此經以佛語心爲宗，而李通玄則以爲五法、三自性、八識、二無我爲宗。按經說第八業種之識，名爲如來藏，言其性不仁，明僞即出世也。延壽所云者，指其理；通玄所云者，指其事，非不同也。」《郡齋讀書志》所著錄者，即劉宋世所譯之《楞伽經》四卷也。孫猛《郡齋讀書志校證》曰：「《楞伽經》四卷，按此經全稱《楞伽阿跋多羅寶經》，異譯本有北魏僧菩提流支《入楞伽經》十卷，唐僧實叉難陀《大乘入楞伽經》七卷。求那跋陀羅譯本見《大正藏》卷十六。」是此《經》另有北魏與唐譯本。《佛典精解》四〈宗系部〉第四門〈禪宗〉上「第一品唐淨覺《楞伽師資記》」條載：「這裡說的《楞伽經》，全稱《楞伽阿跋多羅寶經》，由劉宋求那跋陀羅於元嘉二十年（443）譯成四卷。（分《一切佛語心品》之一、之二、之三、之四）以後又經北魏菩提留支和唐實叉難陀重譯，分別成爲《入楞伽經》十卷（始自〈請佛品〉，終於〈總品〉，凡十八品）和《大乘入楞伽經》七卷，（始自〈羅婆那王勸請品〉，終於〈偈頌品〉，凡十品）內容較四卷本略有增加。《楞伽經》通過佛在楞伽山答大慧菩薩一百八問的方式，著重闡述了一切眾生都含有如來清淨心（又稱『如來藏』）以及『自心現境界』的理論。這一理論與禪宗建立的直指人心，見性成佛的禪法要旨是契合的，故成了早期禪宗十分推重的一部經典。」可供參證。

正平張戒集注。蓋以三譯參校研究，得舊注本，莫知誰氏，頗有倫理，亦多可取，句讀遂明白。其八卷者，分上、下也。

案：《宋史》卷二百五〈志〉第一百五十八〈藝文〉四〈釋氏類〉著錄：「張戒注《楞伽集注》八卷。」是〈宋志〉所著錄者正分上、下之八卷本。戒字定夫，絳郡人，沈晦榜進士。紹興初，官左通坊郎、夔州路關寨幹辦官。《宋史翼》卷十二〈列傳〉第十二有傳。

四十二章經一卷

《四十二章經》一卷,後漢竺法蘭譯。佛書到中國,此其首也,所謂「經來白馬寺者」。其後千經萬論,一大藏教乘,要不出於此。中國之士,往往取老、莊之遺說以附益之者多矣。

> 廣棪案:《出三藏記集》卷第二〈新集撰出經律論錄〉第一著錄:「《四十二章經》一卷。《舊錄》云:《孝明皇帝四十二章》。安法師所撰錄闕此經。右一部,凡一卷。漢孝明帝夢見金人,詔遣使者張騫、羽林中郎將秦景到西域,始於月支國,遇沙門竺摩騰,譯寫此經。還洛陽,藏在蘭臺石室第十四間中,其經今傳於世。」《郡齋讀書志》卷第十六〈釋書類〉著錄:「《四十二章經》一卷。右天竺釋迦牟尼佛所說也。釋迦者,華言能仁。以周昭王二十四年甲寅四月八日生。十九學道,三十學成,處世演道者四十九年而終,蓋年七十九也。沒後,弟子大迦葉與阿難纂掇其平生之言成書。自漢以上,中國未傳,或云雖傳而泯絕於秦火。張騫使西域,已聞有浮屠之教;及明帝感傅毅之對,遣蔡愔、秦景使天竺求之,得此經以歸。中國之有佛書自此始,故其文不類他經云。佛書自愔、景以來,至梁武帝華林之集,入中國者五千四百卷。曰經、曰論、曰律,謂之『三藏』,傳於世盛矣。其徒又或摘出別行,為之注釋、疏鈔,至不可選紀,而通謂之律學。厥後達磨西來,以三藏皆筌蹄,不得佛意,故直指人心,俾之見性,眾尊之為祖,學之者布於天下。雖曰不假文字,而弟子錄其善言,往往成書,由是禪學興焉。觀今世佛書,三藏之外,凡講說之類,律學也;凡問答之類,禪學也。藏經猥眾,且所至有之,不錄,今取其餘者列於篇。此經雖在《藏》中,然以其見於《經籍志》,故特取焉。」均足資參證。

遺教經一卷

《遺教經》一卷,佛涅槃時所說。唐碑本。以下三種同。

> 廣棪案:《出三藏記集》卷第二〈新集撰出經律論錄〉第一著錄:「《遺教經》一卷,或云《佛垂般泥洹略說教戒經》。」乃鳩摩羅什於弘始三年所譯出三十五部經之一。《文獻通考》卷二百二十六〈經籍考〉五十三〈子釋氏〉於此條下引山谷黃氏曰:「《遺教經》譯於姚秦弘始四年,在王右軍沒後數年,弘始中雖有譯本,不至江南。至陳氏時,有譯師出《遺教經論》,於是並行。今長安雷氏家《遺教經》石上,行書貞觀中行《遺教經》敕令,擇善書經生書本頒焉。敕與經字是

一手，但眞、行異耳。余平生疑《遺教》非右軍書，比來考尋，遂決定知非右軍書矣。」同條下又引西山眞氏跋曰：「《遺教經》，蓋瞿曇氏最後教諸弟子語，今學佛者罕常誦而習之也。蓋自禪教既分，學者往往以爲不階言語文字，而佛可得。於是脫略經教，而求所謂禪者。高則高矣，至其身心顛倒有不堪檢點者，則反不如誦經持律之徒，循循規矩中，猶不至大謬也。今觀此經以端心正念爲首，而深言持戒爲禪定智慧之本。至謂制心之道如牧牛，如馭馬，不使縱逸，去瞋止妄，息欲寡求，然後由遠離以至精進，由禪定以造智慧，其有漸次梯級，非如今之談者，以爲一起可到如來地位也。宜學佛者患其迂，而不若禪之捷歟！以吾儒觀之，聖門教人以下學爲本，然後可以上達，亦此理也。學佛者不由持戒，而欲至定慧，亦猶吾儒捨離經辨志，而急於大成；去灑掃應對，而語性與天道之妙，其可得哉！余謂佛氏之有此經，猶儒家之有《論語》；而《金剛》、《楞嚴》、《圓覺》等經，則《易》、《中庸》之比。未有不先《論語》，而可遽及《易》、《中庸》者也。儒、釋之教，其趣固不同，而爲學之序，則有不可易者。」可供參考。

阿彌陀經一卷

《阿彌陀經》一卷，唐陳仁稜所書。刻於襄陽。

　　廣棪案：《出三藏記集》卷第二〈新集撰出經律論錄〉第一著錄：「《阿彌陀經》二卷。內題云：『《阿彌陀三耶三佛薩樓壇過度人道經》。』」此經乃魏文帝時，支謙以吳主孫權黃武初至孫亮建興中譯出三十六部經之一。同書同卷著錄：「《無量壽經》一卷。或云《阿彌陀經》。」此經乃鳩摩羅什所譯三十五部經之一。疑直齋所著錄者乃什所譯之《阿彌陀經》，即《無量壽經》。陳仁稜，生平無可考。

金剛經一卷

《金剛經》一卷，唐武敏之所書。在長安。

　　廣棪案：武敏之，《舊唐書》卷一百八十三〈列傳〉第一百三十三〈外戚〉附〈武承嗣〉，載：「（武）元爽等緣坐配流嶺外而死，乃以韓國夫人之子敏之爲士護嗣，改姓武氏，累拜左侍極、蘭臺太史，襲爵周國公。仍令鳩集學士李嗣眞、吳兢之徒，於蘭畫刊正經史，并著撰傳記。敏之既年少色美，烝於榮國夫人，恃寵多愆犯，則天頗不悅之。咸亨二年，榮國夫人卒，則天出內大瑞錦，令敏之造

佛像追福，敏之自隱用之。又司衛少卿楊思儉女有殊色，高宗及則天自選以爲太子妃，成有定日矣，敏之又逼而淫焉。及在榮國服內，私釋衰絰，著吉服，奏妓樂。時太平公主尙幼，往來榮國之家，宮人侍行，又嘗爲敏之所逼。俄而姦汙事發，配流雷州，行至韶州，以馬韁自縊而死。」則敏之爲人至不足道也。

金剛經一卷

《金剛經》一卷，唐鄔彤所書。在吳興墨妙亭。

　　廣棪案：彤，兩《唐書》無傳。陳思《書小史》卷九〈傳〉八〈唐〉載：「鄔彤，錢塘人，爲金吾兵曹參軍。善草書，妙得其法，時人比之張旭，蓋親得張公之旨。呂摠云：『鄔彤書如寒林栖鴉，平岡走兔。』」可知其生平及書藝特色。

羅漢因果識見頌一卷

《羅漢因果識見頌》一卷，天竺闍那多迦譯。首有范仲淹〈序〉，言宣撫河東，得於傳舍，廣棪案：盧校本作「僧舍」。《藏經》所未錄者。十六羅漢爲比邱摩挐羅等說。

　　廣棪案：《宋史》卷二百五〈志〉第一百五十八〈藝文〉四〈釋氏類〉著錄：「僧闍那多迦譯《羅漢頌》一卷。」即此書。范仲淹《范文正別集》卷四〈序〉有〈十六羅漢因果識見頌序〉，曰：「余嘗覽釋教《大藏經》，究諸善之理；見諸佛菩薩施廣大慈悲力，啓利益方便門。自天地山河，細及昆蟲草木，種種善論，開悟迷徒；奈何業結障蔽深高，著惡昧善者多，見性誠心者少；故佛佛留訓，祖祖垂言，以濟群生，以成大願；所以隨函類眾聖之詮，總爲《大藏》，凡四百八十函，計五千四十八卷，錄而記之，俾無流墜。余慶歷初任知政事，時西虜背惠，侵擾邊隅，勞師困民，以殄兇醜。聖人愛民恤士，命余宣撫河東，沿邊居民將士，塗中寓宿保德水谷之傳舍，偶於堂簷甃罅間得故經二卷，名曰《因果識見頌》。其字皆古隸，書乃《藏經》所未錄，而世所希聞者也。余頗異之。啓軸而觀，乃十六國大阿羅漢爲摩挐羅多等誦佛說因果識見，悟本成佛大法之頌也。一尊七頌，總一百一十二頌，皆指生死之源，深陳心性之法，開定慧眞明之宗，除煩惱障毒之苦，濟生戒殺，誘善袪邪。立漸法序四等功德，說頓教陳不二法門。分頓漸雖殊，合利鈍無異，使群魔三惡不起於心，萬法諸緣同歸於善。余一句一歎，一頌一悟，以至卷終，胸臆豁然，頓覺世緣大有所悟，儻非

世尊以六通萬行圓明慧鑒之聖，則無以至此。方知塵世之中，有無邊聖法；大藏之內，有遺落寶文。謹於府州承天寺，命僧歸依別錄藏之。厥後示諸講說高僧，通證者達皆未見聞，莫不欽信。後於戊子歲，有江陵老僧慧喆見訪，因話此《頌》諸聖秘密，世所希聞。喆傳之於武陵僧普煥處，寶之三十餘年，未逢別本。余因求副本，正其舛駁，以示善知，故直序其事，以紀其因。時戊子仲春，高平范仲淹序。」《解題》所述，蓋據范〈序〉隱括。

六祖壇經一卷

《六祖壇經》一卷，_{館臣案：《文獻通考》作三卷。}**僧法海集。**

廣棪案：《郡齋讀書志》卷第十六〈釋書類〉著錄：「《六祖壇經》三卷。右唐僧惠昕撰。記僧盧慧能學佛本末。慧能號六祖。凡十六門。周希復有〈序〉。」《郡齋讀書志校證》曰：「《六祖壇經》三卷，袁本《前志》卷三下此書複出，俱作《六祖壇經》二卷，複出居該類第十一者，與原本解題同；居第二十五者，解題獨異，俱錄於下：『右唐僧慧能授禪學于弘忍，韶州刺史韋據請說無相心地戒，門人紀錄，目曰《壇經》，盛行于世。』按弘忍乃禪宗五祖，慧能從之受學，事見《宋高僧傳》卷八、《景德傳燈錄》卷三、卷五，『授』當作『受』。袁錄何校本何焯按語云：『《壇經》有兩書，今所見者此耳。』袁錄顧校本顧廣圻校語云：『按〈經籍考〉所引但有前文，而無此，乃趙希弁誤複也。何說非。』按今存《壇經》有四本：一敦煌寫本，題作《南宗頓教最上大乘摩訶般若波羅蜜經六祖慧能大師于韶州大梵寺施法壇經》，一卷，慧能弟子法海集記：一日本興聖寺複刻宋紹興年間晁子健蘄州刊本，題作《六祖壇經》，二卷，晚唐僧人惠昕改編：一曹溪原本，題作《六祖大師法寶經曹溪原本》，一卷，不著撰人；（或題『門人法海錄』，或據郎簡〈六祖壇經序〉，以爲乃契嵩改編。）一元至正二十八年僧宗寶改編本，一卷。以上四種有普慧《大藏經》刊行會合編本。晁子健乃公武之姪，《讀書志》所收似子健刊本，疑原本『三卷』，當從袁本作『二卷』。」是則《解題》所著錄者，與《郡齋讀書志》不同本，而近於敦煌寫本。法海，《宋高僧傳》卷第六〈義解篇〉第二之三有〈唐吳興法海傳〉，載：「釋法海，字文允，姓張氏，丹陽人。少出家于鶴林寺。白駒匿食其場苗，金翅俄翔其海面，曲從師教，周覽群經，大壑納川，鄧林聚羽。是以圓入一性，學階空王，擅當代獨悟之名，剖先賢不決之義，一時外學《六籍》該通。嘗謂人曰：『佛法一門，極唯心地，餘皆椎輪也。』

天寶中，預揚州法愼律師講肆，同曇一、靈一等推爲顏、冉焉。復與杼山晝公爲忘形之交，林下之遊。黑白二徒，多從求益焉。」可知其生平概況。《宋史》卷二百五〈志〉第一百五十八〈藝文〉四〈釋氏類〉著錄：「法海《六祖法寶記》一卷、《壇經》一卷。」所著錄《壇經》一卷，與《解題》爲同一書。

宗門統要十卷

《宗門統要》十卷，建谿僧宗永集。

廣棪案：《宋史》卷二百五〈志〉第一百五十八〈藝文〉四〈釋氏類〉著錄：「僧宗永《宗門統要》十卷。」與此同。《佛典精解》五〈纂集部〉第三門〈語錄〉第四品《拈古總集》清淨符《宗門拈古彙集》載：「先是有南宋建溪沙門宗永，將上始釋迦文佛，下至南嶽（懷讓）下十一世和青原（行思）下十世的佛祖機緣以及有關的拈語，編成《宗門統要》一書。」可供參考。

法藏碎金十卷

《法藏碎金》十卷，太子少傅晁迥撰。

廣棪案：《宋史》卷二百五〈志〉第一百五十八〈藝文〉四〈釋氏類〉著錄：「晁迥《法藏碎金》十卷。」與此同。然《郡齋讀書志》卷第十九以此書編入〈別集類〉下，著錄曰：「晁文元《道院別集》十五卷、《法藏碎金錄》十卷、《耄智餘書》三卷、《昭德新編》三卷、《理樞》一卷。右五世祖文元公也。諱某，字明遠，澶州人。自父始徙家彭門。幼從王禹偁學，太平興國五年進士。至道末，擢右正言，直史館，知制誥，入翰林爲學士，加承旨，眷禮優厚。天禧中，祈解近職，判西京留司御史臺。居六年，請老，以太子少保致仕，終少傅，年八十四。文元，謚也。〈國史〉云：『公樂易淳固，守道甚篤，雖貴勢無所摧屈。』嘗言：『歷官臨事，未嘗挾情害人以售進，保全護固，如免髮膚之傷。』眞宗數稱其長者。楊億謂其所作書命，得代言之體。李獻臣亦言公服膺墳典，耆年不倦。少遇異人，指導心要，不喜術數之說。疑文滯義，須質正而後已。文章典贍，書法端楷，時輩推重。自唐以來，世掌誥命者，惟楊於陵及見其子，而晁氏繼之。延譽後進，其門人如宋宣獻、晏元獻、李邯鄲，皆爲世顯人。《集》皆自有〈序〉及李遵勗〈後序〉。自經兵亂，六世圖書，焚棄無子遺。《法藏碎金》，世傳最廣，先得之於趙郡蘇符；《昭德新編》則得之於丹稜李燾；《道院別集》

則得之於知閬州王輔；《耄智餘書》則得之於眉山程敦厚；《理樞》則得之於《澠池集》中。」此書，《四庫全書總目》卷一百四十五〈子部〉五十五〈釋家類〉亦著錄，曰：「《法藏碎金錄》十卷，內府藏本。宋晁迥撰。迥有《昭德新編》，已著錄。迥受學於王禹偁，以文章典贍擅名，而性耽禪悅，喜究心於內典。是編乃天聖五年退居昭德里所作。皆融會佛理，隨筆記載，蓋亦宗門語錄之類。其曰《碎金》，取《世說新語》『安石碎金』義也。孫覿謂其『宗向佛乘，以莊、老、儒書彙而爲一』。蓋嘉祐、治平以前，濂、洛之說未盛，儒者沿唐代餘風，大抵歸心釋教。以范仲淹之賢，而手製疏文，請道古開壇說法，其他可知。迥作是書，蓋不足異。南宋初年，迥五世孫公武作《郡齋讀書志》，乃附載迥《道院集》後，列之〈別集〉門中，殊爲不類。殆二程以後，諸儒之辨漸明，公武既不敢削其祖宗之書不著於錄；又不肯列之〈釋氏〉，貽論者口實。進退維谷，故姑以附載回護之。觀其條下所列，僅敘迥仕履始末、行誼文章，而無一字及本書，其微意蓋可見矣。然自阮孝緒《七錄》以後，釋氏之書久已自爲一類，歷朝史志著錄並同，不必曲爲推崇，亦不必巧爲隱諱。今從陳振孫《書錄解題》，入之〈釋氏類〉中，存其實也。」孫猛《郡齋讀書志校證》曰：「《法藏碎金錄》十卷，按此書宋之後久不傳，至明嘉靖乙巳，迥裔孫瑮始從內閣錄出，鋟板以行，更名《迦談》。《四庫提要》卷一四五謂《讀書志》以此書附《道院別集》，入〈別集類〉爲不類，云：『公武既不敢削其祖宗之書不著於錄，又不肯列之〈釋氏〉，貽論者口實，進退維谷，故姑以附載回護之。』陳垣《中國佛教史籍概論》卷五以爲《提要》撰者乃『以己之心度古人之心』，誠是。公武以佛學爲家學，不以學佛爲諱。然此書多言佛理，乃宗門語錄之類，終以入〈釋家類〉爲安。」可供參考。

景祐天竺字源七卷

《景祐天竺字源》七卷，僧惟淨等集進。館臣案：《文獻通考》「惟淨」作「相淨」。以華梵對翻，有十二轉聲、三十四字母，各有齒、牙、舌、喉、唇五音。仁宗御製〈序〉，鏤板頒廣棪案：「頒」，原誤作「頌」，據盧校本改。行。吳郡虎丘寺有賜本如新，己亥廣棪案《通考》：「己亥」下有「歲」字。借錄。

廣棪案：此書不可考。惟淨，喻昧庵《新續高僧傳》卷第一〈譯經篇〉第一之一〈宋京師傳法院沙門釋法護傳〉載：「又同時與法護共譯事者有惟淨、紹德。惟淨姓李氏，江南李煜之從子。太平興國八年奏選童子五十人學梵字，詔高品

王文壽典選政，以淨等充選。引見，令入經院受學。淨天姿穎妙，冠絕流輩，口授梵章，便解文義。歲餘，度爲僧，與護同譯新來諸經。所譯《佛說身毛喜豎經》三卷、《佛說如來不思議秘密大乘經》二十卷，即《大寶積第三金剛力士會同本》異譯，分作二十五品。《海意菩薩所問淨印法門經》十八卷，即《大集經海慧菩薩品》第五也。又譯《大乘中觀釋論》九卷。賜以朝散大夫，試鴻臚卿，號爲光梵大師。仁宗慶曆三年，淨見執政裁省譯經之務，因自奏疏乞罷。敕曰：『三聖宗奉，朕何敢罷。且琛貢所入，皆異域文字，非鴻臚誰識不凡。』未幾，御史中丞孔道輔等果乞罷譯館，仁宗以淨疏示之，其議遂止。」可知惟淨生平概況。己亥，爲宋理宗嘉熙三年（1239），時直齋知嘉興府升浙西提舉，從平江虎丘寺借錄此書。

金園集三卷

《金園集》三卷，錢塘天竺僧遵式撰。

　　廣棪案：《新續高僧傳四集》卷第三〈義解篇〉第二之一有《宋武林靈山日觀庵沙門釋遵式傳》，略云：「釋遵式字知白，姓葉氏，寧海人。投天台東掖山義全出家，納戒於禪林寺，習律於守初師。……乾興元年，賜號慈雲大師。明道壬申歲入寂，葬寺東月桂峰下。所著詩文《金園集》、《靈苑集》。」乾興，眞宗年號，明道，仁宗年號。是遵式乃眞、仁宗時人。

天竺別集三卷

《天竺別集》三卷，遵式撰。

　　廣棪案：《新續高僧傳四集》卷第三〈義解篇〉第二之一〈武林靈山日觀庵沙門釋遵式傳〉載遵式「後居天竺靈山，於寺東建日觀庵。老撰《天竺高僧傳》，補智者大師三昧行法說；著《金光明經懺法三昧儀》，名徹上聞，召賜紫衣。乾興元年，賜號慈雲大師。」此書應遵式居天竺靈山後撰。

世所謂「式懺主」者也。

　　案：曹勛《松隱集》卷三十〈記〉有〈天竺薦福寺懺主遵式敕賜師號塔銘記〉曰：「紹興三十年七月某日，有敕以天竺時思薦福寺故住持傳天台教觀僧慈雲法寶大師遵式，諡懺主禪慧大法師，塔曰瑞光。一眾望闕，祇承明命，天下

衲子贊歎異恩得未曾有,誠山林芘芺不世之遇。維砥礪名節,端委立朝;鉅德崇勳,暴耀一時,未有百歲而後,際會若斯之也。嘗謂佛者非特示其徒草衣木食,從事枯槁,蹈虎狼之區,與物外為友而已;蓋將使脩身八戒,傳持三學,續佛慧命,作新人天。若但守赤軸梵唄,冥行愚接,不造諸佛境界,亦非其徒也。惟師苦身滅性,死心忘生,夙於賢劫會中,尚志而出,遂與天子宰相講論至要,廓然大觀,以己之天,開人之天,騫然高舉,出於其類而拔其萃。一意願力,鋪張宗乘,修六度,備萬行,止作觀以明空幻之法,俾本性靈承安靜無住,又行道之地。每熾炭燃鏉,眞殿四隅,晝夜經行,以指抹鏉,十指存三,乘痛煙起,示無生法忍,俾學空寂者得眞法供養,以是不愛軀命,顧肯求嘉號,夸示後世耶!然利於時用者,道必廣化;導既深者,譽益崇,雖歷塵劫,聲跡愈著。是宜為聖主覽文知名,即名增諡,顯題塔號,以榮其終。光昭異數,用詔方來,虛空有盡,師名無盡,則斯事也可得無書乎!師五世孫子琳,不忘夙授,霑飫甚深。見索鄙文,敘致本始。若世功實行,則有曲記疏其詳,茲文之載,直書聖主所以褒揚高世之士,誘掖寰中,有識有情,咸飭眾善。自爾千百載下,凜凜然增嚴霜烈日之操矣,可不尚歟!」可以知「式懺主」之由。

華嚴合論法相撮要一卷

《華嚴合論法相撮要》一卷,青谷眞際禪師_{館臣案:「眞際」原本作「眞除」,今據《文獻通考》改正。}以唐李長者通玄《合論》,撮其要義,_{廣棪案:《文獻通考》「義」作「入」,疑誤。}手稿為圖。

廣棪案:《郡齋讀書志》卷第六十〈釋書類〉著錄:「《華嚴經合論》一百二十卷。右按《纂靈記》云:『《華嚴》大經,龍宮有三本。佛滅度後六百年,有龍樹菩薩入龍宮,誦下本十萬偈,四十八品,流傳天竺。晉有沙門支法領得下本,分三萬六千偈,至此土。義熙十四年,譯成六十卷。唐證聖元年,于闐沙門喜學再譯舊文,兼補諸闕,通舊總四萬五千頌,成八十卷,三十九品。』《合論》者,唐李通玄所撰。通玄,太原人,宗室子也。當武后時,隱居不仕。舊學佛者皆曰佛說此經時,居七處九會,獨通玄以為十處十會云。」是則此書乃眞際禪師據李通玄《華嚴經合論》一百二十卷撮要成一卷者。眞際禪師即釋從諗。贊寧《宋高僧傳》卷第十一〈習禪篇〉第三之四有〈唐趙州東院從諗傳〉,載:「釋從諗,青州臨淄人也。童稚之歲,孤介弗群,越二親

之羈絆，超然離俗。乃投本州龍興伽藍，從師翦落。尋往嵩山琉璃壇納戒，師勉之聽習，於經律但染指而已。聞池陽願禪師道化翕如，誌執心定志，鑽仰忘疲。南泉密付授之，滅迹匿端，坦然安樂。後於趙郡開物化迷，大行釋道。以真定帥王氏阻兵，封疆多梗，朝廷患之。王氏抗拒過制，而偏歸心於誌。誌嘗寄塵拂，上王氏曰：『王若問何處得此拂子？答道：老僧平生用不盡者物。』凡所舉揚，天下傳之，號趙州法道。《語錄》大行，爲世所貴也。」可知其生平概況。至李通玄撰《華嚴合論》，《宋高僧傳》卷第二十二〈大宋魏府卯齋院法圓傳〉中記其經過甚詳，曰：「復次唐開元中，太原東北有李通玄者，言是唐之帝胄，不知何王院之子孫。輕乎軒冕，尚彼林泉，舉動之間，不可量度。身長七尺餘，形貌紫色，眉長過目，髭鬢如畫，髮紺而螺旋，唇紅潤，齒密緻。戴樺皮冠，衣大布縫掖之制。腰不束帶，足不躡履，雖冬無皴皵之患，夏無垢汗之侵。放曠自得，靡所拘絆。而該博古今，洞精儒釋，發于辭氣，若鏗巨鐘。而傾心《華藏》，未始輟懷。每覽諸家疏義繁衍，學者窮年，無功進取。開元七年春，賫《新華嚴經》，曳筇自定襄而至，并部盂縣之西南同穎鄉大賢村高山奴家，止於偏房中造論，演暢《華嚴》，不出戶庭，幾于三載。高與鄰里怪而不測，每日食棗十顆，柏葉餅一枚，餘無所須。其後移於南谷馬家古佛堂側，立小土屋，閑處晏息焉。高氏供棗餅亦至。嘗賫其論并經往韓氏莊，即冠蓋村也。中路遇一虎，玄見之，撫其背，所負經論搭載去土龕中，其虎弭耳而去。其處無泉可汲用，會暴風雨，拔老松去，可百尺餘，成池，約深丈許，其味香甘，至今呼爲長者泉。里人多因愆陽臨之，祈雨或多應焉。又造論之時，室無脂燭。每夜秉翰於口，兩角出白色光，長尺餘，炳然通照，以爲恆矣。自到土龕，俄有二女子衣貲布，以白布爲慘頭，韶顏都雅，饋食一奩于龕前，玄食之而已。凡經五載，至於紙墨供送無虧，及論成，亡矣。所造論四十卷，總括八十卷經之文義。次《決疑論》四卷，綰十會果因之玄要，列五十三位之法門。一日，鄉人聚飲酒之次，玄來，謂之曰：『汝等好住，吾今去矣。』鄉人驚怪，謂爲他適。乃曰：『吾終矣。』皆悲泣戀慕，送至土龕，曰：『去住常也。』鄉人下坡，迴顧其處，雲霧昏暗，至子時，儼然坐亡龕中，白色光從頂出，上徹太虛。即開元十八年暮春二十八日也，報齡九十六。達旦，數人登山，見其龕室內蛇虺填滿，莫得而前。相與啓告，蛇虺交散。耆少追感，結輿迎于大山之北，甃石爲城而葬之。神福山逝多林蘭若方山是也。葬日，有二斑鹿、雙白鶴、雜類鳥獸，若悲戀之狀焉。大曆九年六月內，有僧廣超到蘭若收論二本，召書生就山繕寫，將入

汾川流行，其論由茲而盛。至大中中，閩越僧志寧將論注於經下，成一百二十卷。論有《會釋》七卷，不入注文，亦寫附於初也。宋乾德丁卯歲，閩僧惠研重更條理，立名曰《華嚴經合論》，行於世，人所貴重焉。」可資參證。

僧寶傳三十卷

《僧寶傳》三十卷，館臣案：《文獻通考》作三十二卷。僧惠洪撰。

廣梭案：《郡齋讀書志》卷第九〈傳記類〉著錄：「《僧寶傳》三十二卷。右皇朝僧德洪撰。其〈序〉云：『五家宗派，嘉祐中達觀曇穎嘗為之傳，載其機緣語句，而略其終始行事。德洪謂入道之緣，臨終之效，有不可闕者，遂盡接遺編別記，補以諸方之傳；又自嘉祐至政和，取雲門、臨濟兩宗之裔絕出者，合八十七人，各為傳，係之以〈贊〉云。』德洪即惠洪。《四庫全書總目》卷一百四十五〈子部〉五十五〈釋家類〉著錄：「《僧寶傳》三十二卷，安徽巡撫採進本。宋釋惠洪撰。惠洪有《冷齋夜話》，已著錄。禪宗自六祖以後，分而為二。一曰青原，其下為曹洞、雲門、法眼。一曰南岳，其下為臨濟、溈仰。是為五宗。嘉祐中，達觀曇穎嘗為之傳。載其機緣語句，而略其終始行事。惠洪因綴輯舊聞，各為之傳，而系以贊。凡八十一人。前有寶慶丁亥臨川張宏敬〈序〉，稱舊本藏在廬阜，後失於回祿。錢塘風篁山僧廣遇慮其湮沒，因校讎鋟梓。然卷末題明州府大慈名山教忠報國禪寺住持比邱寶定刊版。又似刻於四明者，疑為重鋟之本也。陳氏《書錄解題》作三十卷。《文獻通考》作三十二卷。蓋原書本三十卷，後有〈補禪林僧寶傳〉一卷，又有〈臨濟宗旨〉一卷，共為三十二卷。〈臨濟宗旨〉，亦惠洪所撰。〈補禪林僧寶傳〉，題舟峰菴僧慶老。蓋亦北宋人也。」可供參證。惠洪，《宋史》無傳。《宋人傳記資料索引》載：「釋惠洪（1071-1128），又名德洪，自稱洪覺範，又稱覺範道人，宜豐彭氏子。嘗住簡州景德院，賜號圓明禪師。建炎二年卒，年五十八。有集，名《石門文字禪》三十卷，又著《冷齋夜話》、《僧寶傳》、《臨濟宗旨》。」可知惠洪生平大略。

林間錄十四卷

《林間錄》十四卷，廣梭案：《文獻通考》作四卷。惠洪撰。廣梭案：此條據盧校本補。

廣梭案：《郡齋讀書志》卷第十六〈釋書類〉著錄：「《林間錄》四卷。右皇朝

僧德洪撰。記高僧嘉言善行，謝逸爲之〈序〉。然多寓言，如謂杜祁公、張安道皆致仕居睢陽之類，疏闊殊可笑。」《四庫全書總目》卷一百四十五〈子部〉五十五〈釋家類〉著錄：「《林間錄》二卷、《後集》一卷，浙江巡撫採進本。宋釋惠洪撰。晁公武《讀書志》稱是書所記皆高僧嘉言善行。然多訂贊寧《高僧傳》諸書之訛。又往往自立議論，發明禪理，不盡敘錄舊事也。前有大觀元年謝逸〈序〉，稱：『惠洪與林間勝士，抵掌清談，每得一事，隨即錄之。本明上人以其所錄析爲上、下二帙，刻之於版。』是其書乃惠洪箚記，而本明爲之編次者。《文獻通考》作四卷。以原〈序〉上、下二帙之語證之，殆《通考》字誤歟？《後集》一卷，載惠洪所作贊、偈、銘三十一首，〈漁父詞〉六首。逸〈序〉未言及之，不知何人所附入也。惠洪頗有詩名，其所著作，多援引黃庭堅諸人爲重。然喜遊公卿閒，初以醫術交結張商英，復往來郭天信之門。政和元年，張、郭得罪，遂連坐決配朱崖。又吳曾《能改齋漫錄》記其作〈上元宿嶽麓寺詩〉，有『十分春瘦緣何事，一掬鄉心未到家』句，爲蔡、卞之妻所譏，有浪子和尚之目。則既役志於繁華，又溺情於綺語，於釋門戒律，實未精嚴，在彼教中未必據爲法器。又書中載杜衍、張詠同居睢陽事，晁公武《讀書志》嘗辨其疏。胡應麟《筆叢》亦稱其載杜衍呼張詠爲安道，安道乃張方平字，非詠之字。益證其所記之誣。蓋與所作《冷齋夜話》同一喜作妄語。然所作《石門文字禪》，釋家收入《大藏》。又普濟《五燈會元》亦多採此書。蓋惠洪雖僧律多疏，而聰明特絕，故於禪宗微義，能得悟門。又素擅詞華，工於潤色，所述釋門典故，皆斐然可觀，亦殊勝粗鄙之語錄。在佛氏書中，固猶爲有益文章者矣。」可供參證。此書《郡齋讀書志》及《文獻通考》均著錄作四卷，《解題》作十四卷，應爲四卷之誤。

道院集要三卷

《道院集要》三卷，戶部尚書三槐王右敏仲撰。廣棪案：盧校本「戶部尚書三槐王右敏仲撰」爲「王古撰」。校注曰：「《通考》同。古官氏已見〈目錄類〉。」以晁迥《法藏碎金》、《耄智餘書》刪重集粹，廣棪案：《文獻通考》「粹」作「碎」，誤。別爲此編。

廣棪案：《郡齋讀書志》卷十九〈別集類〉下著錄：「晁文元《道院別集》十五卷、《法藏碎金錄》十卷、《耄智餘書》三卷、《昭德新編》三卷、《理樞》一卷。右五世祖文元公也。諱某，字明遠，澶州人。」文元公即晁迥，是迥

確撰有《道院別集》、《法藏碎金錄》、《毫智餘書》等書，而王古據以「刪重集粹」而爲《道院集要》也。惟此書，《宋史》卷二百五〈志〉第一百五十八〈藝文〉四〈釋氏類〉著錄：「《道院集要》三卷，不知作者。」《四庫全書總目》卷一百四十五〈子部〉五十五〈釋家類〉著錄：「《道院集要》三卷，兩淮馬裕家藏本。舊本題爲《道院集》，宋晁迥撰。《宋史·藝文志》載《道院集要》三卷，註曰：『不知作者。』考晁公武《讀書志》載《道院別集》十五卷，稱五世祖文元公撰。文元即迥諡也。又別載《道院集要》三卷，稱『元祐中侍從王古編。』併載古〈序〉曰：『文元晁公博觀內書，復勤於著述。其書曰《道院別集》，曰《自擇增修百法》，曰《法藏碎金》，曰《隨因紀述》，曰《毫智餘書》。余嘗遍閱之，以爲名理之妙，雖白樂天不逮也。輒刪去重複，總集精粹，以便觀覽。』則此書乃王古選錄迥書，故名《集要》。此本以爲即《道院集》者，誤也。《文獻通考》列之〈別集〉門中。今檢其書，乃語錄之流，實非文集，改隸〈釋家〉，庶不失其旨焉。」是此書確屬王古撰，《解題》作王右，形近而誤也。有關王古其人其書，陳垣《中國佛教史籍概論》卷五「《道院集要》」條有考，曰：「《道院集要》者，蓋即《道院別集》之節本，故晁〈志〉仍入〈別集類〉，陳氏改入〈釋氏類〉。《文獻通考》二二七採陳氏，既入之《釋氏》，二三四採晁氏，又入之〈別集〉。《提要》以《通考》列〈別集〉中爲不類，改隸〈釋家〉，不知《通考》本隸〈釋氏〉，〈別集〉蓋重出耳。王古字敏仲，旦之曾孫，喜佛學，曾撰《法寶標目》十卷，今在《藏》中，陳氏著錄〈目錄類〉，《通考》著錄〈釋氏類〉。然今殿本《書錄解題》，於兩書之王古，均誤作『王右』，與《宋史·藝文志·法寶標目》誤同，校者蓋不審『好古敏求』之義。《藏》本《法寶標目》，又作元王古編，則並不知其爲北宋人矣。古入元祐黨籍，但〈元祐黨籍碑〉有兩王古，一曾任待制以上官，一爲餘官。編《道院集要》及《法寶標目》者，曾任待制以上官者也。陸心源撰《元祐黨人傳》卷三，王古敏仲有詳傳，然未及其編《法寶標目》及此書也，豈亦爲之諱哉，偶略之耳。」可供參考。

禪宗頌古聯珠集一卷

《禪宗頌古聯珠集》一卷，廣棪案：盧校本作十卷，校注曰：「館本一卷，《通考》同。」僧法應編。

　　廣棪案：此書及其編者均不可考。

嘉泰普燈錄三十卷

《嘉泰普燈錄》三十卷，廣棪案：盧校注：「此及下條元本缺。」僧正受編。三《錄》大抵與《傳燈》相出入，接續機緣語句前後一律，先儒所謂遁辭也。然本初自謂直指人心，不立文字。今四《燈》總一百二十卷，數千萬言，乃正不離文字耳。

> 廣棪案：陳垣《中國佛教史籍概論》卷四「《五燈會元》三十卷」條，中云：「《嘉泰普燈錄》，雲門宗正受撰。嘉泰距建中靖國約百年，距淳熙不過二十年，然此書實未見《聯燈》。因天聖、建中二錄，不載師尼及王臣，故特補之，曰：『燈之明，不擇物而照，何獨收比丘，而遺帝王公卿、師尼道俗耶！』惜其照之不普，故著書名『普』。」考陸游《渭南文集》卷十五〈序〉有〈普燈錄序〉，云：「昔有《景德傳燈》三十卷者，蓋非文之文，非言之言也。此門一闢，繼者相望，其尤傑立者，《續燈》、《廣燈》二書也。然皆草創簡略，自為區別，雖聖君賢臣之事，有不能具載者。獨旁見間出于諸祖章中，識者以為恨。吳僧正受始著《普燈》，凡十有七年，成三十卷，前日之恨，毫髮無遺矣。而尤為光明崇顯者，我祖宗之明詔睿藻，裒集周悉，一一皆有據依，足以傳示萬世，寶為大訓，其有功于釋門最大。方且上之御府，副在名山，而又以其副示某，俾得紀述梗概于後。某自隆興距嘉泰，五備史官，今雖告老，待盡山澤，猶于祖宗遺事，思以塵露之微，仰足山海，不自知其力之不逮也。嘉泰四年三月乙酉，太中大夫，充寶謨閣待制致仕，山陽縣開國子，食邑五百戶，賜紫金魚袋陸某謹序。」均足資參證。是正受此書，成於宋寧宗嘉泰四年（1204）前者也。

雪峰廣錄二卷

《雪峰廣錄》二卷，唐真覺大師義存語。

> 廣棪案：釋義存，長慶二年壬寅（822）生於泉州南安縣曾氏。其生平其見《宋高僧傳》卷第十二〈習禪篇〉第三之五〈唐福州雪峰廣福院義存傳〉。所居之山，多雪夏寒，故名雪峰。僖宗時，以翰林學士訪於閩人陳延效，得其實奏，乃錫義存真覺大師之號。惟此書不可考。

丞相王隨序之。隨及楊大年皆號參禪有得者也。

> 案：王隨，《宋史》卷三百一十一〈列傳〉第七十有傳。《宋人傳記資料索引》

載：「王隨，字子正，河南人。登進士甲科。仁宗時，累拜門下侍郎、同中書門下平章事。視事一年，無所建明，罷爲彰信軍節度，判河陽。隨外若方嚴，而治失於寬，晚更卞急。性喜佛，慕裴休爲人，然風跡弗逮。卒贈中書令，諡章惠，後改文惠。」所撰〈序〉不之見。楊大年，疑爲楊大雅之誤。大雅，與王隨同時，《宋史》卷三百〈列傳〉第五十九有傳。《宋人傳記資料索引》載：「楊大雅（964-1032），本名侃，避眞宗藩邸諱改名，字子正，錢塘人，覃從子。素好學，日誦數萬言。端拱二年進士，累官集賢院學士，知亳州。大雅樸學自信，無所阿附，直集賢院二十五年不遷。天禧中使淮南，遇風覆舟，冠服盡喪。時丁謂鎮金陵，遣人遺衣一襲，大雅辭不受。明道元年卒，年六十九。有《大隱集》三十卷、《西垣集》五卷、《職林》二十卷、《兩漢博聞》十二卷。」可供參考。

龍牙和尚頌一卷

《龍牙和尚頌》一卷，廣棪案：此條據盧校本補。盧校注：「元本有。」

　　廣棪案：此書不可考。龍牙和尚，疑即釋居遁。《宋高僧傳》卷第十三《習禪篇》第三之六〈梁撫州疏山光仁傳〉中云：「次龍牙山釋居遁，姓郭氏，臨川南城人也。年殆十四，警世無常而守恬淡。白親往求出家于盧陵滿田寺。於嵩山受具戒，已思其擇木，乃參翠微禪會，迷復未歸，莫知投詣。聞洞上言玄格峻，而躬造之。遁少進問曰：『何謂祖意？』答曰：『若洞水逆流，即當爲說。』而於言下體解玄微，隱眾栖息，七八年間，孜孜戢曜，時不我知，久則通矣。天策府楚王馬氏素藉芳音，奉之若孝悌之門槀昆長矣。乃請居龍牙山妙濟禪院，侁侁徒侶，常聚半千。爰奏舉，詔賜紫袈裟，并師號證空焉，則梁貞明初也。方嶽之下，號爲禪窟，闢其室得其門者亦相繼矣。至龍德三年癸未歲八月邁疾彌留，九月十三日歸寂。遁出世近四十餘齡，語詳《別錄》。」貞明、龍德，均後梁末帝年號，是居遁爲後梁人。

釋書品次錄一卷

《釋書品次錄》一卷，廣棪案：此條據盧校本補。盧校注：「文弨案《通考》補。題唐僧從梵集。末有黎陽張肇〈跋〉，稱大定丁未。蓋虜中版本也。」

　　廣棪案：《文獻通考》卷二百二十七〈經籍考〉五十四〈子釋氏〉著錄：「《釋

書品次錄》一卷，陳氏曰：『題唐僧從梵集。末有黎陽張翬〈跋〉，稱大定丁未。蓋虜中板本也。』盧文弨補殆據此。張翬，《宋史》無傳，《宋會要輯稿》載其資料不少，不備錄。其〈跋〉稱「大定丁未」，即金世宗大定二十七年（1187），宋孝宗淳熙十四年。翬，南宋孝宗時人。又考恆安《續貞元釋教錄》著錄：「《一切經源品次錄》三十卷，六百紙。右一部三十卷同，三帙。右一部三十卷，大唐宣宗朝，趙郡業律沙門從梵依《貞元釋教入藏錄》，自大中九年乙亥歲，止咸通元年庚辰歲集。亦計見將到經數，今通前計一百三十六部，共三百五十三卷。《貞元錄》中不計寫到數。」是此書一本名《一切經源品次錄》，凡三十卷著錄，佛經一百三十六部，三百五十三卷。直齋所藏僅一卷，恐非完書也。

大慧語錄四卷

《大慧語錄》四卷，僧宗杲語。

廣棪案：此書又名《大慧普覺禪師語錄》。宗杲，《新續高僧傳四集》卷第十二〈習禪篇〉第三之二有〈南宋臨安徑山寺沙門釋宗杲傳〉，記其生平事蹟甚詳。《宋人傳記資料索引》載：「釋宗杲（1089-1163），字曇晦，寧國奚氏子。張商英一見奇之，名其庵曰妙喜，因號妙喜庵主。嘗參圓悟禪師克勤，聞『薰風自南來，殿閣生微涼』句，豁然有得。以雄辯負重名，住徑山，賜號佛日大師。紹興十一年忤秦檜，勒返初服，檜死，還其僧祴。孝宗召對稱旨，尋賜號大慧，御書『妙喜庵』三字賜之。隆興元年卒，年七十五。諡普覺。塔名寶光。著《臨濟正宗記》、《正法眼藏》。」

其徒道謙所錄，

案：《新續高僧傳四集》卷第十四〈習禪篇〉第三之四〈南宋建寧沙門釋道謙傳〉，載：「釋道謙，建寧人，未詳氏族。初依佛果，無所入。妙喜住徑山，謙亦在侍，令往長沙通書於張紫巖，乃自謂：『參禪二十年，尚無個入處。』又有：『此行豈不荒廢乎？』將辭之。同寮宗元叱曰：『不可！豈以在路參禪不得耶？汝去，吾與俱往。』一日，在途泣曰：『一生參禪無得力處，今奔波若此，何得相應？』元曰：『你但將諸方參得悟得，并圓悟妙喜與說得底，都不要理會，途中我可替者盡替汝，只有五事替不得，須自承當。』曰：『何為五事？』元曰：『著衣，吃飯，遺矢，放尿，馱個死屍路上行。』謙於言下大徹，不覺手舞足蹈。元曰：

『汝此間方可通書，吾先歸矣。』後半載返雙徑，妙喜於山門外亭，一見便曰：『建州子這回自別也。』」是道謙乃宗杲門徒。

張魏公序之。

案：張魏公即張浚，浚封魏國公。《宋史》卷三百六十一〈列傳〉第一百二十有傳。《宋人傳記資料索引》載‧「張浚（1097-1164）字德遠，世稱紫巖先生，綿竹人，咸子。登政和八年進士第，爲太常寺簿。時金粘罕入汴京，欲立張邦昌，浚逃入太學，不肯署狀。高宗時，爲川陝京西諸路宣撫使，力扼金人，尋知樞密院。會秦檜力主和議，貶徙永州。孝宗即位，除樞密使，都督江淮軍馬，封魏國公。隆興二年八月卒，年六十八，諡忠獻。浚志在恢復，終身不主和議，功雖不就，人稱其志。有《紫巖易傳》。」浚所撰〈序〉，不之見矣。

兵書類　　廣棪案：盧校本作卷三十八〈兵書類〉。校注曰：「有元本。」

六韜六卷

《六韜》六卷，武王、太公問答。其辭鄙俚，世俗依託也。

　　廣棪案：《漢書》卷三十〈藝文志〉第十〈諸子略・儒家〉著錄：「《周史六弢》六篇，惠、襄之間，或曰顯王時，或曰孔子問焉。師古曰：『即今之《六韜》也，蓋言取天下及軍旅之事。弢字與韜同也。』」是師古以《六弢》即《六韜》。《郡齋讀書志》卷第十四〈兵家類〉著錄：「《六韜》六卷。右周呂望撰。按〈漢・藝文志〉無此書，〈梁〉、〈隋〉、〈唐〉始著錄，分「文」、「武」、「龍」、「虎」、「豹」、「犬」六目，兵家權謀之書也。元豐中，以《六韜》、《孫子》、《吳子》、《司馬法》、《黃石公三略》、《尉繚子》、《李衛公對問》頒行武學，令習之，號『七書』云。按兵法，漢成帝嘗命任宏分權謀、形勢、陰陽、技巧爲四種。今又有卜筮、政刑之說，蓋在四種之外矣。」《郡齋讀書志校證》曰：「按《漢志・諸子略・道家》有《太公》二百三十七篇，〈儒家〉有《周史六弢》六篇，師古云：『即今之《六韜》也，蓋言取天下及軍旅之事。弢字與韜同也。』師古之說：爲後人所駁，見王應麟《漢藝文志考證》卷五、梁玉繩《古今人表考》、沈濤《銅熨斗齋隨筆》卷四、胡玉縉《四庫總目提要補正》卷二十九、《四庫提要辨證》卷十一等。諸說以爲《六韜》當在〈漢志〉『《太公》二百三十七篇』之內；《太公》分作〈謀〉八十一篇、〈言〉七十一篇、〈兵〉八十五篇，《六韜》當在〈兵〉八十五篇內。按公武所見蓋元豐刪定本，今《敦煌遺書》中伯三四五四號有原本《六韜》殘卷，可窺及唐本面目。」是後人多不以師古之說爲然也。《四庫全書總目》卷九十九〈子部〉九〈兵家類〉著錄：「《六韜》六卷，通行本。舊本題周呂望撰。考《莊子・徐無鬼篇》稱『金版六弢』。《經典釋文》曰：『司馬彪、崔譔云：「〈金版〉、〈六弢〉皆《周書》篇名，本文又作《六韜》。謂太公《六韜》，文、武、虎、豹、龍、犬也。』案今本以文、武、龍、虎、豹、犬為次，與陸德明所註不同，未詳孰是。謹附識於此。則戰國之初，原有是名。然即以爲太公《六韜》，未知所據。《漢書・藝文志・兵家》不著錄。惟〈儒家〉有《周史六弢》六篇。班固自註曰：『惠、襄之閒，或曰顯王時，或曰孔子問焉。』則《六弢》別爲一書。顏師古註以今之《六韜》當之，毋亦因陸德明之說而牽合附會歟？《三國志・先

主傳》註始稱開暇歷觀諸子及《六韜》、《商君書》，益人志意。〈隋志〉始載《太公六韜》五卷。註曰：『梁六卷，周文王師姜望撰。』唐、宋諸〈志〉皆因之。今考其文，大抵詞意淺近，不類古書。中間如避正殿乃戰國以後之事。將軍二字始見《左傳》，周初亦無此名。案《路史》有虞舜時，伯益為百蟲將軍之語，雜說依託，不足為據。其依託之迹，灼然可驗。又《龍韜》中有〈陰符篇〉云：『主與將有陰符凡八等，克敵之符長一尺，破軍之符長九寸，至失利之符長三寸而止。』蓋偽撰者不忌陰符之義，誤以為符節之符，遂粉飾以為此言，尤為鄙陋。殆未必漢時舊本。故《周氏涉筆》謂：『其書並緣吳起，漁獵其詞，而綴輯以近代軍政之浮談，淺駁無可施用處。』胡應麟《筆叢》亦謂：『其《文代》、《陰書》等篇為孫、吳、尉繚所不屑道。』然晁公武《讀書志》稱：「元豐中，以《六韜》、《孫子》、《吳子》、《司馬法》、《黃石公三略》、《尉繚子》、《李衛公問對》頒武學，號曰七書。則其來已久，談兵之家恆相稱述。今故仍錄存之，而備論其踳駁如右。」是《四庫全書總目》亦以此書為後人依託也。

司馬法一卷

《司馬法》一卷，齊司馬穰苴撰。

廣棪案：《隋書》卷三十四〈志〉第二十九〈經籍〉三〈子〉著錄：「《司馬兵法》三卷，齊將司馬穰苴撰。」《郡齋讀書志》卷第十四〈兵家類〉著錄：「《司馬法》三卷。右齊司馬穰苴撰。威王使大夫追論古者《司馬兵法》，而附穰苴於其中，因號《司馬穰苴兵法》。司馬遷謂其書：『閎廓深遠，雖三代征伐，未能竟其義。如其文，近亦少褒矣。穰苴為區區小國行師，何暇及《司馬兵法》之揖讓乎？』」考此書《文獻通考》卷二百二十一〈經籍考〉四十八〈子兵書〉著錄亦作三卷，疑《解題》之「一卷」實「三卷」之誤；否則直齋所藏者非完本也。司馬穰苴，齊田完之苗裔，《史記》卷六十四〈列傳〉第四有傳。

孫子三卷

《孫子》三卷，吳孫武撰。〈漢志〉八十一篇。

廣棪案：《漢書》卷三十〈藝文志〉第十〈兵書略〉著錄：「《吳孫子兵法》八十二篇。圖九卷。師古曰：『孫武也，臣於闔閭。』」是〈漢志〉作八十二篇，《解題》誤。惟《宋史》卷二百七〈志〉第一百六十〈藝文〉六〈兵書類〉著錄：「孫武

《孫子》三卷。」所著錄卷數與《解題》同。武，齊人。其傳見《史記》卷六十五〈列傳〉第五〈孫子吳起列傳〉。

魏武帝削其繁冗，定為十三篇。世之言兵者，祖孫氏。然孫武事吳闔廬而不見於《左氏傳》，未知其果何時人也。

案：《四庫全書總目》卷九十九〈子部〉九〈兵家類〉著錄：「《孫子》一卷，通行本。周孫武撰。考《史記·孫子列傳》載武之書十三篇，而《漢書·藝文志》乃載《孫子兵法》八十二篇、《圖》九卷。故張守節《正義》以十三篇為上卷，又有中、下二卷。杜牧亦謂武書本數十萬言，出自曹操削其繁剩，筆其精粹，以成此書。然《史記》稱十三篇在〈漢志〉之前，不得以後來附益者為本書。牧之言固未可以為據也。……武書為百代談兵之祖，葉適以其人不見於《左傳》，疑其書乃春秋末戰國初山林處士之所為。然《史記》載闔閭謂武曰：『子之十三篇，吾盡觀之矣。』則確為武所自著，非後人嫁名於武也。」是則《孫子》十三篇非魏武所定，據《史記》，則武乃春秋與闔閭同時人也。

吳子三卷

《吳子》三卷，魏吳起撰。

廣校案：《郡齋讀書志》卷第十四〈兵家類〉著錄：「《吳子》三卷。右魏吳起撰。言兵家機權法制之說。唐陸希聲類次為之說，〈料敵〉、〈治兵〉、〈論將〉、〈變化〉、〈勵士〉，凡六篇。」惟《郡齋讀書志》「〈料敵〉」上脫「〈圖國〉」二字。考《吳子》六篇，〈圖國〉為第一，《平津館叢書》本、北京圖書館藏影宋鈔本均如此。《玉海》卷第一百四十〈兵制·兵法〉「《吳起兵法》」條載：「〈漢志〉：『吳起四十八篇。』〈隋志〉：「吳起，一卷，今本三卷，六篇，〈圖國〉至〈勵士〉。』」可供參證。起之生平，見《史記》卷六十五〈列傳〉第五〈孫子吳起列傳〉。

尉繚子五卷

《尉繚子》五卷，六國時人。案：〈漢志·雜家〉有二十九篇，〈兵形勢家〉又有三十一篇。今書二十三篇，未知果當時本書否？

廣校案：《郡齋讀書志》卷第十四〈兵家類〉著錄：「《尉繚子》五卷。右尉繚子，

未詳何人。書論兵主刑法。按〈漢・藝文志〉有二十九篇，今逸五篇。首篇稱『梁惠王問』，意其魏人歟？其卒章有曰：『古之善用兵者，能殺卒之半，其次殺其十三，其下殺其十一。能殺其半者，威加海內；殺十三者，力加諸侯；殺十一者，令行士卒。』嗚呼！觀此則爲術可知矣。」考《漢書》卷三十〈藝文志〉第十〈諸子略・雜家〉著錄：「《尉繚》二十九篇。六國時。師古曰：『尉，姓；繚，名也。音了，又音聊。劉向《別錄》云：「繚爲商君學。」』」又〈兵書略・形勢〉著錄：「《尉繚》三十一篇。」今直齋所得之書僅二十三篇，顯爲一不完之本《四庫全書總目》卷九十九〈子部〉九〈兵家類〉著錄：「《尉繚子》五卷，通行本。周尉繚撰。其人當六國時，不知其本末。或曰魏人，以〈天官篇〉有梁惠王問知之。或又曰齊人，鬼谷子之弟子。劉向《別錄》又云：『繚爲商君學。』未詳孰是也。〈漢志・雜家〉有《尉繚》二十九篇。〈隋志〉作五卷。〈唐志〉作六卷。亦並入於〈雜家〉。鄭樵譏其見名而不見書，馬端臨亦以爲然。然〈漢志・兵形勢家〉內實別有《尉繚》三十一篇。故胡應麟謂〈兵家〉之《尉繚》即今所傳，而〈雜家〉之《尉繚》並非此書。今〈雜家〉亡而〈兵家〉獨傳，鄭以爲孟堅之誤者，非也。特今書止二十四篇，與所謂三十一篇者數不相合，則後來已有所亡佚，非完本矣。其書大指主於分本末，別賓主，明賞罰，所言往往合於正。如云：『兵不攻無過之城，不殺無罪之人。』又云：『兵者，所以誅暴亂，禁不義也。兵之所加者，農不離其田業，賈不離其肆宅，士大夫不離其官府，故兵不血刃而天下親。』皆戰國談兵者所不道。晁公武《讀書志》有張載註《尉繚子》一卷，則講學家亦取其說。然書中〈兵令〉一篇，於誅逃之法，言之極詳，可以想見其節制，則非漫無經略，高談仁義者矣。其書坊本無卷數，今酌其篇頁，仍依〈隋志〉之目，分爲五卷。」可供參考。

黃石公三略三卷

《黃石公三略》三卷，世傳張子房受書圯上老人，曰：「濟北穀城山下得黃石，即我也。」故遂以黃石爲圯上老人，然皆傅會依託也。

廣棪案：《郡齋讀書志》卷第十四〈兵家類〉著錄：「《黃石公三略》三卷。右題曰：《黃石公上中下三略》。其書論用兵機權之妙，嚴明之決，明妙審決，軍可以死易生，國可以存易亡。〈經籍志〉云『下邳神人撰』。世傳此即圯上老人以一編書授漢張良者。」《四庫全書總目》卷九十九〈子部〉九〈兵家類〉著錄：「《黃石公三略》三卷，通行本。案黃石公事見《史記》。《三略》之名始

見於《隋書·經籍志》，云：『下邳神人撰，成氏註。』〈唐〉、〈宋·藝文志〉所載並同。相傳其源出於太公，圯上老人以一編書授張良者，即此。蓋自漢以來，言兵法者往往以黃石公爲名。史志所載有《黃石公記》三卷、《黃石公略註》三卷、《黃石公陰謀乘斗魁剛行軍秘》一卷、《黃石公神光輔星秘訣》一卷、又《兵法》一卷、《三鑑圖》一卷、《兵書統要》一卷。今雖多亡佚不存，然大抵出於附會。是書文義不古，當亦後人所依託。鄭瑗《井觀瑣言》稱其『剽竊老氏遺意，迂緩支離，不適於用。其知足戒貪等語，蓋因子房之明哲而爲之辭，非子房反有得於此』。其非圯橋授受之書明甚。然後漢光武帝詔書引黃石公『柔能制剛，弱能制強』之語，實出書中所載〈軍讖〉之文。其爲漢詔援據此書，或爲此書剽竊漢詔，雖均無可考。疑以傳疑，亦姑過而存之焉。」可供參證。

黃石公素書一卷

《黃石公素書》一卷，亦依託也。

廣棪案：《郡齋讀書志》卷第十一〈道家類〉著錄：「《素書》一卷。右題黃石公著，凡一千三百六十六言。其書言治國治家治身之道，而厖雜無統，蓋采諸書以成之者也。」《四庫全書總目》卷九十九〈子部〉九〈兵家類〉著錄：「《素書》一卷，江蘇巡撫採進本。舊本題黃石公撰，宋張商英註。分爲六篇：一曰〈原始〉，二曰〈正道〉，三曰〈求人之志〉，四曰〈本德宗道〉，五曰〈遵義〉，六曰〈安禮〉。黃震《日鈔》謂其說以道、德、仁、義、禮五者爲一體。雖於指要無取，而多主於卑謙損節，背理者寡。張商英妄爲訓釋，取《老子》先道而後德，先德而後仁，先仁而後義，先義而後禮之說以言之，遂與本書說正相反。其意蓋以商英之註爲非，而不甚斥本書之僞。然觀其〈後序〉所稱圯上老人以授張子房，晉亂，有盜發子房家，於玉枕中得之，始傳人間。又稱上有祕戒，不許傳於不道不仁不聖不賢之人。若非其人，必受其殃。得人不傳，亦受其殃。尤爲道家鄙誕之談。故晁公武謂商英之言，世未有信之者。至明都穆《聽雨紀談》，以爲自晉迄宋，學者未嘗一言及之，不應獨出於商英，而斷其有三僞。胡應麟《筆叢》亦謂其書中『悲莫悲於精散，病莫病於無常』，皆仙經佛典之絕淺近者。蓋商英嘗學浮屠法於從悅，喜講禪理，此數語皆近其所爲，前後註文與本文亦多如出一手。以是核之，其即爲商英所僞撰明矣。以其言頗切理，又宋以來相傳舊本，姑錄存之，備參考焉。」足資參考。

李衛公問對三卷

《李衛公問對》三卷，唐李靖對太宗，亦假託也，文辭淺鄙尤甚。今武舉以七書試士，謂之《武經》。其間《孫》、《吳》、《司馬法》或是古書，《三略》、《尉繚子》亦有可疑，《六韜》、《問對》偽妄明白，而立之學官，置師弟子伏而讀之，未有言其非者，何也？何薳《春渚紀聞》言「其父去非為武學博士，受詔校七書，以《六韜》、《問對》為疑，白司業朱服。服言：『此書行之已久，未易遽廢。』遂止。後為徐州教授，與陳師道為代，師道言聞之東坡，世所傳王通《元經》、關子明《易傳》及李靖《問對》，皆阮逸偽撰，逸嘗以草示奉常公云」。奉常公者，老蘇也。

　　廣棪案：《郡齋讀書志》卷第十四〈兵家類〉著錄：「《李衛公問對》三卷。右唐李靖對太宗問兵事。史臣謂李靖《兵法》，世無完書，略見於《通典》，今《對問》出於阮逸家，或云逸因杜氏附益之。」《四庫全書總目》卷九十九〈子部〉九〈兵家類〉著錄：「《李衛公問對》三卷，通行本。唐司徒并州都督衛國景武公李靖與太宗論兵之語，而後人錄以成書者也。案史稱所著《兵法》，世無完書，惟《通典》中略見大概。此事出於宋代，大旨因杜氏所有者而附益之。何薳《春渚紀聞》謂蘇軾嘗言：「世傳王通《元經》、關子明《易傳》及此書，皆阮逸所偽撰，蘇洵曾見其草本。』馬端臨撰《四朝國史兵志》，謂：『神宗熙寧閒，詔樞密院校正此書，似非逸所假託。』胡應麟《筆叢》則又稱：『其詞旨淺陋猥俗，最無足采。阮逸亦不應鄙野至此，當是唐末宋初村儒俚學掇拾貞觀君臣遺事而為之。』諸說紛紜，多不相合。今考阮逸偽撰諸書，一見於《春渚紀聞》，再見於《後山談叢》，又見於《聞見後錄》，不應何薳、陳師道、邵博不相約會，同構誣詞。至熙寧、元豐之政，但務更新，何嘗稽古。尤未可據七書之制，斷為唐代舊文。特其書分別奇正，指畫攻守，變易主客，於兵家微意時有所得，亦不至遂如應麟所詆耳。鄭瑗《井觀瑣言》謂『《問對》之書雖偽，然必出於有學識謀略者之手』，斯言近之。故今雖正其為贋作，而仍著之於錄云。」足資參證。

注孫子三卷

《注孫子》三卷，唐中書舍人杜牧之撰。

　　廣棪案：《郡齋讀書志》卷第十四〈兵家類〉著錄：「《杜牧注孫子》三卷。右唐杜牧牧之注。牧以武書大略用仁義，使機權，曹公所注解十不釋一，蓋借其所

得，自爲新書爾，因備注之。世謂牧慨然最喜論兵，欲試而不得者。其學能道春秋、戰國時事，甚博而詳，知兵者有取焉。」牧，《舊唐書》卷一百四十七〈列傳〉第九十七、《新唐書》卷一百六十六〈列傳〉第九十一，均附《杜佑》。《舊唐書》載：「牧字牧之，既以進士擢第，又制學登乙第，解褐弘文館校書郎，試左武衛兵曹參軍。沈傳師廉察江西宣州，辟牧爲從事，試大理評事。又爲淮南節度推官、監察御史裏行，轉掌書記。俄眞拜監察御史，分司東都，以弟顗病目棄官。授宣州團練判官、殿中侍御史、內供奉。遷左補闕、史館修撰，轉膳部、比部員外郎，並兼史職。出牧黃、池、睦三郡，復遷司勳員外郎、史館修撰，轉吏部員外郎。又以弟病免歸。授湖州刺史，入拜考功郎中，知制誥，歲中遷中書舍人。牧好讀書，工詩爲文，嘗自負經緯才略。武宗朝誅昆夷、鮮卑，牧上宰相書論兵事，言『胡戎入寇，在秋冬之間，盛夏無備，宜五六月中擊胡爲便』。李德裕稱之。注曹公所定《孫武十三篇》，行於代。」足資參證。

閫外春秋十卷

《閫外春秋》十卷，唐少室山布衣李筌撰。起周武王勝殷，止唐太宗擒竇建德，明君良將、戰爭攻取之事。天寶二年上之。

　　廣棪案：《新唐書》卷五十八〈志〉第四十八〈藝文〉二〈雜文類〉著錄：「李筌《閫外春秋》十卷。」與《解題》同，而歸類不同。《玉海》卷一百四十一〈兵制・兵法〉「唐《閫外春秋》」條載：「《書目》：『《閫外春秋》十卷，李筌撰。起周武王至唐武德，凡八代，錄明君良將用兵得失，以事繫年，擬左丘明而爲之褒貶。』足資參證。案今人王重氏《敦煌古籍敘錄》謂：「唐同時同地有李筌、李荃兩人：著《陰符經疏》者爲李筌，取《莊子》『得魚忘筌』之意以爲名，故又號達觀子，居少室山，非布衣，嘗迭任內外諸軍職，乃以道家而言兵者。著《閫外春秋》、《中台志》者爲李荃，亦居少室山，終於布衣，則爲爲儒家言者。二人前人往往相混淆。」是王重民以此書爲李荃作。

風后握奇經一卷

《風后握奇經》一卷，永嘉薛士龍季宣校定。自晉馬隆三百八十四字，《續圖》三百十五字，合標題七百字。又有馬隆讚、述，多所發明，並寫陳圖於後。馬隆本「奇」作「機」。

廣棪案:《玉海》卷第一百四十〈兵制・兵法〉「《風后握機》」條載:「《風后握機》一卷,風后,黃帝臣也。晉馬隆略序。卷首言本有三:其一,三百六十字;其一,二百八十字,呂望所增;其一,行間有公孫宏等語。或云武帝令霍光等習之於平樂館,以輔其主,備天下之不虞。今本載所增字,亦公孫弘語。」《玉海》卷第一百四十二〈兵制・陣法〉「《風后握機文》、《握奇圖》」條載:「李靖問對黃帝兵法,世傳《握奇》文,嚴從依嵐后大旨,爲《圖》以擬方陳。《書目》:『《風后握機圖經》一卷,薛氏詮定云。《握奇經》別有《續圖》,記金革旗麾,進退趨鬥之法。』」《宋史》卷二百七〈志〉第一百六十〈藝文〉六〈兵書類〉著錄:「《風后握機》一卷,晉馬隆略序。」足資參證。考馬隆字孝興,東平平陸人。《晉書》卷五十七〈列傳〉第三十七有傳。薛季宣字士龍,永嘉人。《宋史》卷四百三十四〈列傳〉第一百九十三〈儒林〉四有傳。

三略素書解一卷

《三略素書解》一卷,呂惠卿吉甫撰。

廣棪案:此書不可考。惠卿字吉甫,泉州晉江人。《宋史》卷四百七十一〈列傳〉第二百三十〈姦臣〉一有傳。此書蓋解《黃石公三略》與《素書》者。

三朝經武聖略十五卷

《三朝經武聖略》十五卷,天章閣侍講王洙撰。館臣案:《文獻通考》載晁氏說,稱曾公亮、丁度撰。下文又有「是時洙奉詔」云云,未知何據。寶元中上進,凡十七門。後五卷為奏議。《中興書目》云十卷,李淑《書目》十五卷。今本與《邯鄲》卷數同。

廣棪案:《郡齋讀書志》卷第十四〈兵家類〉著錄:「《武經聖略》十五卷。右皇朝王洙撰。寶元中,西邊用兵,朝廷講武備。是時,洙奉詔編祖宗任將、用兵、邊防事迹,分二十門。」《玉海》卷一百四十一〈兵制・兵法〉「慶曆《三朝經武聖略》」條載:「王洙編,十五卷。《中興書目》:『今止一卷。』仁宗慶曆中,命待制官集太祖、太宗、眞宗料敵制勝之法,而爲此書。始於〈議兵〉,終於〈蕃夷〉凡十五卷。慶曆五年二月庚戌,御邇英閣讀《三朝經武宣略》。十一月癸未,又讀。乙未,又御邇英閣讀之。《書目》:『寶元中,王洙承詔撰。』」可供參證。案:《郡齋讀書志》書名「武經」,實「經武」之誤。洙字原叔,應天宋城人,

爲天章閣侍講，專讀寶訓、要言於邇英閣。《宋史》卷二百九十四〈列傳〉第五十三有傳。其〈傳〉曰：「洙汎覽傳記，至圖緯、方技、陰陽、五行、算數、音律、詁訓、篆隸之學，無所不通。及卒，賜諡曰文，御史吳中復言官不應得諡，乃止。預修《集韻》、《祖宗故事》、《三朝經武聖略》、《鄉兵制度》，著《易傳》十卷、雜文千有餘篇。」是此書乃王洙撰。《文獻通考》載晁氏說，稱曾公亮、丁度撰，實涉下條《武經總要》而誤，館臣謂「未知何據」，蓋失之眉睫也。此書《郡齋讀書志》云「分二十門」，與《解題》異，書亡，未知孰是。

武經總要四十卷

《武經總要》四十卷，天章閣待制曾公亮等撰。〈制度〉、〈故事〉各十五卷，〈邊防〉、〈占候〉各五卷。昭陵御製〈序〉，慶曆四年也。

　　廣棪案：《郡齋讀書志》卷第十四〈兵家類〉著錄：「《武經總要》四十卷。右皇朝曾公亮、丁度撰。康定中，朝廷恐群帥昧古今之學，命公亮等采古兵法及本朝計謀方略，凡五年奏御。〈制度〉十五卷，〈邊防〉五卷，〈故事〉十五卷，〈占候〉五卷。御爲製〈序〉。」《玉海》卷一百四十一〈兵制・兵法〉「慶曆《武經總要》」條載：「《書目》：『《武經總要》四十卷，天章閣待制曾公亮等承詔編定，參政丁度總領之。書成，仁宗御製〈序〉冠篇首。內〈制度〉十五卷、〈邊防〉五卷、〈故事〉十五卷、〈占候〉五卷。』慶曆三年十月乙卯，命學士承旨丁度提舉修兵書集，校理曾公亮爲檢討。前始於〈選將〉，終於〈邊防〉；後集始於〈伐謀〉，終於〈遁甲〉，四十卷，三百十八門。」足資參證。公亮，《宋史》卷三百一十二〈列傳〉第七十一有傳。其〈傳〉曰：「曾公亮字明仲，泉州晉江人。舉進士甲科，知會稽縣。民田鏡湖旁，每患湖溢。公亮立斗門，泄水入曹娥江，民受其利。坐父買田境中，謫監湖州酒。久之，爲國子監直講，改諸王府侍講。歲滿，當用故事試館職，獨獻所爲文，授集賢校理、天章閣侍講，修起居注。擢天章閣待制，賜金紫。先是，待制不改服。仁宗面錫之，曰：『朕自講席賜卿，所以尊寵儒臣也。』遂知制誥，兼史館修撰，爲翰林學士，判三班院。」公亮撰此書，當在任天章閣待制時。昭陵，宋仁宗陵墓。仁宗所撰〈序〉曰：朕聞天道尚武，示震曜以宣其威；國事在戎，設營衛以整其旅。輔於文德，著之善志。自繩契斯革，篇牘攸紀，古先哲王，維御函夏，製軍詰禁，去暴誅慢。暌乖取象，則弧矢利夫天下；師嚴以律，則地水制夫剛中。周沿夏、商，建官最備。大司馬總九伐之法，

以正邦國。簡車籍馬，悉出井田之賦；治兵振旅，先辨旗物之用。逮夫戰國，羣雄競起，任權詐而兼形勢，包陰陽而用技巧。孫武、吳起之說，尉繚、穰苴之儔，數且百家，類分四種。刪取要用，留侯所以敘兵法也；招撫遺逸，楊僕所以脩車政也。洪惟三聖開統繼紹，奮神武以平多壘，揚天聲以薄四海，豐功美利，非可殫紀。昨藩臣阻命，政也。洪惟三聖開統繼紹。奮神武以平多壘，揚天聲以薄四海，豐功美利，非可殫紀。昨藩臣阻命，王師出伐，深惟帥領之重，恐鮮古今之學，命天章閣待制曾公亮等同加編定。慮汎覽之難究，欲宏綱畢舉，俾夫善將出抗彊敵，每畫籌策，悉見規摹。公亮等編削之效，寖踰再閏，沉深之學，莫匪索蘊。凡軍旅之政，討伐之學，經籍所載，史冊所記，祖尚仁誼，次以鈐略。至若本朝戡亂，邊防禦侮，計謀方略，咸用概舉。且用兵貴乎有紀，尚節制也；決勝至於無形，尚權變也。六師訓練，四方風土，爰從刪正，可備廟諱悅。又若營陣法制，器械名數，攻取之具，守拒之用，并形圖繪，悉以訓釋。考星曆，辨雲氣，刑德孤虛，推步占驗，行之軍中，闕一不可。命司天監楊惟德等參考舊說，附之於篇，共勒成四十卷。內《制度》一十五卷，《邊防》五卷，《故事》十五卷，《占候》五卷，目曰《武經總要》。夫前王用兵，蓋不得已，以殺止殺，殺之可也；以戰去戰，戰之可也。且出提金鼓，付之閫事，取鑒成敗，可以立功。貴伐謀而無幸勝，善統眾而無專勇，庶幾識爲將之體也。尚書工部侍郎、參知政事丁度總領書局，適成編綴，形於奏請，願賜敘引。因言用兵之道，有愧博古之能。聊以冠篇，傳之可久。」〈序〉蓋慶曆四年撰。

百將傳十卷

《百將傳》十卷，清河張預集進。凡百人。每傳必以《孫子兵法》斷之。

廣棪案：《郡齋讀書志》卷第十四〈兵家類〉著錄：「《百將傳》十卷。右皇朝張預公立撰。預觀歷代將兵者所以成敗，莫不與孫武書相符契，因擇良將得百人，集其傳成一書，而以武之《兵法》題其後，上之。」《玉海》卷五十八〈藝文·傳〉「《百將傳》」條載：「《書目》：十卷，皇朝張預撰。取古名將臣編類之，起周太公，至五代劉詞，凡百人，每傳各以《孫子兵法》斷其行事。」足資參證。惟《中興館閣書目》作「劉詞」誤，應爲「劉鄩」。預，《宋史》無傳。《宋史》卷二百七〈志〉第一百六十〈藝文〉六〈兵書類〉著錄：「張預《集注百將傳》一百卷。」《四庫全書總目》卷一百〈子部〉十《兵家類存

目》著錄：「《百將傳》一百卷，<small>浙江范懋柱家天一閣藏本。</small>宋張預撰。翟安道
註。預字公立，東光人。安道字居仁，安陽人。其書採歷代名將百人，始於
周太公，終於五代劉鄩，各為之傳，而綜論其行事。凡有一節與孫武書合者，
皆表而出之，別以《孫子兵法》題其後。蓋欲述古以規時，亦戴少望《將鑑
論斷》之類。然其分配多未確當，立說亦未免近迂，仍為宋人之談兵而已矣。」
是此書原十卷，作註後始分為一百卷，而作註者乃翟安道，〈宋志〉作張預集
注，亦誤。

熙寧收復熙河陣法三卷

《熙寧收復熙河陣法》三卷，觀文殿學士九江王韶子純撰。

廣棪案：熙寧，神宗年號。《宋史》卷二百七〈志〉第一百六十〈藝文〉六〈兵
書類〉著錄：「王韶《熙河陣法》一卷。」即此書，惟著錄卷數不同。韶字子純，
江州德安人。《宋史》卷三百二十八〈列傳〉第八十七有傳。其〈傳〉載：「初，
（景）思立之覆師也，羌勢復熾，朝廷議棄熙河，帝為之旰食，數下詔戒持重
勿出。及是，帝大喜。韶還熙州，以兵循西山繞出踏白後，焚八千帳，瞎征窮
蹙丐降，俘以獻。拜韶觀文殿學士、禮部侍郎。資政、觀文學士，非嘗執政而
除者，皆自韶始。官其兄弟及兩子，前後賜絹八千匹。」韶撰此書當在收復熙
州時。

武經龜鑑二十卷

《武經龜鑑》二十卷，保平軍節度使王彥撰。隆興御製〈序〉。其書以《孫子》
十三篇為主，而用歷代事證之。

廣棪案：《玉海》卷一百四十一〈兵制・兵法〉「隆興《武經龜鑑》」條載：「《武
經龜鑑》三十卷，王彥上。自〈始計〉至〈用間〉。隆興二年五月辛丑御製〈序〉。
乾道三年二月十六日賜將帥。」可供參證。此書《宋史・藝文志》未著錄。
傅增湘《藏園群書題記》卷第六〈子部〉一〈兵家類〉有〈宋本武經龜鑑殘
卷跋〉，中云：「按：此書為保平軍節度使王彥撰。其書以《孫子》十三篇為
主，而用歷代事證之。始見於陳氏《書錄解題》，其後馬端臨撰〈經籍考〉，
即據陳氏說以著於錄。余更考之王氏《玉海・兵法類》，言書凡二十卷，為王
彥所上，自〈始計〉至〈用間〉，隆興二年五月辛丑御製〈序〉，乾道三年二

月十六日賜將帥。今卷首不存，孝宗〈序〉已無從考見。然就此殘葉觀之，其版式寬展，結體方嚴，必爲官刊之本，當即乾道初取以頒賜諸路者。溯賜〈序〉至頒書相距祇二年餘，未必重付雕鐫也。又按：王彥字子才，上黨人，《宋史》有傳，以義勇從軍，初隸張所部，旋屬東京宗留守。張浚撫川、陝，奏爲前軍統制，改金、均、房州安撫使，知金州，進授保康軍承宣使。歷知荊南府、襄陽府，充京西南路安撫使，浙西淮東沿海制置副使，再除洪州觀察使，知邵州，紹興九年卒於官。是此書之上當在九年以前，逮孝宗製〈序〉頒行時，彥卒已二十餘年矣。彥少喜韜略，夙著戰功，歷典方州，號爲名將。其纂輯此書與夫紙上空談，侈述弢鈐者，固良有間。則孝宗之特留睿賞，其亦有聞鼓鼙而思將帥之意乎？甲戌五月初十日，藏園老人書，時游衡岳匡廬歸已十日矣。」然宋時有二王彥，傅氏此處所考者殊非撰此書之人。故未幾，傅氏另有〈再跋武經龜鑑〉之作，曰：「余前撰題識，既據《宋史》列傳考王彥之事蹟，書之於冊，而閱《宋史》本紀，則紹興十年以後述王彥戰績官伐殆十餘則，私心竊訝，意謂〈彥傳〉所載歲月有誤，然其所以歧出之故，則疑莫能決也。於是遍檢《建炎以來繫年要錄》、《宋史》全文、畢氏《續通鑑》諸書，通觀前後三十餘年之事，比列而詳參之，然後恍然於撰述此書之保平軍節度使王彥別爲一人，非《宋史》列傳之人也。按《宋史》列傳載彥卒於紹興九年十月，至二十九年正月己卯有詔：『洪州觀察使王彥累立戰功，贈典未稱，特贈安遠軍節度使。』是二十年後朝廷追念其功而優加褒卹，可知列傳所記卒年固未嘗誤也。至撰此書之王彥，本爲鄭剛中、吳璘部曲，其所歷之官，爲主管鄜延經略司公事，紹興十年。虢州觀察使，紹興十一年。鄜延經略使兼知成州，紹興十二年。利州觀察使、御前前軍統制、保寧軍承宣使，紹興二十五年。龍神衛四廂都指揮使、保寧軍承宣使、金房開達州駐箚御前諸軍都統制、兼知金州、兼金開達州安撫使。紹興三十一年。至紹興三十二年，始以收復商、虢奏之功，進保平軍節度使，蓋統兵轉戰川陝者二十餘年矣。據《直齋書錄解題》，此書署保平軍節度使王彥撰，則其進御時必在商、虢奏捷初領節鉞之後。若《宋史》列傳之王彥，固未嘗領保平軍也。前〈跋〉倉卒成編，疏於考證，故糾正其失，附志於後，毋令以訛傳訛，貽誤後人云。甲戌十月既望，藏園再記。」足資參考。《宋人傳記資料索引》載：王彥「隆興元年假保平軍節度使，知襄陽府，兼京西南路安撫使。二年四月差充建康府都統制，乾道元年以節鉞奉祠，提舉江州太平興國宮」。所載彥之宦歷，可與傅〈跋〉相參證。

渭南秘缺一卷

《渭南秘缺》^{廣梭案：盧校本「缺」作「訣」。}一卷，昭武謝淵得之於瀘州。蓋武侯八陣圖法也。為之注釋，而傳於世。

廣梭案：此書無可考。淵，其傳《宋史》卷二百四十三〈列傳〉第二〈后妃〉下附〈成肅謝皇后〉。曰：「后性儉慈，減膳半，每食，必先以進御。服澣濯衣，有數年不易者。弟淵，以后貴，授武翼郎。后嘗戒之曰：『主上化行恭儉，吾亦躬服澣濯，爾宜崇謙抑，遠驕侈。』後歷閤門宣贊舍人、帶御器械。光宗朝，遷果州團練使。寧宗立，轉萊州防禦使，擢知閤門事，仍幹辦皇城司。三遷至保信軍節度使，尋加太尉、開府儀同三司。成肅皇后崩，遺誥賜淵錢十萬緡、金二千兩、田十頃，儎緡日十千。後累陞三少，封和國公。嘉定四年薨，贈太保。」可略悉淵生平及宦歷。

補漢兵制一卷

《補漢兵制》^{廣梭案：盧校本「制」作「志」。}一卷，錢文子撰。

廣梭案：《宋史》卷二百七〈志〉第一百六十〈藝文〉六〈類事類〉著錄：「錢文子《補漢兵志》一卷。」是《解題》「志」作「制」，實誤。《四庫全書總目》卷八十二〈史部〉三十八〈政書類〉二著錄：「《補漢兵志》，^{浙江巡撫採進本。}宋錢文子撰。文子字文季，樂清人。紹熙三年由上舍釋褐出身，以吏部員外郎兼國史院編修官，歷宗正少卿。退居白石山下，自號白石山人。宋初懲五代之弊，收天下甲兵，悉萃京師，謂之禁軍。輾轉增益至於八十餘萬，而虛名冒濫，實無可用之兵。南渡以後，倉皇補葺，招聚彌多，而冗費亦彌甚。文子以漢承三代之後，去古未遠，猶有寓兵於農之意。而班史無志，因摭其〈本紀〉、〈列傳〉及諸〈志〉之中載及兵制者，裒而編之，附以考證論斷，以成此書。卷首有其門人陳元粹〈序〉，述其作書之意甚詳。蓋為宋事立議，非為《漢書》補亡也。朱彝尊〈跋〉，稱其『言近而旨遠，詞約而義該，非低頭拱手，高談性命之學者所能』。然兵農既分以後，其勢不可復合。必欲強復古制，不約以軍律，則兵不足恃。必約以軍律，則兵未練而農先擾。故三代以下，但可以屯種之法寓農於兵，不能以井田之制寓兵於農。文子所論，所謂言之則成理，而試之則不可行者。即以宋事而論，數十萬之眾，久已仰食於官，如一旦汰之歸農，勢不能靖，惟有聚為賊盜耳。如以漸而損之，則兵未能遽化為農，農又未能遽化為

兵。倉卒有事，何以禦之。此又明知其弊，而不能驟革者也。以所論切中宋制之弊，而又可補〈漢志〉之闕，故仍錄之，以備參考。《文獻通考》載此書作《補漢兵制》，與此本不同。然文子明言班書無兵志，則作補兵志審矣。《通考》蓋傳寫訛也。」可供參考。

陰符玄機一卷

《陰符玄機》一卷，即《陰符經》也。監察御史新安朱安國注。

> 廣棪案：《宋史》卷二百五〈志〉卷第一百五十八〈藝文〉四〈道家類〉著錄：「朱安國《陰符元機》一卷。」安國，《宋史》無傳，《宋會要輯稿》第七十五冊〈職官〉二九載：「（淳熙）十二年十一月五日，前將作監朱安國條上文思院三事。」同書第九十六崩〈職官〉六二載：「（淳熙）十四年五月九日，詔江東轉運判官朱安國職事修舉，除直秘閣，知廣州。」同書第一百十六冊〈選舉〉二二載：「（淳熙）十一年正月，命……監察御史安國並參詳官。」同書第一百七十八冊〈兵〉一三載：「（淳熙十五年）八月十一日，知廣州朱安國言海寇陳青軍結集徒黨，在海虜掠商旅，上岸剽劫居民。正猖獗間，差李寶部轄兵效擒，獲陳青軍等一十六名付獄禁勘。捐一階級旌此獄勞，以為軍士之勸。朱安國進職二等，李寶補承信郎。」可知安國生平及宦歷。是則安國乃宋孝宗時人。《新唐書》卷五十九〈志〉第四十三〈藝文〉三〈神仙〉著錄：「《集注陰符經》一卷，太公、范蠡、鬼谷子、張良、諸葛亮、李淳風、李筌、李洽、李鑒、李銳、楊晟。」是安國乃據諸家注再作此注者。

此書本出於李筌，云得於驪山老姥，舊〈志〉皆列於〈道家〉。安國以為兵書之祖。要之非古書也。

> 案：《新唐書》卷五十九〈志〉第四十九〈藝文〉三〈神仙〉著錄：「李筌《驪山母傳陰符玄義》一卷，筌，少室山達觀子，於嵩山虎口巖石壁得《黃帝陰符》本，題云：『魏道士寇謙之傳諸名山。』筌至驪山，老母傳其說。」《解題》所記李筌事，與此同。

兩漢兵制一卷

《兩漢兵制》一卷，建安王玤器之撰。

廣校案：此書與撰人均無可考。

制勝方略三十卷

《制勝方略》三十卷，修武郎楊肅德欽撰。自《左氏傳》而下迄於陳、隋用兵事迹。慶元丁巳序。

　　廣校案：劉申寧《中國兵書總目》著錄：「《制勝方略》三十卷，宋楊肅德欽撰。《直齋書錄解題》著錄。按：言歷代用兵事迹。」所考實據《解題》。慶元丁巳，寧宗慶元三年（1197）也。

漢兵編二卷，辨疑一卷

《漢兵編》廣校案：盧校注：「『編』，《通考》作『論』。」二卷、《辨疑》一卷，姑蘇潘夢旂天錫撰。

　　廣校案：《中國兵書總目》著錄：「《漢兵編》二卷，宋潘夢旂天賜撰。《直齋書錄解題》著錄。」夢旂，《宋史》無傳。惟《宋史》卷二百二〈志〉第一百五十五〈藝文〉一〈易類〉著錄：「潘夢旂《大易約解》九卷。」則夢旂亦兼擅《易》學。

曆象類　廣棪案：盧校本作卷三十九〈曆象類〉，校注曰：「有元本。」

周髀算經二卷、音義一卷

《周髀算經》二卷、《音義》一卷，題趙君卿注、甄鸞重述、李淳風等注釋。

　　廣棪案：《隋書》卷三十四〈志〉第二十九〈經籍〉三〈子・天文〉著錄：「《周髀》一卷，趙嬰注。」又：「《周髀》一卷，甄鸞重述。」《舊唐書》卷四十七〈志〉第二十七〈經籍〉下〈天文類〉著錄：「《周髀》一卷，趙嬰注。又一卷，甄鸞注。又二卷，李淳風撰。」《解題》作《周髀算經》二卷，殆據李淳風所撰者著錄也。

《周髀》者，蓋天之書也。稱：「周公受之商高，而以句股為術，故曰《周髀》。」

　　案：《玉海》卷第二〈天文・天文書〉上「包犧周天曆度」條載：「《周髀算經》。昔者周公問於商高曰：『竊聞乎大夫善數也，請問古者包犧立周天曆度，夫天不可階而升，地不可得尺寸而度，請問數安從出？』商高曰：『數之法出於圓方，圓出於方，方出於矩，矩出於九九八十一，故折矩以為句，廣三股，脩四徑，隅五，既方之外半，其一矩環而共盤，得成三四五兩矩，共長二十有五，是謂積矩。故禹之所以治天下者，此數之所生也。』周公曰：『大哉！言數。請問用矩之道。』商高曰：『平矩以正繩，偃矩以望高，覆矩以測深，臥矩以知遠，環矩以為圓，合矩以為方。方屬地，圓屬天，天圓地方。方數為典，以方出圓。笠以寫天，天青黑，地黃赤。天數之為笠也，青黑為表，丹黃為裏，以象天地之位。是故知地者智，知天者聖。智出於句，句出於矩。夫矩之於數，其裁制萬物，唯所為耳！』周公曰：『善哉！』」《玉海》又載：「〈晉・天文志〉：『蔡邕所謂《周髀》者，即蓋天之說也。其本庖犧氏立周天曆度，其所謂則周公受於股商，周人志之，故曰《周髀》。髀，股也；股者，表也。其言天似蓋笠，地法覆槃，天地各中高外下。北極之下為天地之中，其地最高，而滂沲四隤，三光隱映，以為晝夜。天中高於外衡，冬至日之所在六萬里，北極下地，高於外衡，下地亦六萬里。外衡高於北極，下地二萬里，天地隆高相從，日去地常八萬里。日麗天而平轉，分冬夏之閒，日前行道為七衡六閒，每衡周經里數各依算術，用句股重差，推晷影極游，以為遠近之數，皆得於表股，故曰『周髀』。」可供參考。

〈唐志〉有趙嬰、甄鸞《注》各一卷，李淳風《釋》二卷。今曰君卿者，豈嬰之字耶？《中興書目》又云：「君卿名爽。」蓋本《崇文總目》。然皆莫詳時代。

　　案：《新唐書》卷五十九〈志〉第四十九〈藝文〉三〈天文類〉著錄：「趙嬰注《周髀》一卷。甄鸞注《周髀》一卷。」又：「李淳風釋《周髀》二卷。」《解題》殆據〈新唐志〉。《四庫全書總目》卷一百六〈子部〉十六〈天文算法類〉著錄：「《周髀算經》二卷、《音義》一卷。《永樂大典》本。……舊本相承，題云漢趙君卿註。其〈自序〉稱『爽以暗蔽』，《註》內屢稱『爽或疑焉』，『爽未之前聞』，蓋即君卿之名。然則〈隋〉、〈唐志〉之趙嬰，殆即趙爽之訛歟？《註》引《靈憲》、《乾象》，則其人在張衡、劉洪後也。」是《四庫全書總目》疑君卿名爽，作「嬰」誤也。

甄鸞者，後周司隸也。《音義》者，假承務邱李籍撰。

　　案：甄鸞、李籍，無可考。《宋史》卷二百七〈志〉第一百六十〈藝文〉六著錄：「李籍《九章算經音義》一卷，又《周髀算經音義》一卷。」則籍另撰有《九章算經音義》一卷。

星簿讚曆一卷

《星簿讚曆》一卷，〈唐志〉稱《石氏星經簿讚》。

　　廣棪案：《新唐書》卷五十九〈志〉第四十九〈藝文〉三〈天文類〉著錄：「《石氏星經簿讚》一卷。石申。」與《解題》所述同。石氏即石申。

《館閣書目》以其有徐、潁、婺、台等州名，疑後人附益。今此書明言依甘、石、巫咸氏，則非專石申書也。

　　案：《玉海》卷第一〈天文・天文圖〉「《甘石巫咸三家星圖》」條載：「《中興書目》有《星簿讚曆》一卷。疑後人附益。《中興書目》：『《甘石巫咸氏星經》一卷，集三家，悉圖其象。有後人附益，非本經。』」是此書另有甘、巫咸氏材料，非專石申書也。

乙巳占十卷

《乙巳占》十卷，唐太史令岐陽李淳風撰。起算上元乙巳，故以名焉。

廣棪案:《新唐書》卷五十九〈志〉第四十九〈藝文〉三著錄:「李淳風《乙巳占》十二卷。」所著錄卷數與此不同。《崇文總目》卷四〈天文占書類〉著錄:「《乙巳占》十卷,李淳風撰。錫鬯按:《玉海》引《崇文目》同。〈唐志〉十二卷,《遂初堂書目》作《乙巳瑞錄》。〈舊唐志〉千卷,傳寫之訛。」錢東垣輯釋本。考《玉海》卷第三〈天文·天文書〉下「《乙巳占》」條載:「《藝文志·天文類》:『李淳風釋《周髀》二卷。又《乙巳占》十二卷。』《崇文目》:『《乙巳占》十卷。』」又載:「《書目》:『《乙巳占》十卷,貞觀中,太史令李淳風撰。始於〈天象〉,終於〈風氣〉。〈序〉云五十卷,今合為十卷。』」是此書卷數或作十卷、十二卷。淳風,《舊唐書》卷七十九〈列傳〉第二十九、《新唐書》卷二百四〈列傳〉第一百二十九〈方技〉有傳。淳風遷太史令在貞觀二十二年。乙巳為貞觀十九年,是此書乃淳風任太史丞時撰。

玉曆通政經三卷

《玉曆通政經》三卷,李淳風撰。亦天文占也。〈唐志〉無之。

廣棪案:《宋史》卷二百七〈志〉第一百六十〈藝文〉六〈曆算類〉著錄:「《長慶宣明大曆》二卷、《萬年曆》十二卷、《青蘿妙度真經大曆》一卷、《行漏法》一卷、《太始天元玉冊截法》六卷、《求一算法》一卷、《玉曆通政經》三卷,並不知作者。」《宋志》不以此書為淳風撰。兩《唐書》淳風本傳亦未記載之。《四庫全書總目》卷一百十〈子部〉二十〈術數類存目〉一著錄:「《玉曆通政經》二卷,浙江巡撫採進本。舊本題唐李淳風撰。歷代史志及諸家書目皆不載,惟陳振孫《書錄解題》有之,卷數與今本合,蓋南宋人所依託也。天文占驗,多不足憑。此書不過採摭唐以前各史〈天文〉、〈五行〉諸志,略損益之。即真出淳風,亦無可取,況偽本乎?」是《四庫全書總目》視此書為贗作。

乾坤變異錄一卷

《乾坤變異錄》一卷,不著名氏。雜占變異,凡十七篇。

廣棪案:《宋史》卷二百六〈志〉第一百五十九〈藝文〉五〈五行類〉著錄:「《占燈法》一卷、《三鏡篇》一卷、《周易神煞旁通曆》一卷、《雜占秘要》一卷、《乾坤變異錄》一卷、《玄女簡要清華》三卷、《太一占鳥法》一卷、《參玄通正曆》一卷、《擇日要法》一卷、《選時圖》二卷、《黃帝龍首經》一卷、《易鑑》一卷、

《月纂》一卷、《萬勝候天集》一卷，並不知作者。」與《解題》同。惟此書十七篇，篇名不可考。

古今通占三十卷

《古今通占》三十卷，唐嵩高潛夫沛國武密撰。

　　廣棪案：《新唐書》卷五十九〈志〉第四十九〈藝文〉三著錄：「武密《古今通占鏡》三十卷。」書名多一「鏡」字，應與《解題》著錄同屬一書。《宋史》卷二百六〈志〉第一百五十九〈藝文〉五〈五行類〉著錄：「武密《古今通鑑》三十卷。」其「鏡」作「鑑」。惟《宋史》卷二百六〈志〉第一百五十九〈藝文〉五〈天文類〉著錄：「《古今通占》三十卷。」則未著撰人。武密，兩《唐書》無傳。嵩高潛夫者，蓋密之別號也。

纂集黃帝、巫咸以下諸家及隋以前諸史〈天文志〉為此書。

　　案：此書所「纂集黃帝、巫咸以下諸家」書籍，殆不可考。至「隋以前諸史〈天文志〉」，則指《史記・天官書》、《漢書・天文志》、《後漢書・天文志》及《隋書・天文志》。

《景祐乾象新書》間取其說。《中興館閣書目》作《古今通占鏡》，本〈唐志〉云爾。

　　案：《景祐乾象新書》凡三十卷，宋人楊惟德撰，《解題》著錄。此書〈新唐志〉著錄，書名正作《古今通占鏡》。

景祐乾象新書三十卷

《景祐乾象新書》三十卷，司天春官正楊惟德等撰。館臣案：《文獻通考》「惟」作「雄」。以歷代占書及春秋至五代諸史采摭撰集。

　　廣棪案：《宋史》卷二百六〈志〉第一百五十九〈藝文〉五〈天文類〉著錄：「楊惟德《乾象新書》三十卷。」與此同。楊惟德，《宋史》無傳。《宋史》卷四百六十一〈列傳〉第二百二十〈方技〉上〈韓顯符〉載：「韓顯符，不知何許人。少習三式，善察視辰象，補司天監生，遷靈臺郎，累加司天冬官正。……大中祥符三年，詔顯符擇監官或子孫可以授渾儀法者。顯符言長子監生承矩善察躔度，次子保章正承規見知算造，又主簿杜飴範、保章正楊惟德皆可傳其學。」

是惟德蓋傳韓顯符之學者。惟德蓋初任保章正，後任司天春官正。

元年七月，書成賜名，仍御製〈序〉。

案：《玉海》卷第三〈天文・天文書〉下「《景祐乾象新書》」條載：「〈御製序〉曰：『粵若欽崇上帝，寅奉明威。莫不觀乎天文以察時變。是以帝堯稽古，恭日月以授時；虞舜誕敷，處璿璣而齊政。故曰：「天垂象，見吉凶，聖人則之。」繇是謹而行之者，吉以之從：怠而棄之者，變由是應。未有人事得於下，而天時告於上也。書契所載，丹青炳然。古之善言天者，凡有三家。存於世者，今惟一二。蓋天宣夜之學，名存而實亡；渾天之儀，事彰而驗寡。後有作者，脈散岐分，縑素委闐，昏明交錯，故神竈有焉知之誚，仲尼惑不雨之言。推曆者，歲久而積差；占象者，天遠而難必：候氣者，休祥之靡效，眂祲者，煇鑒之不昭。迭授未工，抑觀奚審。布於眾說，殆若空言。朕千載膺期，萬機多暇。屬旰朝之適寢，或乙夜以觀書。間因圖緯之文，默究天人之學。雖五兵不試，靡煩風角之占；而三象騰輝，可通神明之德。遂眇覯邃古，總覽群編，而史傳之中，星文兼職，陰陽之說，疇人曠官。乃命太子洗馬、兼司天春官正、權同判監楊惟德，春官正王立翰、林天文、李自正、何湛等，於資善堂將曆代諸家天文占書，并自春秋至五代已來史書採摭撰集。又遣內侍任承亮、鄧保信、皇甫繼和、周惟德等總其工程，庀事數月，書成。夫兩儀之形，天地定位，有周天之軌度，量去斗之遠近。天之數，三百六十度為之經；地之形，八十有一州環其海。故為《天占》、《地占》各一卷。曜之二暉，陰陽交會。陽有璃珥暈蝕之異，陰有侵掩側匿之祥，故為《太陽》、《太陰占》各上、下二卷。麗天之照，環極著明，在朝象宮，在野象物。然去極入度，躔次有倫，故為《周天星座去極入宿度》一卷。羲馭望舒寄舒，主晝與夜，以中星而定節序，揆七曜而明分野。土圭測其寒暑，金虬準其時刻，故為《暑景晝夜中星七曜行數分野》一卷。五星所在，禍福隨之。一舍或差，凌犯攸屬。故為《歲星熒惑塡星太白辰星之占》各一卷。太微為五帝之廷，紫垣居大帝之座，分南北之位，有東西之蕃。安靜則福生，侵犯則譴告。故為《紫微垣大微垣天市垣占》各一卷。二十八舍，主十二州。綴於天輪，以應下土。故為《角亢至翼軫凡二十八宿之占》，共七卷。宿離之見，附於四方。物色之客，主於一事。故為《東北西南雜座之占》四卷。前述五星，止於概舉。采之眾論，各有一長，謂之總占，以備廣覽。故為《五星總占》一卷。彗孛之起，同災異形。長短之間，見此應彼。故為《彗星孛占》一卷。格澤景星之屬為瑞，蚩尤枉矢之類為妖。復有客星，具於載籍。故為《瑞

星妖星客星占》一卷。流星之名，爲天之使。大小之變，遲速是占。故爲《流星占》一卷。凡三十卷。至景祐元年七月五日編成，因命曰《景祐乾象新書》。惟德等遷秩。其問占候之微，觀驗之妙，行度之精密、祥變之盈虛，莫不備舉其綱，各明其正。文不繁而易曉，理有貫而有規，置之几輿之間，坐明天地之大。古所謂不窺牖而知天道，其茲之謂乎？庶甘公、石氏之書，潛而復耀；唐都、落下之曆，舉而可行。故朕所裁成，誼無遺略，庶幾垂後，以示方來。遠謝漢皇臨白虎而稱制，近追唐帝冠天文而作序。將謹歲月，首之以篇。時景祐元年七月五日序。』初命惟德等以周天星宿度分及占測之術，纂而為書。至是上之。甲寅，以權判司天監楊惟德為殿中丞，少監何湛為冬官正，以新書成也。」是此書編成於景祐元年（1034）七月五日，仁宗御製〈序〉亦成於此時。

大宋天文書十五卷

《大宋天文書》十五卷，不著名氏。《館閣書目》亦無之。意其為太史局見今施用之書，蓋供報占驗，大抵出此。

廣棪案：《玉海》卷第三〈天文·天文書〉下「國朝天文書」條載：「《會要》：『建炎三年三月二日詔：紀元曆經等書，有收藏者，令送太史局。《紀元曆經本立成》二冊，《崇天曆經本立成》二冊，《大宋天文書并目錄》一十六冊，《景祐乾象占》三十冊，《乙巳占》十冊，《乙巳略例》十二冊，《古今通占》三十筋，《天文總論》一十二冊，《風角集》一冊，《地理新書》一十冊，《運氣纂》一冊，《洪範政鑒》一十三冊。』景德二年，龍圖閣、天文閣總二千五百六十二卷。天文二百二十八卷、占書五百一十卷。《崇文總目》：『天文占書五十一部，百九十七卷，始於《劉石甘巫占》，終於《乾象新書》。』」其中所載《大宋天文書并目錄》十六冊，即此書。疑此書每卷一冊，十五卷并目錄為十六冊。直齋所得者應為完書。

天經十九卷

《天經》十九卷，廣棪案：盧校本作十卷。校注曰：「館本十九卷，《通考》同。」同州進士王及甫撰進。館臣案：《文獻通考》「撰」字下無「進」字。不知何人。其書定是非，協同異，由博而約，儒者之善言天者也。

廣棪案：《玉海》卷第三〈天文·天文書〉下「紹興《天經》」條載：「三十年三月七日，同州進士王及甫上《天經》二十冊。類集古今言天者，極為該備。秘書

省看詳。其人洞曉星曆，詔令與特奏名試。」可資參證。及甫，《宋史》無傳，生平不可考。

天象法要二卷

《天象法要》二卷，原註：「天象」當作「儀象」。丞相溫陵蘇頌子容撰。元祐三年新造渾天成，記其法要而圖其形象進之。

　　廣棪案：《宋史》卷二百七〈志〉第一百六十〈藝文〉六〈曆算類〉著錄：「《儀象法要》一卷，紹聖中編。」與此書同，而未著撰人。《宋史》卷三百四十〈列傳〉第九十九〈蘇頌〉載：「蘇頌字子容，泉州南安人。……元祐初，拜刑部尚書，遷吏部兼侍讀。……既又請別製渾儀，因命頌提舉。頌既邃於律曆，以吏部令史韓公廉曉算術，有巧思，奏之用。授以古法，為臺三層，上設渾儀，中設渾象，下設司辰，貫以一機，激水轉輪，不假人力。時至刻臨，則司辰出告。星辰躔度所次，占候則驗，不差晷刻，晝夜晦明，皆可推見，前此未有也。」是頌實提舉製渾儀事。《玉海》卷第四〈天道‧儀象〉「元祐渾天儀象」條記此事尤詳，曰：「吏部尚書臣蘇頌先準元祐元年冬十一月詔旨定奪新舊渾儀，對得新儀係至道、皇祐年製，並堪行用；舊儀係熙寧中所造，環器法薄，水跌低墊，難以行使。臣切以儀象之法，度數備存，而日官所以互有論訴者，蓋以器未合古，名亦不正。至於測候須人運動，人手有高下，故躔度亦從而移轉。是致兩競各指得失，終無定論。蓋古人測候天數，其法有二：一曰渾天儀，規地機隱於內，上布經躔，以考日星行度、寒暑進退，如張衡渾天、開元水運銅渾是也。二曰銅候儀，今新舊渾儀，翰林天文院與太史局所有是也。」又曰：「《通略》：『初吏書蘇頌請別製渾儀，因命頌提舉。頌邃於律曆，又以吏部令史韓公廉善算術，有巧思，乃奏用之。且授以古法，為臺三層，上設渾一作候。儀，中設一作置。渾象，下設一作布。司辰，貫以一機，激水轉輪，不假人力，時至刻臨，則司辰出告星度所次，占候測驗，不差晷刻，晝夜晦明，皆可推見。元祐四年三月木樣成，前此未有也。詔翰林學士許將等詳定。己卯，將等言：『晝夜校驗，與天道已參合。』乃詔以銅造，仍以元祐渾天儀象為名。其後將等又言：『前所謂渾天儀者，其外形圓，即可遍布星度；其內有機衡，即可仰窺天象。若儀象則兼二器有之，同為一器。今所見渾象別為二器，而渾儀占測天度之眞數，又以渾象置之密室，自為天運，與儀參合。若并為一器，即象為儀，以同正天度，則兩得之。請更作渾天儀。』從之。頌因其家所藏小樣而悟于心，令公廉布算，

數年而器成。大如人體，人居其中，有如籠象因星，鑿竅如星，以備激輪旋轉之勢，中星昏晚應時，皆見於竅中。星官曆翁聚觀駭歎，蓋古未嘗有也。」又《玉海》同卷〈天道・儀象〉「《法略》」條載：「紹聖三年六月十三日，寫《儀象制度》、《法略》各一部，納尚書省秘閣，規天矩地，機輪隱中，以察三光，驗寒暑，是之謂儀。其圓如丸，其大數圍，以布列宿，著天體，是之謂象。二器，司天之要法也。縱以天經，橫以地渾，金虹夾繞鼇雲，上承三辰四游，運轉不息，激水印流，驗之密室。橫簫所望，日星其中，司辰告刻，應以鼓鐘。日象仰觀，日儀俯視，人位乎間，天外地內。」此處所載「寫《儀象制度》、《法略》各一部」，或即《解題》著錄之《天象法要》二卷。此書紹聖三年六月十三日寫成，與〈宋志〉所言「紹聖中編」正合。惟直齋謂「元祐三年」進之，蓋誤「紹聖」為「元祐」矣。

歷代星史一卷

《歷代星史》一卷，不著名氏。鈔集諸史〈天文志〉。

　　廣棪案：此書不可考。據《解題》所記以推，則此書殆鈔集《史記・天官書》、《漢書・天文志》、《後漢書・天文志》、《隋書・天文志》、《舊唐書・天文志》、《新唐書・天文志》、《舊五代史・天文志》及《新五代史・司天考》而成。

天文考異二十五卷

《天文考異》二十五卷，昭武布衣鄒淮撰。

　　廣棪案：《玉海》卷第三〈天文・天文書〉下「紹興《乾象通鑑》」條載：「鄒淮集《考異天文書》二十五卷。」與此同。《宋史》卷二百六〈志〉第一百五十九〈藝文〉六〈天文類〉著錄：「鄒淮《考異天文書》一卷。」〈宋志〉卷數誤。淮，《宋史》無傳，《宋人傳記資料索引》載：「鄒淮，越人。長於星曆，有《百中經》。」可略知其梗概。

大抵襲《景祐新書》之舊。

　　案：指襲楊惟德所撰《景祐乾象新書》。

淮後入太史局。

　　案：《宋史》卷八十二〈志〉第三十五〈律曆〉十五載：「嘉定三年，鄒淮言曆

書差式，當改造。試太子詹事兼同修國史、實錄院同修撰兼秘書監戴溪等言，請詢漸、澣之造曆故事。詔溪充提領官，澣之充參定官，鄒淮演撰，王孝禮、劉孝榮提督推算官生十有四人，日法用三萬五千四百。四年春，曆成，未及頒行，溪等去國，曆亦隨寢。韓侂冑當國，或謂非所急，無復敢言曆差者，於是《開禧曆》附《統天曆》行於世四十五年。」是淮於寧宗嘉定三、四年間任職太史局。

二十四氣中星日月宿度一卷

《二十四氣中星日月宿度》一卷，此書傳之程文簡家，云得於荊判局。荊名大聲，太史局官也。

廣棪案：此書無可考。程文簡即程大昌。荊大聲，《宋史》無傳。惟《宋史》卷八十二〈志〉第三十五〈律曆〉十五載：「初，新曆之成也，大聲、孝榮共爲之；至是，大聲乃以太陰九道變赤道別演一法，與孝榮立異于後。秘書少監、崇政殿說書兼權刑部侍郎汪大猷等言：『承詔於御史臺監集局官，參算明年太陰宿度，箋注御覽詣實。今大聲等推算明年正月至月終九道太陰變赤道，限十二月十五日以前具稿成，至正月內，臣等召曆官上臺，用渾儀監驗疏密。』從之。（乾道）五年，國子司業兼權禮部侍郎程大昌、侍御史單時，秘書丞唐孚、秘書郎李木言：『都省下靈臺郎充曆算官蓋堯臣、皇甫繼明、宋允恭等言：「厥令更造《乾道新曆》，朝廷累委官定驗，得見日月交食密近天道，五星行度允協躔次，惟九道太陰間有未密。搜訪能曆之人補治新曆，半年未有應詔者，獨荊大聲別演一法，與劉孝榮《乾道曆》定驗正月內九道太陰行度。今來二法皆未能密於天道，〈乾道〉太陰一法與諸曆比較，皆未盡善。今撮其精微，撰成一法，其先推步到正月內九太陰道正對赤道宿度，願委官與孝榮、大聲驗之。如或精密，即以所修九道經法，請得與定驗官更集孝榮、大聲等同赴臺，推步明年九道太陰正對在赤道宿度，點定月分定驗，從其善者用之。」大昌等從大聲、孝榮所供正月內太陰九道宿度，已赴太史局測驗上中旬畢，及取大聲、孝榮、堯臣等三家所供正月下旬太陰宿度，參照覽視，測驗疏密，堯臣、繼明、允恭請具今年太陰九道宿度。欲依逐人所請，限一月各具今年太陰九道變黃道正對赤道其宿某度，依經具稿，送御史臺測驗官不時視驗，然後見其疏密。』」可供參證。觀《宋史》所載，大聲與大昌同宦，則此書「云得自荊判局」，又「傳之程文簡家」，蓋有由矣。

天象義府九卷

《天象義府》九卷，宜黃布衣應㬐撰。其書考究精詳，論議新奇，而多穿鑿傅會。象垂於天，其曰某星主某事者，人寔名之也。開闢之初，神聖在御，地天之通未絕，其必有得於仰觀俯察之妙者，故曰：「天垂象，聖人則之。」夫天豈諄諄然命之乎？如必一切巧為之說，而以為天意寔然，則幾於矯誣矣。

　　廣棪案：此書僅見《解題》及《文獻通考》著錄。撰人生平不可考。

官曆刻漏圖一卷、蓮花漏圖一卷

《官曆刻漏圖》一卷、《蓮花漏圖》一卷，太常博士王普伯照撰。

　　廣棪案：《玉海》卷第十一〈律曆・漏刻〉「《刻漏圖》」條載：「《書目》：『紹興初，太常博士王普撰《官曆刻漏圖》一卷，并〈序言〉。百刻分十二辰，晝夜長短，以岳臺為定，九服之地，冬夏至，晝夜刻數或與岳臺不同，則二十四氣前後易箭之日，亦皆少差。又有〈後記〉及《蓮華漏圖》。』」可資參證。普，字伯照，福建閩縣人。登宣和三年進士，歷太常博士，《宋史翼》卷二十三〈列傳〉第二十三〈儒林〉一有傳。

唐大衍曆議十卷

《唐大衍曆議》十卷。

　　廣棪案：《新唐書》卷五十九〈志〉第四十九〈藝文〉三〈曆算類〉著錄：「僧一行《開元大衍曆》一卷，又《曆議》十卷。」與此同。

唐僧一行作新曆，草成而卒。

　　案：《新唐書》卷二十七上〈志〉第十七上〈曆〉三上載：「開元九年，《麟德曆》署日蝕比不效，詔僧一行作新曆，推大衍數立術以應之，較經史所書氣朔、日名、宿度可考皆合。十五年，草成而一行卒。」一行事迹可參《宋高僧傳》卷第五〈義解篇〉第二之二〈唐中嶽嵩陽寺一行傳〉。

詔張說與曆官陳元景等次為《曆術》七篇、《略例》一篇、《曆議》十篇，《新史志》略見之。「十《議》」者，一〈曆本〉、二〈日度〉、三〈中氣〉、四〈合朔〉、五〈卦候〉、六〈九道〉、七〈日晷〉、八〈分野〉、九〈五星〉、十〈日食〉。大抵皆以考正古今得失也。

案：《新唐書》卷二十七上〈志〉第十七上〈曆〉三上載：「（開元）十五年，草成而一行卒，詔特進張說與曆官陳玄景等次為《曆術》七篇、《略例》一篇，《曆議》十篇，玄宗顧訪者則稱制旨。明年，說表上之，起十七年頒于有司。時善算瞿曇譔者，怨不得預改曆事，二十一年，與玄景奏：『《大衍》寫《九執曆》，其術未盡。』太子右司禦率南宮說亦非之。詔侍御史李麟、太史令桓執圭較靈臺候簿，《大衍》十得七、八，《麟德》纔三、四，《九執》一、二焉。乃罪說等，而是否決。自《太初》至《麟德》，曆有二十三家，與天雖近而未密也。至一行，密矣，其倚數立法固無以易也。後世雖有改作者，皆依倣而已，故詳錄之。《略例》，所以明述作本旨也；《曆議》，所以考古今得失也。其說出自足以為將來折衷。」可資參證。

《曆志》略取其要，著於篇者十有二，曰〈曆本〉，曰〈中氣〉，曰〈合朔〉，曰〈卦候〉，曰〈卦議〉，曰〈日度〉，曰〈九道〉，曰〈日食〉，曰〈五星〉。蓋《曆議》之八篇，而分〈卦候〉為二，故共為九條。其〈沒滅盈縮〉、〈晷漏〉、〈中星〉三條，則皆取之《略例》，餘《曆議》〈日晷〉、〈分野〉二篇，則具之〈天文志〉。

案：《新唐書·曆志》著篇十二，其一〈曆本議〉，其二〈中氣議〉，其三〈合朔議〉，其四〈沒滅略例〉，其五〈卦候議〉，其六〈卦議〉，其七〈日度議〉，其八〈日躔盈縮略例〉，其九〈九道議〉，其十〈晷漏中星略例〉，其十一〈日蝕議〉，其十二〈五星議〉。而中其四、其八、其十三條，皆取之《略例》。而《曆議》、〈日晷分野〉二篇，則載《新唐書》卷三十一〈志〉第二十一〈天文〉中。

嘉定辛未，辭科用為序題，有劉澹如者，嘗得其書，自詭必在選中。而考官但據史文，初不知此書尚存於世也。以其篇次與史文不合，黜之。要之，史官因此書以述〈志〉，考官因《史志》以命題，當以此書為本而參考〈志〉之所載，乃為全善。

案：嘉定辛未，為寧宗嘉定四年（1211）。劉澹如，其人其事不可考。

郭雍撰集《古曆通議》，論諸家曆云：「一行作曆，上自劉洪之斗分、下及淳風之總法，前後五百餘年，諸家所得曆術精微之法，集其大成，以作《開元曆》。此其所以前無古人，後無來者，可謂盡善盡美矣。」是以自寶應之後，以迄於今，幾五百年皆宗之，而不能易，語以上古聖人之術則又有間矣。隨齋批注。

案：寶應，唐肅宗年號，僅一年（762），由是下延五百年，爲宋理宗景定三年（1262），是隨齋謂至此時猶用《開元曆》，而隨齋乃理宗時人。

崇天曆一卷

《崇天曆》一卷，司天夏官正權判監宋行古等撰。天聖二年上。學士晏殊序。

　　廣校案：《宋史》卷七十一〈志〉第二十四〈律曆〉四載：「乾興初，議改曆，命司天役人張奎運算，其術以八千爲日法，一千九百五十八爲斗分，四千二百九十九爲朔，距乾興元年壬戌，歲三千九百萬六千六百五十八爲積年。詔以奎補保章正。又推舉學者楚衍與曆官宋行古集天章閣，詔內侍金克隆監造曆，至天聖元年八月成，率以一萬五百九十爲樞法，得九鉅萬數。既上奏，詔翰林學士晏殊制〈序〉而施行焉，命日《崇天曆》。」即記此事。《玉海》卷第十〈律曆·曆法〉下「天聖《崇天曆》」條載：「天聖元年癸亥歲。三月辛卯，司天監上新曆，賜名《崇天》，仍命翰林學士晏殊作〈序〉。《曆經》二卷、《立成》十三卷、《五星盈縮差》五卷、《算草》十五卷、《目錄》一卷，保章正張奎，靈臺即楚衍所造，將司天監宋行古上。修曆官遷秩，賜帛有差。」亦可參證。天聖，仁宗年號。《宋史》卷二百七〈志〉第一百六十〈藝文〉六〈曆算類〉著錄：「《崇天曆經》二卷。」疑《崇天曆》應作二卷，上《曆》之年爲天聖元年，《解題》誤。行古，《宋史》無傳。

國初有建隆《應天曆》，

　　案：《玉海》卷第十〈律曆·曆法〉下「建隆《應天曆》即乾德元年。」條載：「建隆二年五月乙丑，以《欽天曆》時刻差謬，命有司研覈，凡二年而成，用一萬二分為日法。四年癸亥歲，即乾德元年，時未改元。四月辛卯，司天少監王處訥上《新定應天曆經》一卷，《算草》一卷、《五更中星立成》一卷、《晨昏立成》一卷。《崇文目》凡六卷。御製〈序〉頒行之。」

次有《乾元曆》、

　　案：《玉海》同卷「太平與國《乾元曆》」條載：「太興興國七年壬午歲。十月己卯，一本七月，又一本九月己卯。《實錄》十月，《會要》作十一月司天冬官正吳昭素及留內直苗守信造成新曆，以《應天》置閏差也。凡《律經》二卷、《記晨昏分》一卷、《日躔陰陽經》一卷、《日出入刻》一卷、《晝夜刻分》一卷、《五更中星》一卷，共九卷《總目》云八卷。以獻。上命衛尉少卿元象宗集本監明律曆

者同校定，賜號《乾元曆》。上自製〈序〉。」

《儀天曆》，詳見《三朝史志》。

案：《玉海》同卷「咸平《儀天曆》」條載：「咸平四年辛丑歲。三月庚寅，判司天監史序等上新曆，賜名《儀天》，命翰林學士朱昂作〈序〉，以修曆官史序、王熙元，並爲殿中丞；王睿、趙昭益、石昌裔，並爲春官正，各賜絹百五十疋。是曆也凡十六卷。乃王熙元處訥子。所修，秋官正趙昭遠一作昭逸。請覆算之，不從。後二年果差，注曆以百二十甲子爲限。《崇文目》，十六卷。祥符七年乙未，上覽〈司天監表〉，謂宰相曰：『曆象，陰陽家流之大者，以推步天道，平秩天時爲功。近年唯趙昭逸能專其業。』」三朝，謂太祖、太宗、眞宗也。《三朝史志》，已佚。

太祖建隆《應天》，太宗太平興國《乾元》，眞宗咸平《儀天》，仁宗天聖《崇天》。

案：此條似直齋原注，又似隨齋批注，未可審也。

紀元曆三卷、立成一卷

《紀元曆》廣棪案：《紀元曆》，館本作「《紀年曆》」，誤。據《解題》及盧校本改。三卷、《立成》一卷，館臣案·原本脱去「《立成》一卷」，今據《文獻通考》補入。**姚舜輔撰。崇寧五年成。**

廣棪案：《玉海》卷第十〈律曆·曆法〉下「《紀元曆》」條載：「《書目》有《觀天曆經》一卷、《紀元曆經》一卷。」《宋史》卷二百七〈志〉第一百六十〈藝文〉六〈曆算類〉著錄：「姚舜輔《紀元曆經》一卷。」是此書應作一卷。舜輔，《宋史》無傳。《宋史》卷四十八〈志〉第一〈天文〉一「土圭」條載：「宋朝測景在浚儀之岳臺，崇寧間姚舜輔造《紀元曆》，求岳臺晷景，冬至後初限六十二日二十二分。蓋立八尺之表，俟圭尺上正八尺之景去冬至多寡日辰，立爲初限，用減二至，得一百二十日四十二分爲夏至後初限，以爲後法。蓋冬至之景，長短實與歲差相應，而地里遠近古今亦不同焉。」即記舜輔造《紀元曆》事。

自《崇天》之後，有《明天曆》、

案：《玉海》卷第十〈律曆·曆法〉下「治平《明天曆》」條載：「嘉祐八年十月望，月食，曆乃後天二刻，遂命判司天監周琮更造新曆。琮測景驗氣，始知前曆氣常後天半日，改而正之。英宗治平二年乙巳歲。二月三月。己巳，曆成。賜

名《明天》，命學士承旨王珪爲〈序〉。凡《曆經》三卷、《儀晷義略》二卷、《立成》十五卷、《隨經備草》五卷、《七曜細行》一卷，總三十六卷，凡三年始成。琮等七人同造曆成，而中官正舒易簡等各獻所造曆。詔范鎮、孫思恭、劉放詳定，惟琮最密，乃用其曆。琮於朔望餘分特晚數刻，欲合嘉祐八年十月望月食，及推熙寧元年正旦日食，曆乃後天數刻，復與《崇天》合，遂再用《崇天》放朔。琮等奪所遷官。」

熙寧《奉元曆》、

案：《玉海》同卷「熙寧《奉元曆》」條載：「熙寧八年乙卯歲。閏四月壬寅，十二日。右正言知制誥沈括上熙寧《奉元曆》，《書目》：『《奉元曆經》一卷。』詔進括一官。初，仁宗朝用《崇天曆》，至治平初，司天監周琮改撰《明天曆》，行之。監生石道言未經測驗，不可用。不聽。至熙寧元年七月望，夜將旦，月蝕東方，與曆不協，乃詔曆官雜候星晷，更造新曆，終五年冬日行，餘分略具。二年八月五日，詔直舍人院昌大防詳定。今年八月朔望，琮言古今注曆，望無十七日者。《崇天曆》官舒易簡言不爲非。朝廷從易簡說，琮爭不已，大防言頒曆無注十七望者，詔與大防議。會沈括提舉司天監，言淮南人衛朴通曆法，召朴至，言《崇天曆》氣後天，《明天曆》朔先天，失在置元不當，詔朴更造。朴以己學爲之，視《明天曆》朔減二刻。曆成，行之，賜朴錢百千。朴欲造候簿，曆官沮之。朴謂當爲五星候簿，則古所謂綴術者。以監生石道爲靈臺郎。九年正月二十七日，括請令司天用渾儀、浮漏、圭表測驗，令朴參校新曆改正。從之。先是括典領修曆，載今月望月食不驗故也。」

元祐《觀天曆》。

案：《玉海》同卷「元祐《觀天曆》」條載：「元祐二年九月，以《奉元曆》疏，命保章正黃居卿等六人考定。初衛朴曆，冬至後天一日，元祐五年十一月癸未冬至，驗景長之日，迺在壬午，遂改造新曆。六年辛未歲。十一月八日，賜名《觀天》。工侍王欽臣爲〈序〉，紹聖元年頒行。」

至崇寧三年，舜輔造新曆，曰《占天》。未幾，蔡京又令舜輔更造，用帝受命之年、即位之日，元起庚辰，日命己卯。上親製〈序〉，頒之天下，賜名《紀元》。

案：《玉海》同卷「崇寧《占天曆》、《紀元曆》」條載：「徽宗時，有司以《觀天》推崇寧二年十一月朔爲丙子，頒曆之後，始悟其朔當進而失進，遂進《占天曆》，改十一月朔爲丁丑，而再頒曆篇。崇寧三年造，姚舜輔上之。既而曆官言《占天》

成於私家，不經考驗，不可施用，乃命姚舜輔等復造新曆，視《崇天》減六十七刻半，始與天道相合。崇寧五年丙戌歲。五月十六日曆成，賜名《紀元》。御製〈序〉。其略曰：『聖人之於天道，輔相其宜，範圍其化，以道法天，以數作曆。』」

本朝承平，諸曆略具正史〈志〉，不見全書。此二曆近得之蜀人秦九韶道古，故存之。

> 案：秦九韶，《宋史》無傳。前撰《陳振孫之生平及其著述研究》，第四章為〈陳振孫之戚友與交游〉漏考此人，失之眉睫。有關九韶生平，請參本書「《數術大略》九卷」條。

英宗治平《明天》，熙寧元年復《崇天》，熙寧七年《奉天》，哲宗元祐《觀天》，徽宗崇寧《紀元》。

> 案：此似直齋原注，又似隨齋批注，莫能定。

統元曆一卷

《統元曆》一卷，常州布衣陳得一更造，秘書少監朱震監視，紹興五年上。曆家不以為工。高宗紹興《統元》，二十二年以後用《紀元》。

> 廣棪案：《玉海》卷第十〈律曆・曆法〉下「紹興《統元曆》」條載：「紹興三年壬子歲。六月甲午，五日。上曰：『曆官提步不精，故七曜細行差一日。近得《紀元曆》，已全參考。自明年當改正。』五年乙卯歲。正旦日食，九分半虧，在辰正。常州布衣陳得一獨建言定食八分半，虧在巳初。是日果如得一所定。二月丙子，詔得一造曆，秘書少監朱震領其事。時御史張致遠言得一于朝，就秘書省別造新曆。六月乙巳，名新曆曰《統元》。十月戊午曆成。為《曆經》七卷、《曆義》二卷、《立成》四卷、《考古春秋日食》一卷、《七曜細行》二卷、《丙辰氣朔入行草》一卷，總十七卷上之。《書目》：『《曆經》七卷。』賜得一號通微處士，震進秩。命學士孫近序之。先是，《紀元曆》取徽宗受命年，登極日，元用庚辰，日起己卯，失古曆之法。故立朔有訛，定臘失序，日食不驗，今更造《統元曆》，革《紀元》命日之私，正交食定朔之失，元用甲子，日起甲子，一本云：『命甲子為元，起虛宿中度。《曆義》載增損變法，尤密者七。』自紹興六年丙辰。頒用，凡十五年，而有司守之不專，暗用《紀元》之法推步，而用《統元》之名頒曆。」《宋史》卷八十一〈志〉第三十四〈律曆〉十四載：「（紹興）五年，日官言：『正月朔旦日食九分半，虧在辰正。』常州布衣陳得一言：『當食八分半，虧在巳初。』其言

卒驗。侍御史張致遠言:『今歲正月朔日食,太史所定不驗,得一嘗爲臣言,皆有依據。蓋患算造者不能通消息、盈虛之奧,進退、遲疾之分,致立朔有訛。凡定朔小餘七千五百以上者,進一日。紹興四年十二月小餘七千六百八十,太史不進,故十一月小盡;今年五月小餘七千一百八十,少三百二十,乃爲進朔,四月大盡。建炎三年定十一月三十日甲戌爲臘,陰陽書曰:臘者,接也,以故接新,在十二月近大寒前後戌日定之,若近大寒戌日在正月十一日,若即用遠大寒戌日定之,庶不出十二月。如宣和五年十二月二十七日丙午大寒,後四日庚戌,雖近,緣在六年正月一日,此時以十九日戊戌爲臘。得一於歲旦日食,嘗預言之,不差釐刻。顧詔得一改造新曆,委官專董其事;仍盡取其書,參校太史有無,以補遺闕;擇曆算子弟粗通了者,授演撰之要,庶幾日官無曠,曆法不絕。』二月丙子,詔秘書少監朱震,即秘書省監視得一改造新曆。八月曆成,震請賜名《統元》,從之。詔翰林學士孫近爲〈序〉,以六年頒行,遷震一秩,賜得一通微處士,官其一子。道士裴伯壽等受賞有差。得一等上推甲子之歲,得十一月甲子朔夜半冬日至日度起於虛中以爲元。著《曆經》七卷、《曆議》二卷、《立成》四卷、《考古春秋日食》一卷、《七曜細行》二卷、《氣朔入草行》一卷,詔付太史氏,副藏秘府。」足資參證。惟《統元曆》應作七卷,《解題》作一卷,恐誤。

會元曆一卷

《會元曆》一卷,夏官正劉孝榮造,禮部尚書李巘館臣案:《文獻通考》「巘」作「巘」。　廣棪案:盧校本作「巘」。序。紹熙元年也。

廣棪案:《玉海》卷第十〈律曆・曆法〉十「紹熙《會元曆》」條載:「紹熙元年庚戌歲。八月庚辰,遂命同判局劉孝榮改造新曆。孝榮乞與吳澤、荊大聲同造。二年辛亥歲。正月甲寅,曆成,詔名《會元》。」《宋史》卷八十二〈志〉第三十五〈律曆〉第十五載:「紹熙元年八月,詔太史局更造新曆,頒之。二年正月,進《立成》三卷、《紹熙二年七曜細行曆》一卷,賜名《會元》,詔巘序之。」足資參證。孝榮,《宋史》無傳。李巘,《宋人傳記資料索引》載:「李巘, 字獻之,濟陽人。中博學宏詞科,賜同進士出身。淳熙六年,除秘書郎,改著作佐郎,陞著作郎,遷起居舍人,轉中書舍人兼修國史,及實錄院同修撰,除給事中。紹熙四年,爲翰林學士兼實錄院修撰。」惟未記巘任禮部尚書。巘所撰〈序〉,無可考。

孝榮判太史局，凡造三曆，此其最後者，勝前遠矣。

　　案：所造三曆，指《乾道新曆》、《淳熙曆》與此曆。《宋史》卷八十二〈志〉第三十五〈律曆〉十五載：「紹熙四年，布衣王孝禮言：『……劉孝榮造〈乾道〉、〈淳熙〉、〈會元〉三曆，未嘗測景。苟弗立表測景，莫識其差。乞遣官令太史局以銅表同孝榮測驗。』」是其證。

孝宗《乾道曆》、《淳熙曆》、光宗紹熙《會元曆》。

　　案：此句若非直齋《解題》原注，疑爲隨齋批注而誤入正文。

統天曆一卷

《統天曆》一卷，館臣案：《統天曆》卷數原本闕，今據《文獻通考》補入。　　廣棪案：盧校本無卷數。冬官正楊忠輔撰，丞相京鐘表進。

　　廣棪案：《玉海》卷第十〈律曆・曆法〉下「慶元《統天曆》」條載：「慶元四年戊午歲。九月朔，太史言月食於夜，而草澤言食在晝，驗視如草澤言，遂命改作。以禮侍胡紘提領，正字馮履參定，履從張行成爲數學。曆未成。明年己未歲。履罷；三月庚戌，詔諸道有曉天文、曆算者，以名來上。四月書成。五月壬辰朔頒用，賜名《統天》。取乾元統天之義。《曆經》凡三卷，沿曆它書十七種，凡二十九卷。又上臨安進士侯望重校寫《萬年曆》十七卷，《綱目》二卷。」所記未翔實。《宋史》卷八十二〈志〉第三十三〈律曆〉十五載：「慶元四年，《會元曆》占候多差，日官、草澤互有異同，詔禮部侍郎胡紘充提領官，正字馮履充參定官，監楊忠輔造新曆。右諫議大夫兼侍講姚愈言：『太史局文籍散逸，測驗之器又復不備，幾何而不疏略哉！漢元鳳間，言曆者十有一家，議久不決，考之經籍，驗之帝王錄，然後是非洞見。元和間，以《太初》違天益遠，晦朔失實，使治曆者修之，以無文證驗，雜議蠭起，越三年始定。此無他，不得儒者以總其綱，故至于此也。《周官》馮相氏、保章氏志日月星辰之運動，而冢宰實總之。漢初，曆官猶宰屬也。熙寧間，司馬光、沈括皆嘗提舉司天監，故當是時曆數明審，法度嚴密。乞命儒臣常兼提舉，以專其責。』五年，監察御史張巖論馮履唱爲詖辭，罷去。詔通曆算者所在具名來上。及忠輔曆成，宰臣京鐘上進，賜名《統天》，頒之，凡《曆經》三卷、《八曆冬至考》一卷、《三曆交食考》三卷、《晷景考》一卷、《考古今交食細草》八卷、《盈縮分損益率立成》二卷、《日出入晨昏立成》一卷、《岳臺日出入晝夜刻》一卷、《赤道內外去極度》一卷、《臨安午

中晷景常數》一卷、《禁漏街鼓更點辰刻》一卷、《禁漏五更攢點昏曉中星》一卷、《將來十年氣朔》二卷、《己未庚申二年細行》二卷，總三十二卷。」是此書應作三卷，《解題》誤。

其《曆議》甚詳，至於星度，明言不曾測驗，無候簿可以立術，最為不欺。紹熙五年也。

　　案：紹熙，光宗年號。《宋史》卷八十二〈志〉第三十五〈律曆〉十五載：「紹熙四年，布衣王孝禮言：『今年十一月多至，日景表當在十九日壬午，《會元曆》注乃在二十日癸未，係差一日。《崇天曆》癸末日多至加時在酉初七十六分，《紀元曆》在丑初一刻六十七分，《統元曆》在丑初二刻二分，《會元曆》在丑初一刻三百四十分。迨今八十有七年，常在丑初一刻，不減而反增。《崇天曆》寔天聖二年造，《紀元曆》崇寧五年造，計八十二年。是時測景驗氣，知多至後天乃減六十七刻半，方與天道協。其後陳得一造《統元曆》，劉孝榮造〈乾道〉、《淳熙》、《會元》三曆，未嘗測景。苟弗立表測景，莫識其差。乞遣官令太史局以銅表同孝禮測驗。』朝廷雖從之，未暇改作。」王孝禮謂「陳得一造《統元曆》，劉孝榮〈乾道〉、《淳熙》、《會元》三曆，未嘗測景。苟弗立表測景，莫識其差」，斯則《解題》所指「至於星度，明言不曾測驗」，同為一事。惟其事《宋史》記在紹熙四年，《解題》在五年，未知孰是。

其末有〈神殺〉一篇，流於陰陽拘忌，則為俚俗。

　　案：〈神殺〉篇不可考。

寧宗慶元《統天》。

　　案：此似直齋原注，又似隨齋批注，莫能定。

開禧曆三卷、立成一卷

《開禧曆》三卷、《立成》一卷，大理評事鮑澣之撰進，時開禧三年。

　　廣梭案：《玉海》卷第十〈律曆・曆法〉下「《開禧新曆》」條載：「開禧三年丁卯歲。七月，評事鮑澣之言來歲閏差。詔曾漸提領改造新曆。」所記未盡翔實。
　　《宋史》卷八十二〈志〉第三十五〈律曆〉十五載：「開禧三年，大理評事鮑澣之言：『曆者，天地之大紀，聖人所以觀象明時，倚數立法，以前民用，而詔方來者。……今朝廷自慶元三年以來，測驗氣景，見舊曆後天十一刻，改造新曆，賜名《統天》，進曆未幾，而推測日食不驗，此猶可也。但其曆書演紀之始，起

於唐堯二百餘年,非開關之端也。氣朔五星,皆立虛加、虛減之數;氣朔積分,乃有泛積、定積之繁。以外算而加朔餘,以距算而減轉率,無復彊弱之法,盡廢方程之舊。其餘差漏,不可備言。以是而爲述,乃民間之小曆,而非朝廷頒正朔、授民時之書也。漢人以謂曆元不正,故盜賊相續,言雖迂誕,然而曆紀不治,實國家之重事。願詔有司選演撰之官,募通曆之士,置局討論,更造新曆,庶幾并智合議,調治日法,追迎天道,可以行遠。』瀚之又言:『當楊忠輔演造《統天曆》之時,每與議論曆事,今見《統天曆》舛近,亦私成新曆。誠改新曆,容臣投進,與太史、草澤諸人所著之曆參改之。』七月,瀚之又言:『《統天曆》來年閏差,願以諸人所進曆,令秘書省參考頒用。』足資參證。瀚之,《宋史》無傳。考《宋會要輯稿》第一百三冊〈職官〉七五載:「(嘉定八年十月九日)同日,知汀州新除刑部郎中鮑瀚之與宮觀理作自陳。以福建運判俞建言其秤提楮券,奉行滅裂,百事廢弛,全無紀綱。」同書第一百十五冊〈選舉〉二載:「(慶元四年二月二十五日)是日銓試、公試、類試,命⋯⋯大理評事沈繹、葉子高、鮑瀚之,軍器監主簿留駿監尚書六部門。」同書第一百十六冊〈選舉〉十二載:「(嘉定四年)六月十日銓試,命著作郎兼都官郎官任希夷、大理寺丞鮑瀚之考試。」是瀚之先任大理評事,升大理寺丞,其後知汀州,除刑部郎中也。

詔附《統天曆》推算。至今頒曆,用《統天》之名,而實用此曆。當時緣金人閏月與本朝不同,故於此曆加五刻。天道有常,而造術以就之,非也。大抵中興以來,雖屢改曆,而日官淺鄙,不知曆象之本,但模襲前曆,而於氣朔,皆一時遷就爾。

案:《玉海》同卷同條載:「嘉定三年八月,鄒淮又請改造。詔用《開禧新曆》推步氣朔,權附《統天曆》頒行,命戴溪提領,瀚之參定。後天五刻改爲《開禧曆》,附《統天曆》行焉。」是詔附《統天曆》以推算《開禧新曆》者,乃准鄒淮所請也;後天五刻改《開禧曆》者,緣金人閏月與南宋不同而遷就之也。

金大明曆一卷

《金大明曆》一卷,廣校案:盧校本無卷數。金大定十三年所爲也。其術疏淺,無足取。積年三億以上,其拙可知。然《統天》、《開禧》改曆,皆緣朝論以北曆得天爲疑,貴耳賤目,由來久矣,寔不然也。

廣棪案：《金史》卷二十一〈志〉第二〈曆〉上載：「金有天下百餘年，曆惟一易。天會五年，司天楊級始造《大明曆》；十五年春正月朔，始頒行之。其法，以三億八千三百七十六萬八千六百五十七為曆元，五千二百三十為日法。然其所本，不能詳究，或曰因宋《紀元曆》而增損之也。正隆戊寅三月辛酉朔，司天言日當食，而不食。大定癸巳五月壬辰朔，日食，甲午十一月甲申朔，日食，加時皆先天。丁酉九月丁酉朔，食乃後天。由是占候漸差，乃命司天監趙知微重修《大明曆》，十一年曆成。時翰林應奉耶律履亦造《乙未曆》。二十一年十一月望，太陰虧食，遂命尚書省委禮部員外郎任忠傑與司天曆官驗所食時刻分秒，比校知微、履及見行曆之親疏，以知微曆為親，遂用之。」足資參證。據《金史》，則《大明曆》始造於金太宗天會五年（1127），而重修於金世宗大定二十一年（1181）。其中「十一年曆成」一句，應為「二十一年曆成」之誤。蓋「大定癸巳」為大定十三年，「甲午」為十四年，「丁酉」為十七年，則趙知微重修《大明曆》必成於二十一年，故其下即接以「二十一年十一月望」之句。是則重修《大明曆》亦非「金大定十三年所為」，《解題》或誤也。

數術大略九卷

《數術大略》九卷，魯郡秦九韶道古撰。

　　廣棪案：黃虞稷、倪燦撰《宋史藝文志補·經部·小學類》著錄：「秦九韶《數學九章》九卷，魯郡人。」與此書同書而異名。秦九韶，《宋史》無傳。錢大昕《十駕齋養新錄》卷十四「《數學九章》」條曰：「秦九韶《數學九章》十八卷，其目曰〈大衍〉，曰〈天時〉，曰〈田域〉，曰〈測望〉，曰〈賦役〉，曰〈錢穀〉，曰〈營處〉，曰〈軍旅〉，曰〈市易〉。蓋自出新意，不循古九章之舊，有淳祐七年九月〈自序〉。考《直齋書錄》有《數術大略》九卷，魯郡秦九韶道古撰。前二卷〈大衍〉、〈天時〉二類，於治歷測天為詳。《癸辛雜識》又作《數學大略》九卷，蓋即此書而異其名耳。直齋所錄《崇天》、《紀元》二曆云：『近得之蜀人秦九韶道古。』然則九韶先世蓋魯人，而家於蜀者也。《李梅亭集》有〈回秦縣尉九韶謝差校正啟〉云：『善繼人志，當為黃素之校讎。肯從吾游，小試丹鉛之點勘。』秦少游元祐中嘗校對黃本書籍，九韶豈其苗裔耶？李梅亭嘗為成都漕，九韶校正當在其時，其任何縣尉則無可考矣。嘉熙以後，蜀土陷沒，寄居東南，故得與直齋往還也。予又考《景定建康志》，

得二事。其一〈通判題名〉，有秦九韶，淳祐四年八月，以通直郎到任；十一月，丁母憂解官離任。其一〈制幕題名‧寶祐門〉，九韶爲沿江制置司參議官。又《癸辛雜識》稱九韶秦鳳閒人，與吳履齋交尤稔，嘗知瓊州，數月罷歸，晚竄梅州以卒。合此數書觀之，九韶生平仕宦蹤跡，略可見矣。」所考甚翔實。惟中謂九韶乃秦觀之苗裔，則誤也。余嘉錫《四庫提要辨證》十二〈子部〉三〈天文算法類〉二「《數學九章》十八卷」條云：「嘉錫案：……錢氏所考，洵足以補《提要》之闕。惟疑九韶爲秦少游之苗裔，則殊不然。少游乃揚州高郵人，子孫不應北遷魯郡，且少游卒於元符三年，見秦瀛《少游年譜》及錢氏《疑年錄》。下距南渡初，不過二十餘年，縱其子孫嘗僑魯，亦爲時甚暫，不應便以魯郡爲本貫。李梅亭劉所謂黃素校讎，蓋指九韶之父言之也。考〈涪州石魚題名〉有云：『寶慶二年正月郡守李□公玉新、潼川守秦季楣宏父、季楣之子九韶道古同來遊。』見《八瓊室金石補正》卷八十三。南宋《館閣續錄》云：『秦季楣，字宏父，普州安岳人，紹熙四年陳亮榜同進士出身，治《春秋》。嘉定十七年九月除秘書少監，寶慶元年正月兼國史院編修官，實錄院檢討官，六月除直顯謨閣，知溫州府。』見卷七、卷九。然則梅亭之言，正以季楣曾官秘監，故望九韶能繼父志，校讎中秘書耳。梅亭《啓》又云：『卿自用卿法，在良弓之子，必善爲裘。人患爲人師，然他山之石，可以攻玉。』與善繼人志一聯，用意相同，皆上言其能讀父書，下言從己受業。然則校讎黃素云者，非用少游之事亦明矣。宋秘閣有黃本，白本書，不必秦少游始得校讎也。」余氏所考，證據確鑿，九韶應非秦觀子孫。又此書錢氏作十八卷，殆據《四庫全書》本也。

前世算術，自〈漢志〉皆屬〈曆譜〉家。

案：〈漢志‧曆譜〉凡十八家，六百六卷。其中所收有《許商算術》二十六卷、《杜忠算術》十六卷。是〈漢志〉以算術屬〈曆譜〉家。

要之數居六藝之一，故今《解題》列之〈雜藝類〉。

案：《解題》卷十四〈雜藝類〉著錄有夏侯陽撰《算經》三卷、張丘建撰《算經》三卷、蔣舜元撰《應用算法》一卷。

惟《周髀經》爲蓋天遺書，以爲〈曆象〉之冠。

案：《解題》卷十二〈曆象類〉著錄「《周髀算經》二卷、《音義》一卷」於首條，曰：「題趙君卿注、甄鸞重述、李淳風等注釋。《周髀》者，蓋天之書也。稱周公受之商高而以句股爲術，故曰《周髀》。」

此書本名〈數術〉，而前二卷〈大衍〉、〈天時〉二類，於治曆測天為詳，故亦置之於此。

　　案：《四庫全書總目》卷一百七〈子部〉十七〈天文算法類〉二「《數學九章》十八卷」載：「是書分為九類：一曰〈大衍〉，以奇零求總數為九類之綱；二曰〈天時〉，以步氣朔晷影及五星伏見。」是此二類，實於治曆測天為詳，故《解題》置於〈曆象類〉。

秦博學多能，尤邃曆法，凡近世諸曆，皆傳於秦。所言得失，亦悉著其語云。

　　案：《四庫全書總目》同條曰：「九韶當宋末造，獨崛起而明絕學。其中如〈大衍類〉著卦發微，欲以新術改《周易》揲蓍之法，殊乖古義。古曆會稽題數既誤，且為設問以明大衍之理，初不計前後多少之曆過，尤非實據。〈天時類〉綴術推星，本非方程法，而術曰方程，復於草中多設一數以合方程行列，更為牽合。所載皆平氣平朔，凡晷影長短，五星遲疾，皆設數加減，不過得其大概，較今之定氣定朔，用三角形推算者，亦為未密。然自秦、漢以來，成法鄉傳，未有言其立法之意。惟此書大衍術中所載立天元一法，能舉立法之意而言之。其用雖僅一端，而以零數推總數，足以盡奇偶和較之變，至為精妙。苟得其意而用之，凡諸法所不能得者，皆隨所用而無不通。後元郭守敬用之於弧矢，李冶用之於句股方圓，歐邏巴新法易其名曰借根方，用之於九章八線。其源實開自九韶，亦可謂有功於算術者矣。」足資參證。

陰陽家類　　廣枝案：盧校本作卷四十〈陰陽家類〉。

自司馬氏論九流，

　　廣枝案：《史記》卷一百三十〈太史公自序〉第七十引其父談〈論六家要旨〉，惟未論九流。其中論陰陽家曰：「嘗竊觀陰陽之術，大祥而眾忌諱，使人拘而多所畏。然其序四時之大順，不可失也。」

其後劉歆《七略》、班固〈藝文志〉，皆著陰陽家。

　　案：班固據劉歆《七略》而撰《漢書·藝文志》。《漢志·諸子略》，陰陽家列於儒、道二家之後。

而「天文」、「曆譜」、「五行」、「卜筮」、「形法」之屬，別為〈數術略〉。

　　案：〈漢志·數術略〉下分「天文」、「曆譜」、「五行」、「蓍龜」、「雜占」、「形法」六種，《解題》所述有誤。

其論陰陽家者流，蓋出於羲和之官，欽若廣枝案：盧校本改為「敬順」。按注曰：「『欽若』，《通攷》作『敬順』，本《漢書》。」**昊天，曆**廣枝案：〈漢志〉作「歷」。**象日月星辰。拘者為之，則牽於禁忌，泥於小數。**

　　案：〈漢志〉曰：「陰陽家者流，蓋出於羲和之官，敬順昊天，歷象日月星辰，敬授民時，此其所長也。及拘者為之，則牽於禁忌，泥於小數，舍人事而任鬼神。」是〈漢志〉以陰陽家出羲和之官也。

至其論數術，則又以為羲和卜史廣枝案：〈漢志〉作「史卜」。**之流。**

　　案：〈漢志〉曰：「數術者，皆明堂羲和史卜之職也。史宮之廢久矣，其書既不能具，雖有其書而無其人。《易》曰：『苟非其人，道不虛行。』春秋時，魯有梓慎，鄭有裨竈，晉有卜偃，宋有子韋；六國時，楚有甘公，魏有石申夫；漢有唐都，庶得麤觕。蓋有因而成易，無因而成難。故因舊書以序數術為六種。」梓慎諸人皆明數術，蓋羲和卜史之流也。

而所謂《司星子韋》三篇，不列於「天文」，而著於〈陰陽家〉之首。然則陰陽之與數術，亦未有以大異也，不知當時何以別之。豈此論其理，彼具其術耶？

　　案：〈漢志·諸子略·陰陽家〉著錄：「《宋司星子韋》三篇。景公之史。」而不列此書於〈數術略·天文〉。直齋以為陰陽言其理，數術言其術，其說可信。

今〈志〉所載二十一家之書皆不存，無所考究，而〈隋〉、〈唐〉以來子部，遂闕〈陰陽〉一家。

案：〈漢志〉著錄「陰陽二十一家，三百六十九篇」，今皆不存。《隋書·經籍志》、《舊唐書·經籍志》及《新唐書·藝文志》，其子部均闕〈陰陽家〉

至董逌《藏書志》，始以「星占」、「五行」書為〈陰陽類〉。

案：《解題》卷八《目錄類》著錄：「《廣川藏書志》二十六卷，徽猷閣待制董逌彥遠撰。以其家藏書，考其本末，而為之論說，及於諸子而止。蓋其本意專為經設也。」是董〈志〉子部有〈陰陽類〉，以著錄星占、五行之書。

今稍增損之，以「時日」、「祿命」、「遁甲」等備〈陰陽〉一家之闕，而其他〈數術〉，各自為類。

案：《解題》設〈陰陽家類〉，專門著錄時日、祿命、遁甲之書：又另立〈卜筮類〉、〈形法類〉，其所創設近乎〈漢志〉，而與董〈志〉不同。

景祐遁甲玉函符應經二卷

《景祐遁甲玉函符應經》二卷，司天春官正楊惟德撰。

廣棪案：《宋史》卷二百六〈志〉第一百五十九〈藝文〉五〈五行類〉著錄：「楊惟德《景祐遁甲符應經》三卷。」應與此為同一書，惟書名與卷數微有不同。

阮元《揅經室外集》卷三〈四庫未收書提要〉著錄：「《遁甲符應經》三卷，宋楊維德等撰。維德附《宋史·方技韓顯符傳》，字里未詳。顯符稱其能傳渾儀法。是編不見于〈宋志〉。鄭樵《通志略》始著錄。焦竑《經籍志》、錢遵王《述古堂書目》所載卷帙並同。惟馬端臨《通考》則作二卷，乃傳寫之誤。此從舊鈔本依樣過錄。卷首有宋仁宗御製〈序〉。末載永樂間欽天監五官司曆王巽〈序〉。其書以遁甲論行軍趨避之用。如言九天之上，九地之下，即《孫子·形篇》所謂善守者藏于九地之下，善攻者動于九天之上。亦即李筌所云以直符加時于後一所臨宮為九天，後二所臨宮為九地。地者靜而利藏，天者運而利動。巽云其書立術精密，考較詳明，宜五行之家所不廢也。」可供參考。惟阮氏謂「是編不見于〈宋志〉」，則偶疏也。

御製〈序〉。

案：仁宗〈序〉云：「稽夫遁甲之書，出於河圖。黃帝之世，命風后創名，始立陰陽二遁，共一千八十局。迨太公約七十二局，留侯佐漢，議十八局。推曆授

時，超神接氣，布門耀德，觀兵取驗，以明勝負，罔不迪吉。是以王者出師，以順討逆，前著龜燋，兆得天地之中。擬之而後言，議之而後動，動罔不吉，其斯之謂歟。朕嗣三聖之基，居兆民之上，萬幾之暇，在念庶績其凝。順天時而陳兵法，□神道而設教育。□蓬山之藏室，有龍甲之秘經。雖絺袠甚多，而繁文彌猥，攻乎異說，動有萬殊，採其精純，冀其明響。因進取其書，命太子洗馬、兼司天臺春官正、權同監判楊維德，春官副王立，翰林天文李自正、何湛等，於資善堂撰集。又命內侍省東頭供奉官管勾御藥院任成亮、鄧保信、皇甫繼和、周維德總其工程，厄事數月；成書三卷，命曰《景祐遁甲符應經》。昔箕子之演洛書，□武王遂承商祚；蕭何之收秦籍，佐高祖乃成炎漢。況茲聖賢之言，可通神明之德，不離掌握之中，能際天人之學。朕循上古之道，思致萬國之寧，觀是書之三卷，陰陽變化，百端千緒，賢者豈遽能知，智者豈遽能用，用者豈遽能盡？自非好事者未必家有其本，以潛心力，業有年矣。上之於國家，下之於庶民，一切有為，皆宜用也。昔漢求遺書於天下，又命劉向校書於禁中，使文物之隆，無愧之云爾」。可參考。

景祐太一福應集要十卷

《景祐太一福應集要》十卷，楊惟德撰。御製〈序〉。末題紹興元年嵩陽潛士魏郡劉箕。

> 廣棪案：《宋史》卷二百六〈志〉第一百五十九〈藝文〉五〈五行類〉著錄：「楊惟德、王立翰《太一福應集要》一卷。」雖書名微異而卷數不同，疑仍屬同一書。此書仁宗御製〈序〉，未見。劉箕，生平不可考。

陰陽二遁圖局一卷并雜訣、三元立成圖局二卷、遁甲八門機要一卷、太一淘金歌一卷

《陰陽二遁圖局》一卷并《雜訣》、《三元立成圖局》二卷、《遁甲八門機要》一卷、《太一淘金歌》一卷，以上四種皆無名氏，得之盱江吳炎。

> 廣棪案：《祕書省續編到四庫闕書目》卷二〈子類・五行卜筮〉著錄：「李靖《陰陽二遁局》二卷，闕。」葉德輝考證本。是此書李靖撰。《宋史》卷二百六〈志〉第一百五十九〈藝文〉五〈五行類〉著錄：「《陰陽二遁局圖》一卷。」，是《解題》著錄書名，「局圖」或誤作「圖局」。其餘三書不可考。吳炎，《宋

史翼》卷二十二〈列傳〉第二十二〈循吏〉五有傳。《宋人傳記資料索引》載：「吳炎（1153－1221）字濟之，莆田人，一稱邵武人。紹熙元年進士，教授桂陽軍。嘉泰二年除戶部駕閣，開禧初累遷太學博士，時韓侂胄擅權，炎丐外，通判建寧軍，陛辭，極言諸法紛更，大失人心。至郡，寬徵嗇用。改興化軍，政績甚多，奉祠歸。嘉定十四年卒，年六十九。」考直齋於宰南城時曾向吳炎借書，詳見拙著《陳振孫之生平及其著述研究》第四章第三節。

遁甲選時圖二卷

《遁甲選時圖》二卷，紹興府所刻本，亦無名氏。

　　廣棪案：《宋史》卷二百六〈志〉第一百五十九〈藝文〉五〈五行類〉著錄：「《選時圖》二卷，並不知作者。」與此應屬同一書。

廣濟陰陽百忌曆二卷

《廣濟陰陽百忌曆》二卷，稱唐呂才撰。有〈序〉。

　　廣棪案：《新唐書》卷五十九〈志〉第四十九〈藝文〉三〈五行類〉著錄：「呂才《陰陽書》五十三卷，又《廣濟陰陽百忌曆》一卷。」《宋史》卷二百六〈志〉第一百五十九〈藝文〉五〈五行類〉著錄：「呂才《廣濟百忌曆》二卷。」疑此書應作二卷，〈新唐志〉誤。

案：才序《陰陽書》，其三篇見於本傳，曰〈祿命〉，曰〈卜宅〉，曰〈葬〉，館臣案：《呂才傳》，其敘《陰陽書》見於本傳者三篇，曰〈卜宅〉，曰〈祿命〉，曰〈葬〉。此云一篇，誤，今改正。**盡掃世俗拘滯之論，安得復有此曆？本初固已假託，後人附益，尤不經。**

　　案：呂才，《舊唐書》卷七十九〈列傳〉第二十九、《新唐書》卷一百七〈列傳〉第三十二均有傳。《舊唐書》才本傳載：「呂才，博州清平人也。少好學，善陰陽方伎之書。……太宗以《陰陽書》近代以來漸致訛偽，穿鑿既甚，拘忌亦多，遂命才與學者十餘人共加刊正，削其淺俗，存其可用者。勒成五十三卷，并舊書四十七卷，十五年書成，詔頒行之。才多以典故質正其理，雖為術者所短，然頗合經義，今略載其數篇。」考才所序《陰陽書》，《舊唐書》載稱《宅經》，〈祿命〉，〈葬書〉；《新唐書》載稱〈卜宅〉、〈祿命〉、〈葬〉篇；《解題》蓋據《新

唐書》，文長不錄。至此書，張心澂《僞書通考·子部·術數類》亦著錄，其所考此書之僞，即據《解題》。

三曆會同十卷

《三曆會同》十卷，不知作者。集《百忌》、《總聖》、《集正》三書。

　　廣棪案：《宋史》卷二百七〈志〉第一百六十〈藝文〉六著錄：「《三曆會同集》十卷，紹興初撰，不知名。」與此書同。此書所集《百忌》，即《廣濟陰陽百忌曆》，其餘《總聖》、《集正》二書，不可考。

萬曆會同三卷

《萬曆會同》三卷，館臣案：《文獻通攷》作三十卷。 廣棪案：盧校本同。陳從古撰。以前書推廣之，書坊售利之具也。

　　廣棪案：《宋史》卷二百六〈志〉第一百五十九〈藝文〉五〈五行類〉著錄：「陳從吉《類編圖注萬曆會同》三十卷。」與此應屬一書。此書應作三十卷，《解題》誤。至《解題》撰人姓名作「陳從古」，則不誤，周必大《周文忠公集》卷十七有〈跋陳從古梅詩〉，《宋人傳記資料索引》載：「陳從古（1122－1182），字希顏，一曰晞顏，號洮湖，金壇人，維子。紹興二十一年進士，授富陽尉、邵州教授，監行在榷貨物都茶場，擢司農寺簿罷歸。起知蘄州，尋遷提點湖南刑獄，就除本路轉運判官，加直秘閣，徙知襄陽府，明年奉祠。後知衢、饒、信三州，淳熙九年卒，年六十一。」可知其生平概況。

彈冠必用一卷

《彈冠必用》一卷，周渭撰。 館臣案：《文獻通攷》「渭」作「謂」。專為宦游擇日設。

　　廣棪案：《宋史》卷二百六〈志〉第一百五十九〈藝文〉五〈五行類〉著錄：「周渭《彈冠必用》一卷。」渭，《宋史》卷三百四〈列傳〉第六十三有傳。《宋人傳記資料索引》載：「周渭（923－999），字得臣，昭州恭城人。建隆初召試，賜同進士出身，歷官兩浙東西路轉運使，遷侍御史，加職方員外郎，為益州轉運使，以坐事出為彰信軍節度副使。咸平二年召還，將復用，詔下而卒，年七十七。」

三曆撮要一卷

《三曆撮要》一卷，無名氏。又一本名《擇日撮要曆》，大略皆同。建安徐清
叟宜翁館臣案：《文獻通攷》「宜」作「眞」。云其尊人尙書公應龍所輯，不欲著名。

> 廣棪案：《宋史》卷二百六〈志〉第一百五十九〈藝文〉五著錄：「《擇日要法》
> 一卷，並不知作者。」未知與此同屬一書否？清叟，《宋史》卷四百二十〈列傳〉
> 第一百七十九有傳，其〈傳〉曰：「徐清叟字直翁，煥章閣學士應龍之子。」「宜」、
> 「眞」、「直」三字形近，未知孰是。又《宋史》卷三百九十五〈列傳〉第一百
> 五十四〈徐應龍〉載：「徐應龍字允叔。淳熙二年第進士，調衡州法曹、湖南檢
> 法官。……遷吏部侍郎，進刑部尙書兼侍讀。」清叟稱其父爲「尙書公」，蓋以
> 嘗仕刑部尙書也。

陰陽備用十二卷

《陰陽備用》十二卷，通判舒州新安胡舜申汝嘉撰。此書本爲地理形法，而
諸家選時日法要皆在焉，故附於此。

> 廣棪案：《宋史》卷二百六〈志〉第一百五十九〈藝文〉五〈五行類〉著錄：「胡
> 舜申《陰陽備用》十三卷。」所著錄此書卷數，與《解題》微異。舜申，《宋史》
> 無傳。明張昹《吳中人物志》卷十三載：「胡舜申，紹興間自績溪徙于吳。通風
> 土陰陽之術，世所傳江西地理新法，係出舜申之手。」略悉舜申生平。是舜申
> 通風土陰陽之術，通判舒州。舒州，今安徽潛山縣。是舜申撰此書，或在其自
> 績溪徙吳前。

珞琭子一卷

《珞琭子》一卷，此書祿命家以爲本經。其言鄙俚，閭巷賣卜之所爲也。

> 廣棪案：《郡齋讀書志》卷第十四〈五行類〉著錄：「《珞琭子三命》一卷。右李
> 獻臣云：『珞琭』者，取『珞珞如玉，琭琭如石』之義，推人生休咎、否泰之法。
> 箕子曰：『五行：水、火、金、木、土。』禹曰：『辛壬癸甲。』則甲子五行之
> 名，蓋起於堯、舜、三代之時矣。鄭氏釋『天命之謂性』，曰：『謂木神則仁，
> 金神則義之類。』又釋『我辰安在』，曰：『謂六物之吉凶。』此以五行、甲子
> 推知休咎否泰於其傳者也。呂才稱起於司馬季主及王充，其言淺哉，然才所詆

建祿、背祿、三刑、劫殺、建學、空亡、勾絞、六害、驛馬之類，皆今世三命之術也，亦在才之前矣。由是觀之，視他術淵源獨遠。且小運之法，本於《說文》巳字之訓；空亡之說，本於《史記》孤虛之術，多有所自來，故精於其術者，巧發奇中最多。」可供參考。

壺中賦一卷

《壺中賦》一卷，稱紫雲溪壺中子。莫知何人。

　　廣棪案：此書及撰人均不可考。

源髓歌六卷、後集三集

《源髓歌》六卷、《後集》三卷，唐沈芝撰。《後集》妄也。

　　廣棪案：此書及撰人不可考。

太一命訣一卷

《太一命訣》一卷，稱袁天綱。妄人假託。

　　廣棪案：此書不可考。袁天綱，《舊唐書》卷一百九十一〈列傳〉第一百四十一〈方技〉、《新唐書》卷二百四〈列傳〉第一百二十九〈方技〉均有傳。《舊唐書》本傳云：「袁天綱，益州成都人也。尤工相術。」可參考。

五星命書一卷

《五星命書》一卷，不著名氏。歌廣棪案：盧校本「歌」上有「其」字。訣頗詳，然未必驗也。

　　廣棪案：此書不可考。

五星三命指南十四卷

《五星三命指南》十四卷，亦不知名氏。大抵書坊售利，求俗師為之。

　　廣棪案：此書不可考。

聿斯歌一卷

《聿斯歌》一卷，_{館臣案：《文獻通攷》有《聿斯歌》一卷，原本作「聿欺」，誤，今改正。}青羅山布衣王希明撰。不知何人。

廣棪案：《宋史》卷二百六〈志〉第一百五十九〈藝文〉五〈天文類〉著錄：「《聿斯歌》一卷。」與此同。王希明，生平不可考。《宋史》同卷同類著錄：「王希明《丹元子步天歌》一卷。」是則希明或號丹元子。

靈臺三十六歌一卷

《靈臺三十六歌》一卷，稱武平先生。亦不知何人。

廣棪案：《宋史》卷二百六〈志〉第一百五十九〈藝文〉五〈五行類〉著錄：「《靈臺篇》一卷。」未知同屬一書否？考胡宿字武平，疑非此武平先生也。

五星六曜約法一卷、洞微歌一卷、紫宙經一卷

《五星六曜約法》一卷、《洞微歌》一卷、《紫宙經》一卷，以上三種皆無名氏。

廣棪案：此三書均不可考。

四門經一卷

《四門經》一卷，唐待詔陳周輔撰。

廣棪案：《新唐書》卷五十九〈志〉第四十九〈藝文〉三〈曆算類〉著錄：「陳輔《聿斯四門經》一卷。」《玉海》卷第十〈律曆・曆法〉下「唐三十六家曆算」條載：「若謝察微《算經》、江木《算法》、陳運《算經》、魯靖《五曹》、黃栖巖注《心機算術》、龍受《算法》、李彌乾《都利聿斯》、陳輔《聿斯四門經》，則以算名者也。」是《玉海》著錄之陳輔《聿斯四門經》，亦即陳周輔之《四門經》。疑陳輔字周輔，或《解題》衍「周」字。《玉海》此條所記曆算姓名亦有與〈新唐志〉著錄者不同。如「江木」，〈新唐志〉作「江本」，「陳運」，〈新唐志〉作「陳從運」。

青羅立成曆一卷

《青羅立成曆》一卷，司天監朱奉奏。據其曆，「起貞元十年甲戌入曆，至今乾寧四年丁巳」，則是唐末人。

　　廣棪案：此書及撰人均不可考。

羅計二隱曜立成曆一卷

《羅計二隱曜立成曆》一卷，稱大中大夫曹士蔿。亦莫知何人。但云起元和元年入曆。

　　廣棪案：《新唐書》卷五十九〈志〉第四十九〈藝文〉三〈曆算類〉著錄：「曹士蔿《七曜符天曆》一卷，建中時人。」疑與此同屬一書。建中，唐德宗年號；元和，唐憲宗年號。則此書乃士蔿憲宗元和時撰。士蔿，兩《唐書》無傳。惟《新唐書》卷五十九〈志〉第四十九〈藝文〉三〈五行類〉著錄：「曹士蔿《金匱經》三卷。」是士蔿兼擅五行者。

諸家五星書一卷

《諸家五星書》一卷，雜錄五星祿命之說，前數家亦多在焉。

　　廣棪案：此書乃雜錄《五星命書》一卷、《五星三命指南》十四卷、《五星六曜約法》一卷等而編成。

遁甲八門命訣一卷

《遁甲八門命訣》一卷，不知名氏。

　　廣棪案：此書不可考。

信齋百中經一卷

《信齋百中經》一卷，不著名氏。安慶府本。術士言最善。

　　廣棪案：《郡齋讀書志》卷第十三〈星曆類〉著錄：「《百中經》三卷。右自紹興二十一年以上百二十年曆日節文也。」所著錄卷數與《解題》相異，未知同爲

一書否？安慶府，宋寧宗潛邸，在安徽懷寧縣。

怡齋百中經一卷

《怡齋百中經》一卷，東陽術士曹東野。自言：「今世言五星者，皆用唐《顯慶曆》曆法；更本朝前後無慮十餘變，而《百中經》猶守舊曆，安得不差，於是用見行曆法推算。」其說如此，未之能質也。

　　廣棪案：《四庫全書總目》卷一百十一〈子部〉二十一〈術數類存目〉二著錄：「《百中經》，無卷數。浙江巡撫採進本。不著撰人名氏。考陳振孫《書錄解題》有《信齋百中經》一卷，安慶府本，不著名氏。又《怡齋百中經》一卷，東陽術士曹東野撰。其述東野之言曰：『今世言五星者，皆用唐《顯慶曆》。曆法無慮十餘變，而《百中經》猶守舊，安得不差。於是用現行曆推算。』云云。此書所列十一曜躔次，用宋之《統天》、《開禧》、《會天》、元之《授時》四數為準，而其紀年至明嘉靖中。殆術者以次續補，轉相沿用而未改舊名歟？」可供參考。

五行精紀三十四卷

《五行精紀》三十四卷，清江鄉貢進士廖中撰。周益公為之〈序〉。集詩家三命說。

　　廣棪案：此書及撰人均不可考，益公〈序〉亦未見載《周文忠公集》。

三辰通載三十四卷

《三辰通載》三十四卷，嘉禾錢如璧編。集五星命術。

　　廣棪案：此書及撰人均不可考。

卜筮類 廣棪案：盧校本作卷四十一〈卜筮類〉。校注曰：「有元本，但多脫漏。」

易林十六卷

《易林》十六卷，漢小黃令梁焦延壽贛撰。

> 廣棪案：《隋書》卷三十四〈志〉第二十九〈經籍〉三〈五行類〉著錄：「《易林》十六卷，焦贛撰。梁又本三十二卷。」又：「《易林變占》十六卷，焦贛撰。」《解題》著錄者應與之同。至梁又本作三十二卷者，乃分卷有所不同耳。延壽生平，《漢書》卷七十五〈睦兩夏侯京翼李傳〉第四十五載：「京房字君明，東郡頓丘人也。治《易》，事梁人焦延壽。延壽字贛。贛貧賤，以好學得幸梁王，王共其資用，令極意學。既成，為郡吏察舉，補小黃令。以候司先知姦邪，盜賊不得發。愛養吏民，化行縣中。舉最當遷，三老官屬上書願留贛，有詔許增秩留，卒於小黃。贛常曰：『得我道以亡身者，必京生也。』其說長於災變，分六十四卦更直日用事，以風雨寒溫為候，各有占驗，房用之尤精。好鍾律，知音聲。初元四年以孝廉為郎。」可知其概況。

又名《大易通變》。唐會昌丙寅越五雲谿王俞序。凡四千九十六卦，其辭假出於經史，其意雅通於神祇。

> 案：會昌，唐武宗年號，丙寅為六年（846）。王俞〈序〉曰：「大凡變化象數，莫逃乎《易》。惟人之情偽，最為難知。筮者尚占，憂者與處。贛明且哲，乃留其術。俞嚴耕東鄙，目前因蒙。客有枉駕蓬廬，以焦辭數軸出示。予嘗讀班史列傳，及歷代名臣譜系、諸家雜說之文，盛稱自夫子授《易》于商瞿，僅十餘輩。延壽經傳於孟喜，固是同時。當西漢元、成之間，凌夷厥政。先生或出或處，輒以《易》道上干梁王，遂為郡察舉，詔補小黃令。而邑中隱伏之事，皆預知其情，得以寵異蒙遷秩，亦卒於官。次其著《大易通變》，其卦總四千九十六題，事本彌綸，同歸簡易。其辭假出於經史，其意雅合於神明，但齋潔精專，舉無不中，而言近意遠，易識難詳，不可瀆蒙，以為辭費。後之好事如君行者，則子雲之書為不朽矣。聖唐會昌景寅歲。」景寅即丙寅，避諱故改。《解題》謂「又名《大易通變》」者，據王俞〈序〉也。

蓋一卦可以變六十四也。

案：朱彝尊《經義考》卷六〈易〉五「焦氏延壽《易林》」條引《崇文總目》曰：「焦贛以一卦轉之六十四卦，各有繇言，著吉凶占驗，然不傳其法。」《經義考》又引黃伯思曰：「《易林》十六篇，其法每卦變而之六十四爲林，三千八百世。凡筮得某卦之某卦，則觀其所之卦林，以占吉凶。或卦爻不發，則但觀本卦林辭，初未嘗分四時節候。至於《漢書・京房傳》所云『六十四卦更直日用事』者，蓋爻主一日六十卦，當三百六十日，餘四卦爲監司。此法但以風雨寒溫爲候，而占災變耳。若房〈封事〉所謂『辛酉太陽精明，丙戌蒙氣復起』之類，孟康注之甚詳。此是延壽占災祥一法，非關《易》筮也。後世昧者勿悟，乃合二術一之，而於直日卦中求所得卦，以考人之吉凶，謬託燕薊士之秘法，豈不誤甚與！蓋直日之法，分至外餘日，惟一爻用事，而《易林》變卦，則非止一爻也。乃知林自林，直日災祥之法自直日災祥之法，二者雖皆本於《易》，同出延壽，而初未嘗一其用也。」就伯思所述，可略悉《易林》筮法，自與直日災祥之法不同。

舊見沙隨程迥所記，南渡諸人以《易林》筮國事，多奇驗。」

案：《解題》卷一〈易類〉著錄：「《沙隨易章句》十卷、《外編》一卷、《占法》一卷、《古易考》一卷，沙隨程迥可久撰。其論占法，雜記占事尤詳。迥嘗從玉泉喻樗子才學，登隆興癸未科，仕至邑宰。及與前輩名公交游，多所見聞，故其論說頗有源流根據。《古易攷》十二篇，闕〈序〉、〈雜卦〉。」《解題》此條中「舊見沙隨程迥所記」云云，蓋指《沙隨易章句》諸書所記也。

求之累年，寶慶丁亥始得之莆田。

案：寶慶，宋理宗年號，丁亥爲三年（1227），時直齋充興化軍通判。興化軍治莆田。

皆韻語古雅，頗類《左氏》所載〈繇辭〉。

案：《郡齋讀書志》卷第一〈易類〉著錄：「《焦氏易林》十六卷。右漢天水焦贛延壽傳《易》於孟喜，行事見〈儒林傳〉中，此其所著書也。費直題其前曰：『六十四卦變。』又有唐王俞〈序〉。其書每卦變六十四，總四千九十六首，皆爲韻語，與《左氏傳》所載『鳳凰于飛，和鳴鏘鏘』，《漢書》所載『大橫庚庚，予爲天王』之語絕相類，豈古之卜者各有此等書耶？」又《經義考》「焦氏延壽《易林》」條引程迥曰：「漢天水焦延壽傳《易》於孟喜，此其所著書也。書皆韻語，與《左氏傳》載『鳳凰于飛，和鳴鏘鏘』；《漢書》所載『大橫庚庚，予爲天王』之語絕相類，豈古之卜者各有此等書耶？」是此書多韻語之證。

或時援引古事，間嘗筮之，亦驗。

案：《經義考》「焦氏延壽《易林》」條引黃伯思又曰：「焦延壽《易林》中或字誤，以快爲快，以羊爲手，以喜爲嘉，以鸛爲鵲，義可兩存。延壽名贛，梁人，以好學得幸梁王，王共其資用，令極意學。既成，爲郡吏察舉，補小黃令。但有盜，先知，盜遂無敢舉者。考最當選，吏民上書乞留，詔許增秩，卒於小黃。世人謂延壽之法，凡筮得某卦，則觀其所之卦林，以占吉凶：或卦爻不動，則但觀本卦林辭。有王似者，於雍熙二年春遇異人，筮得〈觀〉之〈貢林〉，云：『東行無門，西出華山，道寒於難，游子爲患』之語，最爲有準。後之觀者，不可不辨。延壽所著雖卜筮之書，出於陰陽家流，然當西漢中葉，去三代未遠，文辭雅澹，頗有可觀。」是黃伯思亦以《易林》之筮爲驗也。

頗恨多脫誤。嘉熙庚子從湖守王寺丞侑借本兩相校，十得八九。其中亦多重複，或諸卦數爻共一繇，莫可考也。

案：此書多脫誤，黃伯思嘗言之。嘉熙庚子，爲理宗嘉熙四年（1240），時直齋任浙西提舉。王侑，《宋史》無傳，《宋人傳記資料索引》載：「王侑，號玩易老人，婺州金華人，淮孫。曾知廬陵。」則侑固好《易》者。余嘗詳考其人，見拙著《陳振孫之生平及其著述研究》第四章第三節。又案：《解題》此條文字，與《經義考》所載，異同甚多，足證彝尊得讀之《解題》，絕非僅據《文獻通考》或《永樂大典》所引，而屬另一版本，茲迻錄如下，以資參證。《經義考》此條載：「陳振孫曰：『又名《大易通變》，唐會昌景寅越五雲谿王俞序，凡四千九十六卦，蓋一卦可以變六十四也。』又曰：『舊見沙隨程氏所紀，紹興初諸公以《易林》筮時事，奇驗，求之多年，寶慶丁亥始得其書於莆田，錄而藏之。皆韻語古雅，頗類《左氏》所載繇辭。間嘗筮之，亦驗。獨恨多脫誤，無他本是正。嘉熙庚子自吳門歸霅川，偶爲鄉守王寺丞侑道之，因以家藏本見假，雖復多脫誤，而用兩本參互相校，十頗得八九，於是兩家所藏皆成全書。其間亦多重複，或數爻共一繇，莫可稽究。校畢，歸其書王氏，而誌其校正本末於此。淳祐辛丑五月。』」是《經義考》所載「陳振孫曰」云云，與《四庫全書》本《解題》詳略頗不同也。

易傳積算法雜占條例一卷

《易傳積算法雜占條例》一卷，漢京房撰。詳已見〈易類〉。

廣棪案：《解題》卷一〈易類〉著錄：「《京房易傳》三卷、《積算雜占條例》一卷，吳鬱林太守吳郡陸績公紀注。京氏學廢絕久矣。所謂《章句》者，既不復傳，而《占候》之存於世者僅若此，較之前〈志〉，什百之一二耳。今世術士所用世應、飛伏、游魂、歸魂、納甲之說，皆出京氏。晁景迂嘗爲京氏學，用其傳爲《易式》云。或作四卷，而《條例》居其首。又有《參同契》、〈律曆志〉、見〈陰陽家類〉，專言占候。」此條謂：「詳已見〈易類〉。」殆指此。直齋著錄此條殆用互著法。

周易版詞一卷

《周易版詞》一卷，不知名氏。當是漢、魏以前人所爲。其間官名，皆東京制也。

　　廣棪案：《經義考》卷九〈易〉八著錄：「《周易版詞》，《通考》一卷。陳振孫曰：『不知名氏，當是漢、魏以前人所爲。其間官名，皆東京制也。』」《經義考》著錄，實據《解題》。

周易玄悟一卷

《周易玄悟》一卷，廣棪案：盧校注：「元本無此條。《通考》有之，然與陳氏書大體殊不類。」題李淳風撰。

　　廣棪案：《秘書省續編到四庫闕書目》卷一〈經類・易類〉著錄：「《周易玄悟》三卷。」同書卷二〈子類・五行卜筮〉著錄：「李淳風《周易玄悟》三卷。闕。」葉德輝考證本。《宋史》卷二百六〈志〉第一百五十九〈藝文〉五〈蓍龜類〉著錄：「李淳風《周易玄悟》三卷。」是諸書著錄均作三卷，《解題》作一卷，恐誤。李淳風，《舊唐書》卷七十九〈列傳〉第二十九、《新唐書》卷一百二十九〈方技〉有傳。

火珠林一卷

《火珠林》一卷，無名氏。今賣卜者擲錢占卦，盡用此書。

　　廣棪案：山東省圖書館編《易學書目・易占》著錄：「一二三〇《火珠林》一卷。——明萬曆胡氏文會堂刻本。——一冊（一函）。——（《百家名書》）。善 2366

一二三一《火珠林》一卷／（□），麻衣道者撰；（清）吳芝雲校正。——清嘉慶道光間儀徵阮氏刻本。——一冊。——（《文選樓叢書》）。一二三一《火珠林》一卷／（□），麻衣道者撰；（清）許雲芝校正。——民國十年（1921），泰華圖書館石印本。——一冊。——（《漢鏡齋秘書》四種）」是此書乃麻衣道者撰。宋後有明萬歷胡氏文會堂刻本、清嘉慶、道光間儀徵阮氏刻本及民國十年泰華圖書館石印本。

揲蓍古法一卷

《揲蓍古法》一卷，開封鄭克武子撰。

　　廣棪案：《宋史》卷二百二〈志〉第一百五十五〈藝文〉一〈易類〉著錄：「鄭克《揲蓍古法》一卷。」《經義考》卷二十四〈易〉二十三著錄：「鄭氏克《揲蓍古法》，〈宋志〉一卷，未見。王應麟曰：『紹興中，鄭克武子撰。以今之言揲蓍法者，或不取四營成易，不待三變成爻，而謂之小衍。或不揲右手所分，不數小指所掛，而謂之新譜，故列舊法，使有可據。』」可供參考。克，《宋史》無傳。清朱緒曾《開有益齋讀書志》卷四〈法家〉「《重刊宋本棠陰比事》」條著錄：「余既刻宋本《棠陰比事》成，……客又問撰《折獄龜鑑》之鄭克。余應之曰：『元劉壎《隱居通議》云：「高宗紹興三年降詔恤刑，戒飭中外，俾務哀矜。時有承直郎鄭克明為湖南提刑司幹官，因閱和凝《疑獄集》，易舊名曰《折獄龜鑑》。」劉起潛稱為鄭克明，知克字克明。呂成公〈方元恪墓誌〉：「女孫婿，迪功郎、建康府上元縣尉鄭克。」是曾由縣尉而為幹官。其本貫開封人，南渡因徙家焉。』客喜而退，爰綴於簡末。」是撰《折獄龜鑑》與撰此書之鄭克，同為開封人，又同在高宗之世，二者應同屬一人。是克既字武子，又字克明也。

蓍卦辨疑序三卷

《蓍卦辨疑序》三卷，郭雍撰。〈自序〉略言：「學者相傳，謂九為老陽，七為少陽，六為老陰，八為少陰。及觀〈乾〉爻稱九，〈坤〉爻稱六，則九、六為陰陽，蓋無疑也。而六子皆稱九、六，不言七、八，則少陰少陽未有所據。及考〈乾〉、〈坤〉之策，曰〈乾〉之策二百一十有六，〈坤〉之策百四十有四，六之一，則〈乾〉爻得三十六，〈坤〉爻得二十四，是則老陰老陽

之數也。又考二篇之策，陽爻百九十有二，以三十六乘之，積六千九百十有二，陰爻百九十有二，以二十四乘之，積四千六百八，合之為萬有一千五百二十，則二篇之策，亦皆老陰老陽之數也。而少陰少陽之數又無所見。再置陽爻百九十有二，以少陽二十八乘之，積五千三百七十六；再置陰爻百九十有二，以少陰三十二乘之，積六千一百四十四，合之亦為萬有一千五百二十，以是知少陰少陽之數隱於老陰老陽之中。如是則七、九皆為陽，六、八皆為陰，其畫為奇為耦皆同。聖人畫卦，初未必以陰、陽、老、少為異，然卜史之家欲取動爻之後卦，故分別老少之象，與聖人畫卦之道已不同矣。然七、九為陽，六、八為陰，蓋謂陰陽各有二道，與〈說卦〉言立天之道曰陰與陽，立地之道曰柔與剛，其義皆同。是道也，以聖人不明，載之〈繫辭〉，後世紛紛，互相矛盾，至有大失聖人之意者。大率多主卜史之論，不知所謂策數，遂妄為臆說也。」

廣棪案：《讀書附志》卷上〈經解類〉著錄：「《蓍卦辨疑》三卷。右上卷康節先生《揲蓍法》、橫渠先生《大衍說》、伊川先生《揲蓍法》、兼山郭先生《蓍數說》；下卷則辨證也。兼山之子雍為之〈序〉，謝艮齋諤識其後云。」是此書作三卷，非雍〈序〉作三卷，《解題》誤也。惟《讀書附志》又明載此書分上、下卷，則應作二卷為合。故《經義考》卷二十四〈易〉二十三著錄：「《蓍卦辨疑》二卷，未見。」或初作三卷，其後併作二卷也。《文獻通考》卷二百二十〈經籍考〉四十七〈占筮〉著錄此條，後附《朱子語錄》曰：「揲蓍雖是一小事，自孔子來千五百年，人都理會不得。唐時人說得雖有病痛，大體理會得是。近來說得大乖，自郭子和始。奇者，揲之餘為奇；扐者，歸其餘扐二指之中。今子和反以掛一為奇，而以揲之餘為扐。又不用老少，只用三十六、三十二、二十八、二十四，不知為策數，以為聖賢從來只說陰陽，不曾說老少。不知他既無老少，則七、八、九、六皆無用，又何以為卦！」又曰：「龜為卜，策為筮，策是餘數謂之策。他只是胡亂說策字。」或問：「他既如此說，則再扐而後卦之說何如？」曰：「他以第一揲扐為扐，第二第三揲不掛為扐，第四揲又掛。然如此，則無五年再閏，如某己前排，真個是五年再閏。聖人下字皆有義理，掛者挂也，扐者勒於二指之中也。」可資參證。雍字子和，其先洛陽人。父忠孝，官至太中大夫，師事程頤，著《易說》，號兼山先生。雍傳其父學，號白雲先生。《宋史》卷四百五十九〈列傳〉第二百一十八〈隱逸〉下有傳。

六壬翠羽歌一卷

《六壬翠羽歌》一卷，後唐長興中僧令岑撰。錯誤極多，未有他本可校。

廣棪案：《宋史》卷二百六〈志〉第一百五十九〈藝文〉五〈五行類〉著錄：「僧令岑《六壬翠羽歌》三卷。」是此書或作三卷。令岑，生平無可考。長興（930－933），後唐莊宗年號。

京氏參同契律曆志一卷

《京氏參同契律曆志》一卷，虞翻注。專言占象而不可盡通。字亦多誤，未有別本校。

廣棪案：《解題》卷一〈易類〉「《京房易傳》三卷、《積算雜占條例》一卷」條謂：「又有《參同契律曆志》，見〈陰陽家類〉，專言占候。」惟此書實著錄於〈卜筮類〉，非見〈陰陽家類〉，直齋有所失慎也。《宋史》卷二百六〈志〉第一百五十九〈藝文〉五〈五行類〉著錄：「虞翻注《京房周易律曆》一卷。」與此應屬同一書。

京氏易式一卷

《京氏易式》一卷，晁說之以道撰。

廣棪案：《解題》卷一〈易類〉「《京房易傳》三卷、《積算雜占條例》一卷」條載：「晁景迂嘗為京氏學，用其〈傳〉為《易式》云。」即指此書。景迂，說之號。說之此書〈自序〉曰：「元祐戊辰仲冬在兗州，初學《京氏易》，乃據其〈傳〉為《式》，以便其私，何敢示人。其後江淮間有好事者頗傳去，今三十年矣，既校正其〈傳〉，而前日之《式》亦不得不修更也。惟是其已出者，殆未容改過，奈何！益知昔人自期死而後傳其所著之書，其用意深矣！嗟夫！按《式》以求〈傳〉，因〈傳〉以明〈易〉，可不敬諸？」是此書撰成於哲宗元祐三年戊辰（1088）十一月，其後三十年，即徽宗政和七年丁酉（1117）間又有所修更也。說之，《宋史》無傳，《宋元學案》卷二十二〈景迂學案〉有〈詹事晁景迂先生說之傳〉。

六壬洞微賦一卷

《六壬洞微賦》一卷，不知名氏。瞽卜劉松年所傳。

　　廣棪案：此書不可考。劉松年，《宋史翼》卷三十八〈列傳〉第三十八〈方技〉
　　二有傳，曰：「劉松年，錢塘人。《畫法年紀》。居清波門。淳熙畫院學士。紹熙
　　年待詔，師張敦禮，工畫人物山水，神氣精妙，名過於師。寧宗朝進《耕織圖》，
　　稱旨，賜金帶。院人中絕品也。《畫髓元銓》。」然《解題》與《宋史翼》所載者，
　　一爲瞽卜，一爲畫院學士。姓名雖同，恐非一人也。

形法類 <small>廣棪案：盧校本作卷四十一〈形法類〉。校注曰「有元本。」</small>

八五經一卷

《八五經》一卷，〈序〉稱大將軍記室郭璞。〈後序〉言：「余受郭公《囊書》數<small>廣棪案：盧校本「數」上有「有」字。</small>篇，此居一，公戒以祕之。丞相王公盡索余書，余以公言告之，得免。」末稱：「太興元年六月。」蓋晉元帝時。王公，謂導也。然皆依託爾。其書為相墓。作「八五」者，其五行八卦之謂歟？<small>廣棪案：《通考》闕最後兩句。</small>

> 廣棪案：《郡齋讀書志》卷第十四〈五行類〉著錄：「《八五經》三卷。右〈序〉云黃帝書。『八五』，謂八卦，五行。雖後人依託者，而其辭亦馴雅。相墓書也。呂才〈葬篇〉以六說詰其不驗，且云：『世之人為葬巫所欺，忘擗踊荼毒，以期徼倖。由是相塋隴，希官爵，擇時日，規財利。』誠哉！是言也。」足資參考。郭璞，《晉書》卷七十二〈列傳〉第四十二有傳。其〈傳〉曰：「郭璞字景純，河東聞喜人也。……璞好經術，博學有高才，而訥於言論，詞賦為中興之冠。好古文奇字，妙於陰陽算曆。有郭公者，客居河東，精於卜筮，璞從之受業。公以《青囊中書》九卷與之，由是遂洞五行、天文、卜筮之術，攘災轉禍，通致無方，雖京房、管輅不能過也。」可供參證。《囊書》即《青囊中書》之簡稱。

狐首經一卷

《狐首經》一卷，不著名氏。稱郭景純序。亦依託也。胡汝嘉始序而傳之，其文亦雅馴，言頗有理，《陰陽備用》中全載。<small>廣棪案：盧校本無「《陰陽備用》中全載」七字。校注曰：「《通考》亦無之。」</small>

> 廣棪案：汝嘉，胡舜申字。《解題》卷十二〈陰陽家類〉著錄：「《陰陽備用》十二卷，通判舒州胡舜申汝嘉撰。此書本為地理形法，而諸家選時日法要皆在焉，故附於此。」是此書全載《陰陽備用》中。

續葬書一卷

《續葬書》一卷，稱郭景純。鄙俗依託

　　廣校案：《宋史》卷二百六〈志〉第一百五十九〈藝文〉五〈五行類〉著錄：「郭璞《葬書》一卷。」所著錄者應同屬一書。

地理小一卷

《地理小　　原本缺。》廣校案：盧校注：「館本及《通考》皆缺一字。」一卷，稱李淳風。亦未必然。

　　廣校案：此書不可考。

洞林照膽一卷

《洞林照膽》一卷，范越鳳撰。又名《洞林別訣》。相傳為縉雲人，家於將樂。

　　廣校案：《郡齋讀書志》卷第十四〈五行類〉著錄：「《洞林別訣》一卷、《尋龍入式》一卷。右江南范越鳳集郭璞所記諸家地理書得失為此書，二十四篇。并司空玤《尋龍入式歌》附。」考《晉書》卷七十二〈列傳〉第四十二〈郭璞〉載：「璞撰前後筮驗六十餘事，名為《洞林》。」此書書名應本此。范越鳳，生平無可考。《宋史》卷二百六〈志〉第一百五十八〈藝文〉五〈五行類〉著錄：「司馬班、范越鳳《尋龍入式歌》一卷。」〈宋志〉以《尋龍入式歌》為越鳳撰；又司馬玤作司馬班，均誤。

地理口訣一卷

《地理口訣》一卷，不如何人所集。曰楊筠松、曾楊乙、黃禪師、左仙、朱仙桃、范越鳳、劉公、賴太素、張師姑、王吉，凡十家。

　　廣校案：《宋史》卷二百六〈志〉第一百五十九〈藝文〉五〈五行類〉著錄：「朱仙桃《地理贊》一卷，又《玄堂範》一卷、《地理口訣》一卷。」則以此書為朱仙桃撰。朱仙桃諸人多不可考。王吉，陸心源《宋詩紀事小傳補正》卷一載：「南城人，元符三年進士。」未知即此王吉否？

楊公遺訣曜金歌并三十六象圖一卷

《楊公遺訣曜金歌》并《三十六象圖》一卷，楊即筠松也。人_{廣棪案：《通考》}「人」作「又」。號楊救貧。_{廣棪案：盧校注：「末五字元本無。」}

　　廣棪案：「人號楊救貧」五字，《文獻通考》引「陳氏曰」原有，惟作「又號楊救貧」，應作「人號」爲合，盧校注誤。此書及撰人均不可考。

神龍鬼砂一卷、羅星妙論一卷

《神龍鬼砂》一卷、《羅星妙論》一卷，皆不知作者。

　　廣棪案：此二書均不可考。

九星賦一卷

《九星賦》一卷，題范公

　　廣棪案：此書及撰人不可考。所謂九星者，指太陽、太陰、金水、紫炁、天財、凹腦、雙腦、平腦與天罡燥火也。范公，未悉即范越鳳否？

龍髓經一卷、疑龍經一卷、辨龍經一卷、龍髓別旨一卷、九星祖局圖一卷、五星龍祖一卷、二十八禽星圖一卷

《龍髓經》一卷、《疑龍經》一卷、《辨龍經》一卷、《龍髓別旨》一卷、《九星祖局圖》一卷、《五星龍祖》一卷、《二十八禽星圖》一卷，以上七種皆無名氏。并前諸家，多吳炎錄以見遺。江西有風水之學，往往人能道之。

　　廣棪案：《四庫全書總目》卷一百九〈子部〉十九〈術數類〉二著錄：「《撼龍經》一卷、《疑龍經》一卷、《葬法倒杖》一卷，_{通行本。}舊本題唐楊筠松撰。筠松不見於史傳。惟陳振孫《書錄解題》載其名氏。《宋史・藝文志》則但稱爲楊救貧，亦不詳其始末。惟術家相傳，以爲筠松名益，竇州人。掌靈臺地理，至金紫光祿大夫。廣明中，遇黃巢犯闕，竊禁中玉函祕術以逃，後往來於虔州。無稽之談，蓋不足信也，然其書乃爲世所盛傳。《撼龍經》專言山龍脈絡形勢。分貪狼、巨門、祿存、文曲、廉貞、武曲、破軍、左輔、右弼九星，各爲之說。《疑龍經》上篇言幹中尋枝，以關局水口爲主。中篇論尋龍到頭，看面背朝迎之法。

下篇論結穴形勢，附以〈疑龍十問〉，以闡明其義。《葬法》則專論點穴，有倚、蓋、撞、黏諸說。《倒杖》分十二條，即上說而引伸之。附〈二十四砂葬法〉，亦臨穴時分寸毫釐之辨。案陳振孫《書錄解題》有《疑龍經》一卷、《辨龍經》一卷，云吳炎錄以見遺，皆無名氏。是此書在宋並不題筠松所作，今本不知何據而云然。其《撼龍》之即《辨龍》與否？亦無可考證。然相傳已久，所論山川之性情形勢，頗能得其要領，流傳不廢，亦有以也。」足資參證。其餘各書均不可考。

雜相書一卷

《雜相書》一卷，凡二十三種。館臣案：《文獻通考》作三十二種。又有〈拾遺〉，亦吳晦父所錄。

　　廣棪案：《宋史》卷二百六〈志〉第一百五十九〈藝文〉五〈五行類〉著錄：「《雜相法》一卷。」未知同一書否？晦父，吳炎字。包恢《敝帚稿略》卷八〈吳主簿墓誌銘〉載：「予友新撫州金溪縣主簿姓吳，諱炎，字晦夫，以淳祐三年壬寅冬十一月二十六日以疾卒於家。」是其證。晦夫即晦父。

成和子觀妙經一卷

《成和子觀妙經》一卷，不著名氏。

　　廣棪案：此書不可考。

希夷先生風鑑一卷

《希夷先生風鑑》館臣案：《文獻通考》「風」作「龜」。一卷，逸人亳社陳摶圖南撰，劉康國注。

　　廣棪案：希夷先生乃陳摶賜號。陳摶，《宋史》卷四百五十七〈列傳〉第二百一十六〈隱逸〉上有傳。《宋人傳記資料索引》載：「陳摶（？－989），字圖南，亳州眞源人。後唐長興中舉進士不第，遂隱於武當山九室巖，服氣辟穀，移居華山雲臺觀。每寢處，百餘日不起。周世宗召爲諫議大夫，不受。太平興國中朝，宋太宗甚重之，賜號希夷先生。摶好讀〈易〉，自號扶搖子，學者又稱白雲先生。端拱二年七月卒。著《指玄篇》八十一章，言導養及還丹之事，又有《三

峰寓言》、《高陽集》、《釣潭集》。」劉康國，事蹟不可考。

《館閣書目》作《人倫風鑑》。

案：《宋史》卷二百六〈志〉第一百五十九〈藝文〉五〈五行類〉著錄：「陳摶《人倫風鑑》一卷。」與《館閣書目》著錄同。

諸家相書五卷

《諸家相書》五卷，知莆田縣昭武黃唐毅夫撰集。館臣案：《文獻通考》「黃唐」作「黃庚」。　廣棪案：盧校本同。

廣棪案：此書不可考。黃唐，《宋史》無傳。《宋詩紀事小傳補正》卷四載：「黃唐，字雍父，長樂人，上舍釋褐出身，治〈易〉。《中興館閣續錄》。淳熙初為太學學錄，遷考功郎中，時韓侂胄陳請父諡，唐覆議，以不能得侂胄意，力求去。《要錄》一百四十九。十二年二月，除秘書郎。十三年正月，為著作佐郎。十五年三月，為著作郎。十六年八月，知南康軍。《中興館閣續錄》。」然未記唐知莆田縣。至其字雍父，亦與字「毅夫」不同。未知同一人否？

玉管神照一卷

《玉管神照》一卷，無名氏。

廣棪案：《宋史》卷二百六〈志〉第一百五十九〈藝文〉五〈五行類〉著錄：「宋齊丘《玉管照神局》二卷。」疑同屬一書。《四庫全書總目》卷一百九〈子部〉十九〈術數類〉二著錄：「《玉管照神局》三卷，《永樂大典》本。舊本題南唐宋齊邱撰。齊邱字超回，改字子嵩，廬陵人。初以布衣事李昇，授殿直軍判官，擢右司員外郎，累遷同平章事，兼知尚書省事。李璟嗣立，以太傅領劍南東川節度使，封楚國公。尋得罪被廢，自經死。事蹟具《南唐書》本傳。齊邱生五季傲擾之世，以權譎自喜，尤好術數。凡挾象緯、青烏、姑布、壬遁之術居門下者，常數十輩，皆厚以資之。是書專論相術，疑即出其門下客所撰集，而假齊邱名以行世者也。《宋史‧藝文志》、焦竑《經籍志》皆稱《玉管照神局》二卷，其名與此本同。陳振孫《書錄解題》則稱《玉管照神》，廣棪案：《解題》作《玉管神照》。而無『局』字，且僅有一卷，疑所見本非完帙。吳任臣《十國春秋》則載齊邱有《玉管照神經》十卷。名目稍異，而卷數亦

與〈宋志〉不符。錢曾《讀書敏求記》所載，與《十國春秋》相合。且稱：『上局所論，皆人之禮貌，有形可見，故謂之陽局。下局所論，皆出形之外，無象可觀，故謂之陰局。』其言體例甚悉。此本爲《永樂大典》所載，大指皆以形狀立論，與錢氏所云有陰、陽二局者不符。疑此本即〈宋志〉所稱之二卷，故與十卷之本多所同異歟？術家之書，爲後人緣飾增損，彼此牴牾，往往如此，不足深詰。特以其議論頗爲精晰，而所取各書尤多世所未睹，猶屬相傳舊文，故稍加訂正，釐爲三卷，錄備三家焉。」足資參考。《解題》書名作《玉管神照》，疑爲《玉管照神》之誤，其下又脫一「局」字也。

集馬相書一卷

《集馬相書》一卷，光祿少卿孫珪撰。

　　廣棪案：此書不可考。孫珪，《宋史》卷二百九十九〈列傳〉第五十八附其父〈孫祖德〉。《宋史》載：「孫祖德字延仲，濰州北海人。……子珪，江東轉運使。」則未記珪任光祿少卿。

相鶴經一卷

《相鶴經》一卷，稱浮邱公。廣棪案：盧校本「公」作「伯」。校注曰：「晁〈志〉、〈宋志〉皆作『公』。」

　　廣棪案：《郡齋讀書志》卷第十五〈藝術類〉著錄：「《相鶴經》一卷。右題曰浮丘公撰。其〈傳〉云：『浮丘公授於王子晉，後崔文子學道於子晉，得其文，藏於嵩山之石室，淮南公采藥得之，乃傳於世。』」足資參證。《宋史》卷二百六〈志〉第一百五十九〈藝文〉五〈五行類〉著錄作「趙浮丘公《相鶴經》一卷」。

相貝經一卷

《相貝經》一卷，不知作者。

　　廣棪案：《新唐書》卷五十九〈志〉第四十九〈藝文〉三〈農家類〉著錄：「《相貝經》一卷。」與此同。《宋史》卷二百六〈志〉第一百五十九〈藝文〉五〈五行類〉著錄：「《相具經》一卷，並不知作者。」其「具」字乃「貝」字形近之訛。

師曠禽經一卷

《師曠禽經》一卷，稱張華注。

廣棪案：《玉海》卷第一百九十九〈祥瑞・動物・鳳・祥禽〉「周文鶼」條載：「《書目》：『《師曠禽經》一卷，晉張華注。按康成釋〈深衣〉，《疏》謂其語出《禽經》，今此書無有。』」《宋史》卷二百六〈志〉第一百五十九〈藝文〉五〈小說家類〉著錄：「《師曠禽經》一卷，張華注。」與此同。張華，《晉書》卷三十六〈列傳〉第六有傳。